兩岸稅務訴願之
理論◇與◇實務

謝宗貴◎著

臺灣商務印書館 發行

序　言

　　一九八七年，台灣地區宣布開放部份民衆赴大陸探親、緊接著開放間接貿易，准許台商到大陸地區投資。至此，兩岸民間交流日趨熱絡，貿易量年有成長。據聯合報根據香港中通社在一九九九年二月二十三日所做的報導，兩岸貿易額在一九七九年，僅爲七千七百萬美元，到了一九九八年已達到二百零五億美元，增長二百六十五倍多，年遞增率高達百分之三十六點一，二〇〇二年台灣地區對大陸之貿易順差更高達二百多億美元。這是兩岸貿易量增長的情形，另外，台商對大陸地區投資，數量亦甚爲可觀，據海峽交流基金會所作之統計，僅自一九九一年至二〇〇一年三月底，即達一七七億四千多萬元[①]，這還只是官方統計之間接投資資料，其餘民間小額投資或透過其他管道之投資數額，還不計其數。台商在大陸經商，著重在人際關係層面，即利用人情打通大陸地區政府關節，很少在法律層面著墨。所以，很多台商對大陸地區的法律，並不十分瞭解，常常誤觸法網，輕者被罰款，重者被判刑，實在很冤枉。

　　台商利用人際關係經商，在大陸地區以往以人治爲主的社會，也許還可以。但大陸開放多年，瞭解要發展經濟，非有法律規範不可——尤其在吸引外來投資方面。因此，決定要充實各項行政法規。隨著大陸地區當政者觀念之改變，大陸地區行政法規近年相繼出籠，尤以一九八九年頒布了行政訴訟法，大陸地區第

[①]　請參見 http://sef.org.tw/www/htmL/economic/eco113/e113-13.pdf。

九屆人大常委會第九次會議於一九九九年四月二十九日復通過
「中華人民共和國行政復議法」，並明令於同年十月一日起施行。
大陸地區的行政復議制度，在一九九○年已有其國務院通過之
「中華人民共和國行政復議條例」，可資適用。嚴格說來，「中華
人民共和國行政復議法」之通過，並不是什麼新鮮事，不過，這
也標誌著大陸地區願意邁向法制化的一個新的里程碑，對人民權
益的保障，有了進一步的改善，我們應當給予肯定才是。台商在
大陸地區投資，允宜認清這項趨勢的變動，做觀念的改變，積極
研究大陸地區的法令，應為當務之急；尤以有關大陸地區稅務行
政救濟制度的法令為然。

　　西諺：「有權利，即有救濟」，稅務行政救濟制度是解決人
民稅務行政爭議的救濟手段，有人將其視為是一種行政司法行
為，具有行政性與司法性，誠為一國民主化程度的指標。然則稅
務法令因應社會經濟環境的改變，要不時推陳出新，誠屬龐雜，
稅務人員要瞭解所有的稅務法令，已屬不易，況為一般民眾。台
灣地區稅務法令的取得，財政部稅制改革委員會都有在做定期的
整理，取得還不會太難，但是大陸的稅務法令本就繁多，雖然，
近些年來開始作有系統的整理，並分別由官方及民間建置最新法
令網站，我國主政兩岸關係的行政機構，且有在做彙整的工作，
但限於對岸官僚制度及兩岸政治氣候，加之大陸未重視判例，故
有關實務面之資料，少有系統的整理，取得確屬不易，尤其坊間
有關大陸出版之稅務行政救濟的書籍更為闕如，這對維護台商稅
務權益確為不利。有感於此，乃亟思整理兩案稅務法令，彙撰成
書，期透過系統之比較，介紹兩岸訴願制度的差異，以供有關人
員參考。

　　為此，本書廣泛蒐集及研讀有關兩岸學者之專書論文、研究
報告、期刊論著以及相關法令：包括稅務救濟方面之法令規章、

民事訴訟法、行政訴訟法等相關資料，並參考實務面上之判決
例，加以整理歸納、分析兩岸訴願（行政復議）制度之個別特
性，藉以建立本書架構；其次，任何制度之建立，並非一蹴可
幾，有其發展軌跡，因此，本書再利用歷史研究法，探求兩岸訴
願制度之發展沿革，以瞭解其演進背景，並進而運用「比較法」
的觀點，從歷史演變的背景、訴願制度及其法律概念，來分析兩
岸稅務行政救濟制度的差異性，用資兩岸未來發展之借鏡。然而
兩岸分隔數十年，在文字運用方面終究有些差異，因此，爲利於
讀者閱讀，本書對於相關名詞與時間以下列原則界定：

　　一、「兩岸」一詞，一般認知概念認爲係海峽兩岸之地區，
徵諸台灣地區在民國八十一年所制定之「台灣地區與大陸地區人
民關係條例」第二條第一款，將「台灣地區」界定爲「台灣澎
湖、金門、馬祖及政府統治權所及之其他地區」。同法條第二款
指稱「大陸地區」爲「台灣地區以外之中華民國領土」。同條例
第三條復規定，大陸地區包括中共控制之地區[1]，與現況若合符
節，因此，本書對「兩岸」一詞，以上述條文之解釋爲界定。

　　二、台灣地區對稅務案件之行政審查，也就是在行政司法程
序，採複查、訴願二階段。而大陸地區僅有行政復議（即我國之
訴願），並無複查階段，爲求方便比較，本書原則上以訴願稱
之，在做個別介紹時，始以兩岸各自法律用語稱之。

　　三、稅務訴願之標的，台灣地區稱爲原處分機關之行政處
分，大陸地區稱原「處分機關」爲被申請人，「行政處分」大陸
地區解釋爲對公務人員之懲戒，與台灣地區之認知定義不同，本
書爲尊重其法律制度，在介紹其制度時，均直接加以引用，然在

---

[1]　鄭正忠，**兩岸司法制度之比較與評析**，台北：五南圖書出版有限公
司，1999年7月出版一刷，頁11。

做比較分析時，則以台灣地區之用語敘述。

　　四、在論及年份時，大陸地區仍沿用西曆，台灣地區則以民國年份敘明，爲行文方便，本書一律改爲西曆。

目　　錄

圖表及文書格式目錄

第 一 章

稅務行政救濟之意義與發展

第一節　稅務行政救濟之意義與類型

壹、稅務行政救濟之意義

租稅訴願爲行政救濟之一環，要瞭解租稅訴願的意義之前，吾人必須先探討租稅行政救濟。租稅行政救濟若按其字義，可拆成「租稅」與「行政救濟」兩方面來加以解釋。

一、租稅之意義

租稅乃國家爲滿足財政收入需要，依照法律規定向人民所爲之強制徵收。台灣地區學者有謂租稅乃係公共團體，爲提供財政收入上之需要，或其他行政目標，尤其是爲了達成經濟政策及社會政策的目標，而以強制且不負任何對等代價方式，向其他經濟體所課徵之給付[①]。或謂租稅係國家爲應政務支出之需要或爲達成其他行政目的，強制將人民手中之部分財富移轉爲政府所

[①]　此係張進德引用美國學者郭若福（W. Gerloff）之觀點，所作之詮釋，詳情請參閱張進德，**租稅法：理論與實務**，台北：五南圖書出版有限公司，1999年二版一刷，頁4。

有[1]。又有謂租稅乃國家及地方政府，爲適應生存發展，根據財政權，本諸國策及一般標準，循既定之方式，強制向屬民徵收之經濟財富，除有特殊之目的外，並以納稅人之負擔能力爲徵收之限度[2]。

以上各家學者觀點，容或用詞有間，但其基本精神，皆從取得財政收入爲觀點，強調租稅之強制性、無償性。然則國家何以有強制力，可強制要求人民捐輸手中財富？衆所周知，在租稅理論上，向有所謂租稅權力關係說與租稅債務關係說，租稅權力說係認爲人民對國家稽徵權應具有服從義務，國家有權要求人民分擔其政務開銷。租稅債務關係說，主要強調課稅要件之成立，係基於國家與人民間之租稅法律關係。

其實，以現代法治國家概念，國家課稅權之有無，係由人民所選舉產生出來之民意代表決定，其方式是透過立法程序，賦予國家課稅稽徵權，行政機關應該依照民意機關所通過之法律行事，不得逾越其所規定之範圍，否則，即爲違法，人民可拒絕履行納稅，此即所謂「租稅法律原則」。次就社會契約理論言之，國家與人民之關係，如同私法契約中之兩造，透過社會契約之約束，人民之基本權利獲得保障，卻也因此負擔某些義務，權利與義務可說是相對的。引申至租稅法上之概念，租稅乃人民透過其所選出之民意代表，在議會立法同意負擔國家或地方自治團體之政務開銷，此一立法行爲，斯與私法上之要約行爲無異，國家或地方自治團體據此取得債權人之地位，即得要求債務人（即人民）

---

[1]　王建煊，**租稅法**，台北：自行發行，1999年二十三版，頁3。

[2]　魏建言，**租稅理論與實務**，台北：公益出版社，1981年9月28日，頁6。

見第3頁[1]　謝宗貴，「論稅務案件之執行（上）」，台北：**中國稅務旬刊**第1762期，2000年9月10日，頁17、18。

履行義務。因此，以此觀點言之，國家之課稅權基礎，似以租稅債務關係說爲確論①。

　　大陸地區學者有謂國家爲滿足社會公共需要，憑藉政治權力，用法律強制手段，參與國民收入中剩餘產品分配之一種形式，以體現國家爲主體的一種分配關係。其形式上具有強制性、無償性、固定性。在本質上，又是國家在對納稅人進行徵收中所反映出的一定之社會分配關係②。有謂稅收乃國家爲實現其職能，憑藉政治權力，按照國家法律規定，向居民、經濟組織無償地、強制地徵收實物或貨幣之行政活動③。或謂國家爲實現其職能，按照法律規定之原則範圍與標準，強制地、無償地取得財政收入的手段。它是國家憑藉政治權力，參與社會產品與國民收入及再分配的一種形式，是國家用以調整經濟關係的槓桿之一④。

　　大陸地區學界對租稅之定義，較強調國家公權力之強制性，且多數認爲依照法律規定執行之必要性。此爲貫徹法治國家依法行政之必要手段，但是仍有部分認爲「參與國民收入剩餘產品分配的一種形式」，此或與大陸地區之無產階級專政之意識型態有關。蓋大陸地區奉行馬列思想，而馬列思想認爲貨物之所以有價值，是由於其中蘊含勞動關係，亦即貨物之價值是由勞動所創造。其價值之大小取決於所蘊含之勞動數量，但勞動者所獲得之工資，並不等於其所創造價值的全部，有一部分之價值爲資本家所獲取，而勞動者所得工資是決定於使其能維持生命所需支付之

②　　祁彥斌主編，**最新稅收實用手冊**，北京：地震出版社，1994年3月一版，頁498。

③　　王遠明，**行政法與行政訴訟卷**，北京：中國政法大學出版社，1993年5月一版一刷，頁114。

④　　劉長庚、左伯云主編，**新編中國經濟法學**，北京：中國物質出版社，1994年8月一版，頁267。

最低費用，勞動者原本只需要提供較少之時間，即可獲取維持其生命所需之費用，資本家卻強迫他們付出多餘時間，那些多餘時間所創造之剩餘價值為資本家所獲，馬克思認為資本家之利潤是從剝削勞動者而來①。因此，租稅是剝削階級政權通過法律形式，對勞動人民進行超經濟剝削的工具②。大陸地區受其思想影響，故認為租稅是「參與國民收入剩餘產品分配的一種形式」，落實在賦稅政策上，則「稅收無用論」，充其量只不過是「為修正主義貼金」。

二、行政救濟之定義

行政救濟一詞亦有稱之為行政爭訟者。有謂「行政救濟」涵蓋範圍過廣，除訴願及行政訴訟法外，訴願前之先行程序如內地稅法之復查，商標法及專利法之異議、評定、再審查以及教師法與公務人員保障法之申訴莫不屬於行政救濟範圍，且一般教科書又多將國家賠償及行政損失補償歸入行政救濟之列。雖然實務上仍有不乏行政救濟與行政爭訟兩個名詞，互相使用者，但若將闡述行政訴訟法及訴願法為內容之讀本，稱為行政救濟法，即不足

---

① 施建生，**經濟學原理**，台北：大中國圖書公司，1997年8月出版，頁547。

② 嚴振生，**稅法理論與實務**，北京：中國政法大學出版社，1994年7月一版，頁11。

見第5頁③ 吳庚，**行政爭訟法論**，台北：三民書局，1999年5月修訂版，頁2、3。

同上④ 台灣地區學者多數採用「行政救濟」之名稱，甚至有直接以「行政救濟」為書名者。詳見陳新民，**行政法學總論**，台北：三民書局，1997年5月修訂六版，頁三四五；陳志清，**訴願之理論與實用**，台北：自行出版，1986年1月，頁1；蔡志方，**行政救濟與行政法學**，台北：學林文化事業有限公司，1998年12月，頁261。

以顯示其爭訟性，故稱爲「行政救濟」當非所宜[③]。然則台灣地區之稅捐稽徵法第三十五條之一、第五十條之二亦稱爲行政救濟，且「行政救濟」一詞亦爲多數學者所通用[④]，本書既在介紹稅務之救濟，故從而稱之。

　　所謂行政救濟，通說泛指人民對於行政機關之行政行爲，有所不服，而請求救濟，以維護其合法權益之方法，此係就廣義而言。狹義之行政救濟，則單指訴願及行政訴訟而言。台灣地區行政救濟之對象，原以公法關係之行政處分爲限。按之「行政處分」一語，來自法文acte administratif，用以說明行政機關在法律之下，爲處理具體事件，逐漸形成之概念[①]。而行政處分之範圍，各國近數十年來有擴大之驅勢。德國一九三一年符騰堡行政法典草案第六十一條規定：「本法所謂行政處分，係指行政機關，爲規律各別事件之特定關係，行使公權力作成之處分或決定」。第二次世界大戰後，一九七六年西德行政手續法第三十五條則規定：「行政處分係指官署處理公法上之具體事件所爲之處分、決定或其他公權力處置，而對外直接發生法律效果者」[②]。此即爲擴大之顯例。

　　順應這股世界潮流趨勢，台灣地區這次修正訴願法，將原訴願法第二條，對「行政處分」所爲之定義——「中央機關或地方機關基於職權，就特定之具體事件所爲發生公法上效果之單方行政行爲」，擴大解釋爲「對中央或地方機關就公法上具體事件所爲之決定或其他公權力措施，而對外直接發生法律效果之單方行政行爲」。而「前項決定或措施之相對人雖非特定，而依一般性特徵可確定其範圍者」亦可認屬爲行政處分，其他有關公物之設

[①]　康炎村，**租稅法原理**，台北：凱侖出版社，1987年2月初版，頁155。

[②]　康炎村，前揭書，頁156。

定、變更、廢止或一般使用之情形者亦同[1]。是以行政救濟之範圍已不限定於發生公法上之法律效果爲已足，其他公權力措施，而對外直接發生法律效果者，或其他有關公物之設定、變更、廢止或一般使用者，亦爲行政救濟之標的。大陸地區之訴願原來亦僅限於涉及人身權與財產權之具體行政行爲，修正後之行政復議法，則將其申請復議範圍擴及於行政機關之具體行政行爲所依據之規範性文件，即申請人可要求行政復議機關，對被申請人之抽象行政行爲進行審查，足見其行政救濟之範圍亦有擴大之趨勢。

三、訴願之性質

訴願係針對行政機關之違法或不當行爲，透過內部行政體系之審查機制，來達成救濟之目的[2]，對其性質之解析，學界意見紛歧，可謂仁智互見；有人認爲係行政機關內部自我糾正錯誤的一種監督機制，有人認爲其主要爲公民權利之救濟途徑；有人認爲係一種純行政行爲，其係基於行政機關上下級間之領導與監督關係而產生，亦有認爲其係司法活動，是對公民權利之行政救濟。然則多數人認爲訴願是一行政司法活動，兼具行政性與司法性[3]。

其實，訴願除爲一行政司法行爲外，亦爲行政監督行爲，蓋由於訴願機關以「裁決者」的身份，居間裁判行政相對人與作出具體行政行爲的行政機關發生的行政糾紛。如果要與具體行政行

---

[1] 1998年10月2日經台灣地區立法院三讀通過之修正訴願法第三條規定。

[2] 蕭文生，「訴願法修正評析（上）」，台北：**軍法專刊**第45卷第10期，1999年10月，頁28。

[3] 郝發信，「行政復議法評析」，陝西：**陝西省經濟管理幹部學院學報**2000年5月第14卷第2期，頁56。

爲做區別的話，具體行政行爲通常被認爲是行政主體針對特定之對象和事項而實施之管理活動，訴願則是訴願機關以特定之具體行政行爲，甚或是非特定之一般行政行爲，作爲審查對象的一種具體行政行爲；在程序上而言，訴願是要由受具體行政行爲之相對人提起，沒有其提出申請就不會產生訴願行爲，而其活動需要靠訴願機關與作出具體行政行爲的行政機關，以及行政相對人等行政主體共同協力完成，此與一般具體行政行爲通常僅由行政機關單方面意思表示，即能產生相應之法律效力之情形，自是有別。凡此皆需要有較嚴格之程序，而這些程序與司法程序相去不遠，所以，訴願可以說是一種行政司法行爲或「準司法行爲」[1]。

　　訴願雖說是行政私法行爲或準私法行爲，但其又與行政訴訟之司法行爲有別：(一)審理機關不同。訴願由行政機關審理；行政訴訟則由司法機關審理。(二)行爲性質不同。訴願是行政機關運用行政權之活動，爲行政行爲；而行政訴訟爲司法機關運用審判權之活動，爲司法行爲。(三)審查範圍不同。訴願機關可以審查不法之行政行爲，亦可以審查不當之行政行爲；司法機關原則上僅能審查具體行政行爲之合法性，並撤銷之違法具體行政行爲。(四)審理方式不同。訴願以書面審理爲原則，言詞辯論爲例外；而行政訴訟則行言詞辯論制度，雙方當事人均須到庭辯論，只有在事實清楚之情形下，才可書面審理。(五)審理程序不同。行政訴訟適用之程序爲司法程序，與行政程序相比，較細密、嚴謹，且注重公正。訴願適用之程序雖類似司法程序，但其本質畢竟仍屬行政程序，相較司法程序簡單、靈活，更注重效率。(六)法律效力不同。訴願之決定，除爲終局裁決[1]（見第8頁）外，通常不具有最終法律效力，訴願人對訴願決定不服，仍可在法定

---

[1]　張春生、童衛東，「我國行政復議制度的發展和完善」，北京：**中國法學** 1999年第4期，頁48、49。

期限內向法院提起行政訴訟。而行政訴訟之終審判決，則具有最
終之法律效力，當事人必須無條件執行[②]。

　　訴願之公正性與權威性不及行政訴訟，爲其缺點。惟其能通
過發揮行政機關在行政管理和專業技術方面之優勢，迅速、及時
解決行政爭議，提供相對人及時、直接之救濟，亦爲其特點[③]。
另外，爲保證行政效率和行政機關內部系統運行良好，除了靠上
下級機關之領導監督機制外，亦可透過訴願程序對具體行政爭議
的合法性與合理性進行審查，以達到監督或糾正下級機關的違法
或不當行爲之目的[④]，對違法者給予相應的法律責任。訴願機關
與訴願程序相對於人民所表現出來的，並非基於外在監督與權力
所設立之法院保護與監督，而係行政一體與內在控制。因此，在
實際運用上，訴願程序仍是行政程序之一環，理論上規範行政程
序之規定，除在行政程序法或訴願法上明文加以排除，或依其意
義及目的完全不適用訴願程序外，皆可適用訴願程序。這是在設
計訴願程序時，應格外加以注意，以避免在訴願程序中直接或類
推適用行政訴訟之規定，而導致行政程序不當轉換成不純正法律
程序之危險[①]（見第9頁）。是故欲瞭解訴願之程序，亦不能放棄
行政程序之研究。

[①]　　如大陸地區之行政復議法第三十款第二款規定，經國務院或省、自
治區、直轄市人民政府對行政區劃地勘定、調整或者徵用土地的決定，或
省、自治區、直轄市人民政府確認土地、礦藏、水流、森林、山嶺、草
原、荒地、灘塗、海域等自然資源的所有權或使用權的行政復議決定即爲
最終裁決，台灣地區之訴願則無終審裁決之規定。

[②]　　宋雅芳主編，**行政復議法通論**，北京：法律出版社，1999年8月第1
版，頁6、7。

[③]　　皮純協主編，**行政復議法論**，北京：中國法制出版社，1999年8月
北京：第一版，頁64。

[④]　　張春生、童衛東，前揭書，頁49。

貳、稅務行政救濟之類型

行政救濟之類型，以是否由行政機關自行審理，抑或由法院設置獨立專業機關審理或仍由普通法院審理，而被歸納為雙軌制、單軌制、混合制等三種不同類型：

一、雙軌制

雙軌制又稱為二元制，即於普通法院外，另設行政法院，民刑事案件由普通法院受理，而行政救濟案件則由行政法院審理，各司其職，互不相隸屬，故又有稱為分離制者。雙軌制多為大陸法系國家所採用，此法係國家之行政法院權限，有歸屬於行政系統者，有隸屬於司法系統者，前者如法國，後者如德國[2]。而大陸法系主要從羅馬法中發展出來，歐洲大陸之拉丁語系之國家，大都採用此一法系，其與英美法系之主要差別在於：在法源上，比較重視成文法，法官或法律專家處理法律案時，首先會考慮成文法規依據[3]。採雙軌制所持之理由：(一)基於權利分立觀點，行政案件由獨立於普通法院外之行政法院審理，可避免行政兼理司法之弊，並防止司法權干預行政權。(二)行政事項具專業性與複雜性，普通法院審理人員難以勝任裕如，不若特設審判機關，專置審判人員之易赴事功[1]（見第10頁）。(三)基於公正原則，行政法院不由行政機關兼理，使其「不得就自己事件而為裁判官」

---

[1]　蕭文生，前揭書，頁29。

[2]　張國勳，中共行政訴訟制度，台北：保成文化出版公司，1996年8月，頁86。

[3]　葉啓政、顧忠華、黃瑞祺、蘇峰山、鄒川雄，社會科學概論，台北：國立空中大學，1998年8月出版五刷，頁202。

(Nemo Judex in Causa Sua Potest)，以防止行政機關專斷獨爲，官官相護之流弊②。

二、單軌制

單軌制亦稱爲「一元制」或「合併制」，係指國家行使行政審判權與普通審判權，皆透過同一法院適用相同之訴訟程序審理③。在此制下，行政案件由普通法院依照同一訴訟程序進行裁判，不另設行政裁判機關。單軌制爲英美法系國家所採用，英美法系以判例爲主，它的規範必須在各級法院所作之判決理由中去尋找依據，其在法律之內容上，並不像大陸法系有「公法」與「私法」之分④。其之所以如此，係由於承襲「英王不能爲非」之傳統觀念，認爲行政機關縱有違誤，損及人民之權益，亦不得以代表國王之行政機關爲被告，而提起訴訟，僅得控訴執行該機關職務之行爲人，從而行政訴訟亦無與一般民、刑事訴訟區分其審判機關之必要，行政權與私人間之權義關係，如同私人間之權義關係，皆應受普通法之支配⑤。

英美法系國家對行政救濟案件採用單軌制，主要係基於下列理由：一、英美法系國家向來遵循「法治」，重視人民之人身自由，認爲不論人民與國家或私人發生爭議，由普通法院依據法律獨立審判，地位超然，其訴訟程序周密，較能公正保護人民之權益。二、基於「法律之前，人人平等」之理念，不論任何事件，

---

① 管歐，行政法論文選輯，台北：五南圖書出版公司，1994年8月出版一刷，頁530。
② 陳志清，前揭書，頁8。
③ 張國勳，前揭書，頁85。
④ 葉啓政、顧忠華、黃瑞祺、蘇峰山、鄒川雄，前揭書，頁202。
⑤ 管歐，前揭書，頁527。

均由普通法院依同一法律獨立審判，可避免法院有偏袒政府之虞[1]。三、普通法院設備完善且普及，不但便於人民訴訟權之行使，又可減少國家另設行政裁判機關之負擔[2]。

三、混合制

「混合制」之型態較爲複雜，既不屬於單軌制，又不屬於雙軌制，其又可分爲：一、法院組織上之「單軌制」與訴訟程序上「雙軌制」之混合。二、法院組織「雙軌制」與訴訟程序「單軌制」之混合。基本上，混合制係爲「單軌制」之變形，採用英美法系國家近年來有朝此制發展之趨勢[3]。蓋由於英美法系淵源於其司法優越制度，人民信賴法院，尊敬法官，服從法律[4]，有其特色。惟英美法系採此合併制度，由於時日變遷，社會環境已今非昔比，故以銳變爲多類型之行政訴訟制度；就英國而言，於一八○七年，國會即已授權行政機關，在特種情形下，有終結裁判之權[5]。例如英國於一九四七年制定國王追訴法（The Crown Proceeding Bill），對行政救濟制度有較爲具體之規定，在各種法院外，對行政機關亦授予管轄權，且在特定情形下，其裁決具有最終之效力[6]。此制之逐漸發展結果，遂使現時之英國，雖仍有不少之行政救濟事件，尙由普通法院審判，但絕大多數之行政救濟事件，均由行政部門之首長及屬於行政系統之行政法庭，予以

---

[1]　陳志清，前揭書，頁8、9。
[2]　管歐，前揭書，頁528。
[3]　張國勳，前揭書，頁871。
[4]　陳志清，前揭書，頁9。
[5]　管歐，前揭書，頁529。
[6]　張家洋，**行政法**，台北：三民書局，1993年10月增訂初版，頁709。

裁處。而在美國，其國會在一九四六年通過之行政程序法
（Administrative Procedure Act），則規定一種半獨立性之聽證官
員，在行政案件聽證時，及行政決定程序中，均具有類似普通法
院之法官審判權力，而有提出初步行政決定之權，若當事人不
服，可向其高級行政長官或機關上訴，對其裁定若再不服，則得
向最高法院上訴，以求最後裁定[1]。由此觀之，純粹之單軌制，
並不能完全適應現代行政發展之需要，故有更張之必要。

　　台灣地區之行政救濟類型，因係在普通法院外另設二級行政
法院（即高級行政法院與最高行政法院），審理行政救濟案件，
因而係採雙軌制。而大陸地區之行政救濟類型，在其人民法院內
設立行政審判庭，審理行政訴訟案件，故應爲採單軌制。大陸地
區採單軌制之理由，據大陸學者楊炳芝、李春霖之看法[2]，係基
於其國家體制，是採人民代表大會制度，而其社會主義國家的權
力是統一而不可分割的，人民法院是國家之審判機關，只有國家
的審判機關才有權審判各種訴訟案件。蓋其人民代表大會爲政治
權力中心，有權任命行政官員及法院法官。

第二節　稅務行政救濟之起源

　　稅務訴願之產生，有其歷史背景因素，可從十九世紀之歐洲
談起。歐洲在十五世紀前，大體上還是個封建之農業社會，它是
一個由領主、貴族、教會組織所領導之社會，封建領主、教會和

---

[1]　管歐，前揭書，頁529。
[2]　楊炳芝、李春霖主編，**中國訴訟制度法律全書**，北京：法律出版
社，1993年4月第一版，頁388。

城市在國家事務保有法律上之自主權，彼此互相制衡，英國一二一五年之「大憲章」可說是這方面最佳的體現。這種形勢自十五世紀開始至十九世紀間，起了重大的變化，先是「文藝復興運動」，使得西方人逐漸擺脫神學之控制，改變對死亡與生命之看法，以往由宗教天國所控制的世界觀逐漸被「人文主義」精神所取代，開始重視「人」的地位。這種「宗教改革」從馬丁路德到喀爾文之教派，如火如荼的展開，他們揚棄藉教會與聖靈而獲救之手段，人的世界觀不再被巫術所左右，從而教徒之世界觀與倫理觀也隨之改變。另外農業生產之商業化及絕對王權之興起，亦使得莊園經濟瓦解，封建領主與貴族之勢力被削弱，王權藉機擴張取而代之[①]。迨封建勢力崩潰後，原有封建領主之權利集中於君主，加之都市崛起，商業資本發達，為使貨暢其流不受阻礙，亟須內能統一，外能獨立之政權，遂有警察國家之產生，在謀人民福利之口實下，個人之行動處處受限，「朕即國家」，有官權而無民權，雖有君主與官吏之職務命令，而無人民與政府共同信守之行政規章[②]，人民對官吏專恣任為，無行政救濟之手段，只

[①]　葉啓政、顧忠華、黃瑞祺、蘇峰山、鄒川雄，前揭書，頁23~28。

（見第14頁）[②]　林紀東，行政法，台北：三民書局股份有限公司，1986年9月修訂初版，頁37。

（同上）[③]　霍布士（Hobbes）在《利維坦》一書中認為人們為了防範外來入侵，避免相互間不公，保護自己辛勞所得，所以，各自讓渡自我管理的權利，將這權利讓給那最高權利者，原有的人則為其臣屬。因此，強調臣屬契約是構成社會狀態之起點。洛克在《政府論次講》第八章中，則認為人類天生都是自由、平等和獨立的，未得本人同意，不能受制於另一狀態之政治權力，任何人放棄其自然自由並受制於市民社會，係基於同意於他人協議聯合組成共同體。因此，當每個人和其他人同意建立一個由政府統轄的國家時，便負有服從大多數人的義務。詳見葉啓政、顧忠華、黃瑞祺、蘇峰山、鄒川雄，同前揭書，頁34、81、82。

有痛苦忍受。

　　個人權益久經專制政權束縛，乃萌發個人主義與自由主義思想。在個人主義與自由主義思想下，個人不僅要求政府承認私有財產制，同時強調國家乃由人民自願訂立契約而組成[3]，因此，應尊重個人行動自由，凡與他人自由無關之行動，國家不得任意干涉，「最好政府，最少統治」，國家的任務，只限於保護國土、維護社會正義與秩序，舉辦私人所不願意辦之事業[4]。個人主義與自由主義思想發達後，又產生民主法治思想，主張「國家為人民所共有，利益為人民所共享，政治為人民所共理」，提倡法治政治，政府施政以法律為依歸，凡法律未規定者，政府不得為之。以法律為束縛政府之工具，即在防止專制保護個人自由。然由於現代國家政務日繁，職能日益擴張，此種機械化之法治思想，國家行動處處受限，終不免與福利國家政府有能之目標杆格，因此，乃由立法機關授權行政機關在法定範圍內有自由裁量之權限，俾行政機關視情況彈性運用，以謀全民之福祉。但「人非聖賢，熟能無過」，授權予行政機關自由裁量之結果，難免會有因行政人員之疏失或故意而侵害人民權益之情事，故法律規定予人民行政救濟機會，以監督政府依法行政，並維繫人民合法權益，此即為稅務救濟產生之原因。

---

[4]　林紀東，前揭書，頁38、39。

第三節　台灣地區稅務訴願之變遷

壹、台灣地區租稅之發展沿革

　　論我國之租稅發展，可以追溯到西元前二二二一年之夏朝所課徵之田賦，但亦有相傳源自於黃帝。然據漢書王莽傳：「古者廬井八家，一夫一婦，田百畝，什一而歲……。此唐虞之道，三代所遵行也。」禹貢：「因田制賦，任土作貢。」孟子：「夏后氏，五十而貢。」[①]足見我國租稅制度自有文字記載，應自夏朝起，此一時代為官地收入時期，即一切國用，以君主官地收入充之。班固：「古時有賦有稅，稅謂公田什一及工商衡虞之入，賦供車馬甲兵士徒之役」，今日之田賦，為古時之「稅」或「租」[②]。田賦為我國最先課徵的稅，而後君主日用浩繁，才又開徵其他的賦稅。

　　基本上，君主時期之租稅無法制可言，君主以「天下莫非王土」視之，租稅之多寡，端視君主個人之意志。國民政府租稅顯得較有系統與制度化，可說是在北京國民政府肇建以後。一九一一年，國民政府之租稅大致可分為中央與地方兩類，就全體租稅結構而言，國家稅課以消費稅或關稅系統為中心，除田賦外，關、鹽、貨物三稅為國家租稅之三大柱石。一九一七年開始徵收印花稅與菸酒稅，一九二八年並有驗契稅與牙稅，國民政府將其

　　① 　陳秀夔，中國財政制度史，台北：正中書局，1984年4月臺一版，頁1、2。

　　② 　侯家駒，中國財金制度史論，台北：聯經出版事業公司，1990年12月第二次印行，頁83、85。

　　與田賦列入地方財源。而後國民政府奠都南京，於一九三一年制定營業稅法，於一九三六年開始推行所得稅，當時祇對公務員薪給報酬及證券利息課徵所得稅，但卻是國民政府所得稅制劃時代表現之開端。對日抗戰後，政府相繼於一九四〇年開徵非常時期過分利得稅及遺產稅；一九四三年開徵財產租賃與出賣所得稅。貨物稅方面，為適應戰時需要，在一九三九年擴大汽水稅為飲料品統稅，一九四〇年並開辦糖類統稅；加課手工捲煙稅；一九四一年加課水泥稅；一九四二年開徵茶類統稅，並將棉紗、麥粉統稅改徵實物，並改從價課稅。一九四三年開徵竹木、皮毛、陶瓷、紙箔等統稅；一九四四年食糖取消專賣，改徵統稅，並徵實物。一九四五年取消茶葉、竹木、皮毛、陶瓷、紙箔麥粉、水泥、火酒、飲料品等統稅；同時並停止捲煙火柴專賣，復徵統稅，此時期之貨物稅變動可謂極大。營業稅則於一九四六年再度修正，另由中央舉辦特種營業稅[①]。

　　抗戰勝利政府播遷來台後，所得稅制大幅變動，於一九四六年停徵財產稅，增列一時所得稅及公營事業所得稅，復開辦綜合所得稅，採分類與綜合併行制度。貨物稅則再度變革，取消戰時麥粉、棉紗、糖類三項徵實辦法，改徵稅款，增加課稅項目包括水泥、茶葉、麥粉、皮毛、錫箔及迷信用紙、飲料品及化妝品七

[①]　**中華民國賦稅史**，中華民國財政部財政人員訓練所編印，1992年4月，頁44~45。

[②]　**中華民國賦稅史**，中華民國財政部財政人員訓練所編印，1992年4月，頁44~45。

[③]　台灣地區之營業稅原為地方稅，1999年改為國稅，現原由地方稽徵機關代徵，2003年1月1日財政部收回自行稽徵。

[④]　台灣地區之證券交易所得稅現已停徵。

[⑤]　菸酒稅係於2001年恢復開徵，原菸酒專賣亦配合取消。

類。鹽稅則自一九四六年起取消公民營工業所需工業用鹽之租
稅，其副產品亦同。一九五三年菸酒改為專賣利益，原菸酒稅取
消。一九五四年制定實施都市平均地權條例，土地區分農地與市
地，農地仍課徵田賦，市地則改課地價稅，於所有權移轉時並課
徵土地增值稅。所得稅方面則於一九五六年修改所得稅法，將原
有之分類課徵後再綜合課徵之所得稅，改為綜合所得稅與營利事
業所得稅[②]。

　　台灣地區之租稅經過多年之變動後，現在地方稅方面共有地
價稅、土地增值稅、契稅、使用牌照稅、房屋稅、印花稅、娛樂
稅，中央稅方面有營業稅[③]、營利事業所得稅、綜合所得稅、貨
物稅、關稅、證券交易所得稅[④]、遺產及贈與稅、菸酒稅[⑤]、期
貨交易稅、證券交易稅、礦區稅。地方稅與中央稅分由縣（市）
稅捐稽徵處與國稅局掌理，其掌理情形如表一。

表一　台灣地區國稅與地方稅徵管機關劃分表

機關別	國　稅　局	縣（市）稅捐稽徵處
經 管 範 圍	1. 營利事業所得稅 2. 綜合所得稅 3. 證券交易所得稅（目前停徵） 4. 遺產及贈與稅 5. 關稅 6. 營業稅 7. 貨物稅 8. 菸酒稅 9. 證券交易稅 10. 期貨交易稅 11. 礦區稅	1. 地價稅 2. 田賦（目前停徵） 3. 土地增值稅 4. 房屋稅 5. 使用牌照稅 6. 契稅 7. 印花稅 8. 娛樂稅 9. 特別稅課（指適應地方自治需要，經議會立法課徵之稅。但不得以已徵貨物稅或菸酒稅之貨物為課徵對象。）

資料來源：台灣地區財政收支劃分法第8條、第12條規定

貳、台灣地區稅務訴願之發展沿革

　　台灣地區稅務訴願法制，包括有復查與訴願階段，在一九一一年國民政府時期以前並不完備，人民尋求救濟較難。迨一九一一年「臨時約法」第八條規定：「人民有陳述於行政官署之權」。嗣於一九一四年五月十七日教令第六十八號公佈「訴願條例」；復於同年七月二十日以法律第五號公佈施行訴願法，共十八條，始有訴願法定制度①。一九二八年北伐成功，國民政府成立，公佈司法院組織法，體制既殊，行政系統亦異，遂於一九三○年三月二十四日重新制定訴願法②。至一九三五年十月四日及一九三七年一月八日兩度修正，並刪除第四條③，後一次之修正條文，僅十三條，尚較北京政府時代訴願法之條數為少，修正內容亦少區別④。後因對日抗戰及國共分割，國事多故，訴願法遲遲未再修正，至政府播遷來台後社會環境多變，原過於簡略之訴願法已不能適應當時環境需要，遂於一九七○年再次修正訴願法，並於同年十二月二十三日公佈施行，全文增為二十八條。該法修訂後雖然較前進步，頗多優點，然亦不乏值得再加商榷餘地，例如：訴願與復查可否統一？得否附帶損害賠償？利害關係人可否參加訴願？應否擴大訴願客體？日本之情況裁決制度得否採行？教示制度應否加強⑤？行言詞辯論有無必要？仍存在諸多

---

①　涂懷瑩，**行政法原理**，台北：五南圖書出版公司，1992年7月五版二刷，頁685。

②　陳志清，前揭書，頁16、17。

③　涂懷瑩，前揭書，頁685。

④　林紀東，行政法，頁478、479。

⑤　林紀東，**訴願及行政訴訟**，台北：正中書局，1983年10月臺三版，頁94。

疑點均值得再加檢討。終於在近隔四十年後，於一九九八年再度
修正，並經立法院於同年十月二日通過，於二〇〇〇年七月一日
起實施。該修正草案行政院早於一九九四年間，一度停擺在立法
院數年之久，後經立法委員謝啓大及黃國鐘等人大力支持推動，
才完成修正立法，該人等之努力可謂居功厥偉，茲將本次修正重
點摘要敘述如下[1]：

一、強化行政救濟自我省察功能

由原處分機關先自我重新審查原處分是否合法妥適，若認爲
有理由者，得自行撤銷或變更原處分；若認爲無理由者，則應盡
速檢卷答辯，並附必要之關係文件，送訴願管轄機關。其立法理
由爲：「爲發揮訴願程序，賦予原處分機關重新反省審查原處分
之合法性的功能，並便於就近調查事證，以提高行政效率，爰明
定原處分機關對於訴願案件，應先行重新審查原處分之合法性及
妥當性，如認爲訴願爲有理由，即得給予救濟。如不予救濟，始
附具答辯書將訴願案件移送訴願管轄機關審理。爰參考德國行政
法院法第七十二條規定，將第二項但書修正爲第二項，並將第二
項本文移列第三項，同時修正部分文字，俾資明確」。

二、擴大訴願客體之概念範圍

將行政處分之概念範圍擴大爲「本法所稱行政處分，係指中
央或地方機關就公法上具體事件所爲之決定或其他公權力措施，
而對外直接發生法律效果之單方行政行爲。」「前項決定或措施
之相對人雖非特定，而依一般性特徵可得確定其範圍者，亦爲行
政處分。有關公物之設定、變更、廢止或一般使用者，亦同。」

---

[1]　陳清秀，「新訴願法之簡介與展望」，台北：中國稅務旬刊第1699
期，1998年12月10日，頁13~19。

其修正立法理由爲「(一)行政處分以機關就公法上具體事件爲一定之作爲或不作爲爲已足,亦不限於發生公法上之法律效果,例如,主管機關依公路法第四十二條規定核定運價,惟不及於陸橋之設置等事實行爲。(二)「對外直接」有別於機關內部之行爲。(三)中央或地方機關之行政處分,有爲逾越權限之行爲,應許其提起行政爭訟,以資救濟。(四)行政處分之相對人均可確定,例如,對於參與某示威活動之群眾命令解散、單行道之劃定或公物之禁止使用,將對人或對物之一般處分明文規定爲行政處分。」

三、擴大訴願主體之救濟範圍

原訴願法第一條對申請訴願之主體,僅規定爲「人民」,其他團體或組織得否申請訴願,並未明定,新法第十八條則針對此缺點,增訂「自然人、法人、非法人之團體或其他受行政處分之相對人及利害關係人得提起訴願。」其修正立法理由爲「訴願主體不以自然人、法人、非法人之團體爲限,其受行政處分之相對人及利害關係人,亦得爲之。商號、工廠爲其著者。行政法院八十年度判字第二一二號判決、七十八年度判字第二三三八號、第二一三二號判決、七十六年度判字第二九三號判決,已明示其旨,爰予增列。」

四、增設訴願參加制度,以維利害關係人之權益

爲保障訴願人之合法權益,新訴願法第二十八條第一項規定:「與訴願人利害關係相同之人,經受理訴願機關允許,得爲訴願人之利益參加訴願。訴願機關認爲有必要時,亦得通知其參加訴願。」同時其第二項復規定:「訴願決定因撤銷或變更原處分,足以影響第三人權益者,受理訴願機關應於作成訴願決定之前,通知其參加訴願程序,表示意見。」其立法理由爲「行政機

關之行政處分，可能係根據人民之申請作成，此時如因第三人不服原處分提起訴願，原申請人反成為訴願程序當事人以外之第三人，如訴願決定撤銷或變更原處分時，勢必影響該原申請人之權益，為免該原申請人（第三人）因訴願決定撤銷或變更原處分致遭受不測之損害，爰仿造德國行政法院法第七一條規定，對於此類情形，受理訴願機關應於作成訴願決定前，通知該有利害關係之第三人表示意見，以協助發現真實，作成正確決定，並維護第三人權益。」

五、加強訴願程序中訴願人之參與權利

參考日本立法例，特別賦予訴願人等可以委任代理人、聲請調查證據、聲請閱覽卷宗資料及到達指定處所陳述意見，並行言詞辯論之權利。其立法理由，在申請調查證據方面係「為促進事實真相之發現，並維護訴願當事人之程序上權利，」在申請言詞辯論方面，係因各級訴願機關受理訴願案件繁多「每一案件實施言詞辯論，殆無可能，爰參照日本行政不服審查法第二十五條，明定應予訴願人、參加人或利害關係人到場陳述之機會。」

六、職權探知主義

訴願涉及人民之公共利益與私權之保障，自應依職權為之，不受當事人之主張及聲明之拘束，以貫徹依法行政原則，故新法第六十七條規定：「受理訴願機關應依職權或囑託有關機關或人員，實施調查、檢驗或勘驗，不受訴願人主張之拘束。」其立法理由為「行政處分具專門性、複雜性及技術性，其中不乏涉及公務機密，何項證據應予調查？何種物件應予檢驗？受理訴願機關應視案情而為決定，不受訴願人主張之拘束。」

七、改進訴願委員會組織功能

增訂訴願審議委員會審議委員至少應遴聘二分之一以上之社會公正人士、學者、專家擔任。其修正立法理由係為「提高訴願決定之公信力」。

八、維護地方自治

避免地方之自治權受干擾，受理訴願機關對地方自治團體之地方事務，僅能就其合法性進行審查。

九、增設訴願承受制度

訴願人為自然人在訴願程序中死亡，或為法人在訴願程序中因合併而消滅者，得由繼承人、依法得繼受之人，或因合併而另立或存續之法人續行訴願程序。其修正立法理由為「訴願程序中發生訴願死亡或法人合併而消滅之情形者，其訴願能力即有欠缺，惟因行政處分所涉權利或利益得由繼承人、依法得繼受之人、因合併而另立或存續之法人繼受者，宜由彼等承受訴願，續行訴願程序，爰參酌日本行政不服審查法第三十七條規定，以資適用。」

十、明定暫時停止執行要件

原訴願法第二十三條規定，提起訴願，原則上不停止原處分之執行。但於必要時，原處分機關或受理訴願機關，得依訴願人之聲請或依職權暫時停止執行，但此項「必要」就何所指？並未明文規定，新法第九十三條乃增訂：「原處分之合法性顯有疑義者，或行政原處分之執行將發生難以回覆之損害，且有急迫情勢，並非維護重大公共利益所必要者，受理訴願機關或原行政處

分機關得依職權或依申請，就原行政處分之全部或一部份停止執行。」其修正立法理由為「行政處分之執行將發生難以回覆之損害，且其損害之發生有急迫情事者，為兼顧私益之保護，爰參酌行政訴訟法修正草案第一百十七條、日本行政不服審查法第三十四條及日本一九六四年行政手續法草案第一百二十四條，明定行政處分得依職權或依申請停止執行之事由。」

十一、增設情況裁決制度

為維護公益，新法參照日本之情況裁決立法例，在該法第八十三條增設，受理訴願機關發現原行政處分雖屬違法或不當，但其撤銷或變更於公益有重大損害，得斟酌情形駁回申請人之訴願。其立法理由為「現代國家施政，多以公共福利為依歸，以故原行政處分縱屬違法或不當，則如其撤銷或變更於公益顯有重大損害時，則仍應予以維護，不因訴願人之受有損害而逕予變更……，以維公私利益之平衡。」

十二、增列再審救濟制度

行政訴訟法規定訴訟人有第二十八條所定之事由，得提起再審之訴，新訴願法亦參照該法，在第九十七條規定得提起再審之事由，以確保訴願人合法權益。

第四節　大陸地區稅務訴願之變遷

壹、大陸地區租稅之發展沿革

　　大陸地區之租稅發展，早在一九二八年制定之井岡山之土地法，徵收土地稅，為其租稅制度之萌芽。一九三一年大陸地區在其中央蘇區頒布「中華蘇維埃共和國暫行稅收」規定徵收關稅、營業稅、農業稅與工業稅，與此同時，亦分別在瓊崖、鄂、豫、皖、川、陝等地，陸續建立稅收，展開稅收工作。一九四○年大陸在其黨中央所在地之陝、甘、寧邊區，先後頒布了貨物稅、營業稅收條例，建立較為完整之稅收體系[①]，為其租稅建立制度化之濫觴。大陸建立政權後，其稅制發展之第一階段，主要是沿用國民黨遺留下來的租稅制度，並留用原本之稽徵人員，繼續進行稅收工作。此一階段之稅制係採取「多稅種、多次徵」之複合稅制，並針對不同行業產品訂定差別稅率，以及「公私差別對待、繁簡不同」之租稅政策[②]。

　　一九五○年一月大陸地區根據其「中國人民政治協商會議共同綱領」，頒布了「關於統一全國稅收的決定」之通令，並同時發布「全國稅收實施要則」，以整理和統一全國稅收。該「要則」規定，全國統一徵收包括貨物稅、工商業稅、鹽稅、關稅、薪給報酬所得稅、存款利息所得稅、印花稅、遺產稅、交易稅、屠宰

[①]　嚴振生，前揭書，頁49、50。

[②]　施秉均，「中共租稅改革對台商赴大陸投資之影響」，台灣地區國立東華大學碩士論文，1997年6月11日，頁15。

稅、房產稅、地產稅，特種消費行為稅、車船使用牌照稅等十四種中央稅與地方稅，再加上一九五○年開徵之契稅，共有十五種稅。其中遺產稅與薪給報酬所得稅雖有規定，但實際並未徵收。其後，其國務院前身之政務院陸續公佈上述稅收之暫行條例，但農業稅在老解放區則仍沿用其在革命根據地時所制定之徵收辦法徵稅，新解放區則以一九五○年九月，其中央人民政府所批准公佈之「新解放農業稅暫行條例」徵收[1]。採差別較大之全額累進稅制，按全年平均每人收入糧食之數量分為四十級徵收，稅率3%至40%，對收入二十萬斤以上者，包括加徵在內，最高徵收80%，對平均每人糧食收入不足一五○斤者則予免稅。當時採此一稅制之背景，係因新解放區尚未進行土地改革，仍然存在地主、富農經濟情況，而為打擊地主經濟、限制富農經濟，扶植貧農發展生產所採取之改革措施[2]。

　　一九五三年再次修正其稅制，其主要內容為：一、開徵商品流通稅，簡化合併貨物稅、工商營業稅、工商營業稅附加和印花稅，以實行從產到銷一次徵收。二、簡化貨物稅，將原已繳納貨物稅之工廠原在生產、批發階段所繳納之營業稅、印花稅，併入貨物稅徵收。三、修正工商業稅，將工商業應納之營業稅、印花稅及營業稅附加，併入營業稅徵收，統一調整營業稅率。一九五八年其全國人民代表大會常務委員會通過，由其國務院公佈「工商統一條例（草案）」，試行工商統一稅，其主要內容為：一、合併稅種，將原來實行之貨物、商品流通稅、營業稅與印花稅，合併為工商統一稅。二、改變納稅環節，對工農產品，從生產到流通實行兩次徵稅。三、營業稅併入工商統一稅，指對非全民所有

---

[1]　嚴振生，前揭書，頁50。

[2]　張金男、於鼎丞、張正忠，**中國大陸稅務制度**，台北：誠宏國際開發股份有限公司，2001年9月初版，頁37。

制企業和個人徵稅。四、調節部分稅率，並對協作生產、新興企業給予減免稅待遇。一九五八年大陸地區除制定「工商統一稅條例（草案）」外，同年六月三日亦由其全國人民代表大會常務委員會通過「農業稅條例」，在全國統一實行分區比例稅率[1]。

　　大陸地區之稅制發展，到了一九五八年由於受到「三面紅旗」、「大躍進」、「人民公社化」等等運動影響，認爲稅收是資本主義經濟的產物，「要完成稅收任務就支持不了生產，要支持生產，就得實行減稅、免稅」，「生產既是第一，只要全力搞好生產，稅收工作管不管都行」。尤以文化大革命時期，加強稅收被當成是主張「稅收萬能論」，財稅部門之政策被看成是「爲修正主義貼金」，充斥「稅收無用論」、「制度無用論」之論調[2]。致使其稅種被大肆簡併，甚至取消。稅務機構被裁併的裁併，被撤銷的撤銷，此種形勢直至一九七八年，可說是其租稅發展之黑暗期。

　　一九七八年爲實施經濟改革開放，才又承認稅收之槓桿作用[3]，逐漸恢復正常稅制。除了在一九八四年進行稅制改革外，一九九四年並再次進行重大之稅制改革，茲據郭建中[4]所作之研究報告摘要其改革重點如下：一、合併個人收入調節稅和城鄉個體工商戶所得稅，建立起統一的個人所得稅制。二、將原國營企業所得稅、集體企業所得稅與私營企業所得稅合成企業所得稅。三、流轉稅制由以前的產品稅、增值稅、營業稅變爲增值稅、消

---

[1]　嚴振生，前揭書，頁51~53。

[2]　郭建中，**中國大陸稅收制度**，台北：五南圖書出版有限公司，1996年1月出版一刷，頁63、66。

[3]　認爲稅收促進調整企業生產，透過稅收調節，可改善企業經營體質及財政狀況，詳情請參閱郭建中，前揭書，頁69、70。

[4]　郭建中，前揭書，頁48~53。

費稅和營業稅，統一適用於內資企業和外商投資企業，同時廢止原涉外企業徵收的工商統一稅。四、開徵土地增值稅，只要在大陸境內轉讓房地產並取得收入之單位與個人，都是土地增值稅之納稅義務人。其徵稅對象是以轉讓國有土地使用權，地上建築物及其附著物所取得之收入，減除相關成本、費用及稅金後之餘額為徵稅對象。五、開徵證券交易稅，把對股票交易徵收印花稅之辦法，改為徵收證券交易稅。六、改革城市維護建設稅。原城市維護建設稅名為獨立稅種，實為流轉稅附加，這次改革使之成為名符其實之獨立稅種。七、改革資源稅。將鹽稅併入資源稅中，並規定生產應稅資源產品的單位與個人，都必須繳納一定之資源稅。八、其他零星稅種之改革，包括取消鹽稅、集市交易稅、牲畜交易稅、特別交易稅、燒油特別稅、獎金稅、工資調節稅，其中特別消費稅併入消費稅，鹽稅併入資源稅。總的來說，這次的改革，達到了統一稅政、合併稅種、擴大稅基、降低稅率、減少優惠、加強徵管的作用，並且在流轉稅、所得稅方面取得重大之突破。其個人所得稅除在一九九四年修正外，一九九九年並再進行第二次修正，其對稅制之改革，可謂不遺餘力。

　　在九○年代除了上述各稅種之改革外，其實，還有一個與稅務救濟密切相關之最重要改革，就是稅收徵收管理制度之改革。其稅收徵收管理之法制化，最先是在一九八六年由其國務院所頒布之「中華人民共和國稅收徵收管理暫行條例」。在這個條例的基礎上，其第七屆全國人民代表大會常務委員會第二十七次會議，於一九九二年九月四日通過了「中華人民共和國稅收徵收管理法」，開始由其最高權力機關立法。配合稅收徵收管理法之訂立，緊接著其國務院於一九九三年八月發布其實施細則，其後，再於一九九五年二月二十八日其第八屆全國人民代表大會常務委員會第十二次會議又通過了「關於修改稅收徵收管理法的決

定」，對有關之問題進行了修改。目前所施行之「稅收徵收管理法」，是在二○○一年四月二十八日才由其第九屆全國人民代表大會常務委員會第二十一次會議所修訂通過的。

　　制定和實施「稅收徵收管理法」之目的，是為了適應改革開放和社會主義市場經濟發展之新形勢，以及加強法治建設之需要[①]。其改革之主要內容，根據其國家稅務總局於一九九七年一月一日所頒發之「關於深化稅收徵收改革的方案」中之說明大致為：

一、建立納稅人自行申報納稅制度

(一)確立科學簡便的申報納稅辦法

　　納稅申報方法，允許納稅人採用直接申報、電子申報，其具體辦法主要有下列四種：

　　1. 在法定之納稅申報期內，由納稅人自行計算、自行填開繳款書並向銀行繳納稅款，然後持納稅申報表、繳款書報查聯合有關資料，係稅務機關辦理申報。

　　2. 在有條件之地方實行銀行稅務一體化管理，納稅人在銀行開設稅款預備帳戶，按期提前除入當其應納稅款，並在法定之申報納稅其內向稅務機關報納稅申報表和有關資料，由稅務機關通知銀行劃款入庫。

　　3. 在法定之申報期限內，納稅人持納稅申報表和有關資料以及應負稅款等額支票，報送稅務機關；稅務機關集中報繳數字清單、支票，統一交由國庫辦理清算。

　　依照稅法規定分期預繳、按其一併申報之納稅人，可選擇上述三種納稅辦法之一辦理納稅申報，結算稅款。

---

　　① 　馬原主編，稅收徵收管理法條文釋義及實用指南，北京：中國稅務出版社，2001年5月第1版，頁18。

4. 對未在銀行開立帳戶之納稅人，可按現行辦法在辦理納稅申報時以現金結算稅款，提倡並逐步推行使用信用卡。

(二)規範納稅表格

要統一納稅申報表、稅款繳款書格式，併規範其內容；以此為基礎，簡化、合併有關表格，並逐步將納稅申報表和繳款書一體化。

二、建立稅務機關和社會中介組織相結合之服務體系

(一)建立稅法公告制度

除了國家公佈之法律、行政法規外，國家稅務總局要及時公佈稅務行政規章和其他規範性文件，省以下稅務機關要定期向納稅人提供現行有效之稅法信息、納稅指南等。為確保納稅人及時、準確的了解稅法信息，要建立中央和省兩級稅收法規信息庫。

(二)合理設置辦稅服務場所

在城市和縣城以及其他交通便利，納稅人較為集中之地方，本相對稽徵、講究實用、方便納稅和不擴大基建規模的原則下，合理設置辦公服務場所。城市一般在區、縣稅務局(分局)內設置；農村有條件的地方，可按經濟區劃設置稅務所或稅務分局，在偏遠地區和山區，可根據實際情況設置徵收點或代徵點，以集中公開之形式為納稅提供各種服務。為納稅人申報納稅，國家稅務局、地方稅務局應積極創造條件聯合設置或合用辦稅服務場所。納稅人出於自身之需要，可依法委託社會中介服務組織進行稅務代理。稅務代理之重點是為納稅人提供諮詢服務，納稅申請、稅款繳納等原則上由納稅人自行辦理。稅務機關不得以任何形式從事稅務代理，已建立之稅務代理實體，須與稅務機關脫鉤。

三、建立以計算機網絡爲依託之管理監控體系

(一)建立統一之納稅人識別號

對每一納稅人賦予單一之納稅人識別號。納稅人識別號採用國家標準。

(二)開發、完善徵管監控應用系統

把從稅務登記至稅務稽查之各項徵管業務全面納入計算機管理，依靠計算機對徵收管理之全過程實施監控。

(三)抓住重點加強監控

要再加速開發增值稅納稅申報監控系統之同時，完善專用發票交叉稽核系統和防偽稅控系統；要建立個人所得稅監控系統，掌握完整動態之個人所得資料，強化泉源控制，切實提高自行申報準確率；要加強對出口產品退稅之監督管理，建立並完整稅務同企業、海關、銀行等單位之信息網絡，使出口、報關、結匯、退稅方面之監控信息交換及時、準確。

(四)建立四級計算機監控管理網絡

從現在起到本世紀末或下世紀初，力爭建成中央、省(區、市)、縣(市)四級計算機網絡。

四、建立人工與計算機結合之稽查體系

將稽查分爲日常稽查、專項稽查、專案稽查，藉助以計算機爲依託之監控系統與公安機關聯網，按照選案、檢查、審理、執行的流程規範操作，及時通報重大犯罪線索，提高專案稽查與專項稽查之效率，打擊各種涉稅犯罪。

五、建立以徵管功能爲主之機構設置體系

在機構設置方面，徵管機構之設置要堅持「精簡、效能」之原則，以承擔稅收徵管工作全部任務和執行稅收收入計劃的稅務機關爲基層徵管單位（主要是指直接面對納稅人之稅務局或稅務分局），其內設機構要根據不同情況，按照管理服務、徵收監管、稅務稽查、政策法規四個系統劃分設置，但不得超過上級或有關部門核定之數量；稅務所原則上按經濟區劃設置。中央、省（市、區）、地（市）、縣（市）各級稅務機關之機構設置，應根據改革需要作相應之調整。在人力分配方面，基層徵管單位之人力，應根據機構設置之形式及上述四個系列之職能劃分，以實際需要出發合理地加以分配，其中稽查人員之比例，一般要佔總人數之40%。

大陸的租稅，經過文化大革命、改革開放有多次的演變，現有稅種計有增值稅、消費稅、營業稅、城市維護建設稅、關稅、土地增值稅、企業所得稅、外商投資企業和外國企業所得稅、個人所得稅、農業稅、牧業稅、資源稅、耕地佔用稅、房產稅、契稅、城市房地產稅、固定資產投資方向調解稅、城鎮土地使用稅、車船使用稅、車船使用牌照稅、車輛購置稅、燃油稅、船舶噸稅、印花稅、屠宰稅、筵席稅、遺產稅與贈與稅等二十八種稅，分由國家稅務局與地方稅務局掌管，其掌管情形如表二。大陸之租稅，按其稅目劃分，有人[1]將其分類爲流轉稅類、所得稅類、財產稅類、行爲目的稅類等四種，亦有人[2]將其劃分爲流轉類稅、資源稅類、所得稅類、特定目的稅類、財產和行爲稅類、

---

[1]　施秉均，前揭書，頁24。
[2]　李穩定主編，**稅務法律手冊**，北京：工商出版社，2001年5月第一版第一刷，頁7。

表二　大陸地區國稅與地方徵管機關劃分表

系　統	稅　收　徵　收　管　理　範　圍
國 家 稅 務 局	1. 增值稅 2. 消費稅 3. 鐵道部門、各銀行總行、各保險總公司集中繳納的營業稅、所得稅、城市維護建設稅。 4. 金融、保險企業繳納的營業稅，按提高3%稅率徵收的部分〈2003年稅率降為5%後取消〉；中央企業繳納的所得稅。 5. 中央與地方所屬企業、事業單位組成的聯營企業、股份企業制繳納的所得稅。 6. 地方銀行、外資銀行和非銀行金融企業繳納的所得稅。 7. 海洋石油企業繳納的所得稅、資源稅。 8. 外商投資企業和外國企業所得稅。 9. 對儲蓄存款利息徵收的個人所得稅。 10. 車輛購置稅。 11. 燃油稅（目前未立法開徵） 12. 證券交易稅（立法開徵以前為對證券交易徵收的印花稅）。 13. 中央稅的滯納金、補稅、罰款、礦區使用費。
地 方 稅 務 局	1. 營業稅。 2. 城市維護建設稅（不包括上述由國家稅務局系統負責徵收管理的部分）。 3. 金融、保險企業的營業稅，按原5%稅率徵收的部分。 4. 地方國有企業、集體企業、私營企業繳納的所得稅。 5. 個人所得稅（不包括上述由國家稅務局系統負責徵收管理的部分）。 6. 資源稅。 7. 城鎮土地使用稅。 8. 耕地佔用稅。 9. 固定資產投資方向調節稅（目前暫停徵收）。 10. 土地增值稅。 11. 房產稅。

地 方 稅 務 局	12. 城市房地產稅。 13. 車船使用稅。 14. 車船使用牌照稅。 15. 印花稅。 16. 契稅。 17. 屠宰稅。 18. 筵席稅。 19. 遺產稅（目前未立法開徵）。 20. 農業稅。 21. 農業特產農業稅。 　　地方稅的滯納金、補稅、罰款。在大部分地區、農（牧）業稅、農業特產農業稅、契稅、耕地佔用稅現由地方財政系統徵收和管理。
海關	關稅，行李和郵遞物品進口稅，船舶噸稅；負責代徵進出口環節的增值稅和消費稅。

資料來源：張金男、於鼎丞、張正忠，**中國大陸稅務制度**，台北：誠宏國際開發股份有限公司，2001年9月，頁62、63。

農業稅類：

(一)流轉類稅：關稅、增值稅、營業稅與消費稅。其目的主要在生產、流通、服務業中發揮調節作用。

(二)資源稅類：資源稅、城鎮土地使用稅。其主要目的在對開發與利用自然資源差異而形成之級差收入發揮調節作用。

(三)所得稅類：企業所得稅、外商投資企業和外國企業所得稅、個人所得稅。其主要目的是在對生產經營者之利潤與個人淨收入部分發揮調節作用。

(四)特定目的稅類：固定資產投資方向調節稅、筵席稅、城市維護建設稅、土地增值稅、耕地佔用稅、車輛購置稅、燃油稅。其主要為達特定目的，對特定對象與特定行為發揮調節作用。

(五)財產和行為稅類：房產稅、城市房地產稅、遺產稅與贈

與稅、車船使用稅、車船使用牌照稅、船舶噸稅、印花稅、屠宰
稅、契稅、證券交易稅、筵席稅。其目的主要在對某些財產的持
有與異動或交易行為發揮調節作用。

（六）農業稅類：農業稅、牧業稅。主要在對取得農業或牧業
之收入者課稅。

貳、大陸地區稅務訴願之發展沿革

大陸地區稅務救濟制度之起源，為其在一九四九年通過之具
有臨時憲法性質之「中國人民政治協商會議共同綱領」第十九
條：「人民和人民團體有權向人民監督機關或人民司法機關控告
任何國家機關和任何公務人員的違法失職行為」，為體現此一思
想，大陸復於一九五四年所頒布之第一部憲法第九十七條規定：
「中華人民共和國公民對於任何違法失職的國家機關工作人員，
有向各級國家機關提出書面控告或口頭控告的權利，由於國家機
關工作人員侵犯公民權利而受到損失的人，有取得賠償的權
利」。賦予行政救濟之法源基礎。為落實行政救濟，使受到任何
國家機關和任何公務人員侵權之受害人，有提起行政救濟之機
會，其中央人民政府委員會於一九五四年十二月二十日，依據前
述「共同綱領」所揭示之原則，批准「最高人民法院試行組織條
例」，規定在最高人民法院設置行政審判庭，然而實際上並未被
實現或具體化，甚至於在日後制定之「中華人民共和國法院組織
法」中，更刪除設置行政審判庭的規定[1]。其後行政救濟法制
化，才又恢復。

大陸地區之行政訴訟法制，雖然於一九五四年尚未被真正具
體落實，然大陸地區之行政復議早在其政權成立之初，即於一九

---

[1] 張國勳，前揭書，頁34、35。

五○年十一月二十五日所公佈之「財政部設置財政檢查機構辦法」中已樹立，該辦法第七條規定：「被檢查部門，對檢查機構的措施，認為不當時，得具備理由，向其檢查機構，申請復核處理」。同年十二月由國務院前身之政務院相繼頒布之「稅務復議審議委員會組織通則」及「印花稅暫行條例」，為其行政復議法制之先河[①]，該「印花稅暫行條例」第二十一條明確規定，被處罰人不服稅務機關之處罰，得於十五日內提請復議，或向上級稅務機關申訴。此後，行政復議制度才又有了進一步的發展[②]。由此可見大陸之行政復議最早適用於稅務案件。當時得提起行政復議之法源，是散佈在各單行法規，除「稅務復議審議委員會組織通則」及「印花稅暫行條例」外，尚有十餘種，如暫行海關法（一九五七年）、海關進出口稅則暫行實施條例（一九五一年）、國營企業內部勞動規則規要（一九五四年）、農村糧食統購統銷暫行辦法（一九五五年）、國境衛生檢疫條例（一九五七年）、農業稅條例（一九五八年）、利息所得稅暫行條例（一九五○）、都市住宅土地稅暫行條例（一九五一）、商品檢查暫行條例（一九五一年）、治安管理處罰條例（一九五七年）、工商業稅民主評議委員會組織通則（一九五○年）、發明權與專利權保障暫行條例（一九五○年），但其受理範圍皆屬在法規中作列舉式規定[③]，並無行政復議之統一法典。

　　事實上，大陸地區散見在各行政領域，有關行政復議之法

[①]　法治斌，「略論中共行政復議法制」，收錄於**當代公法理論**，翁岳生教授祝壽論文及編輯委員會編輯，台北：月旦出版社有限公司，1993年5月，頁780、781。

[②]　滕明榮，「《行政復議法》對我國現行行政復議制度的新發展」，寧夏：**寧夏大學學報**（人文社會科學版）第22卷2000年第2期，頁75。

[③]　張國勳，前揭書，頁37。

規，在五〇年代雖然日益增多，其救濟範圍也愈來愈廣泛，但仍屬草創時期，制度並未臻完善，其行政復議之決定仍爲終局決定，當事人對行政復議不服，不能再尋求司法途徑提起行政訴訟，無疑是對人民訴訟權之一種限制。及至八〇年代中後期，立法技術才日趨成熟。如一九八七年九月十七日其國務院發布之「投機倒把行政處罰暫行條例」第十一條規定：「被處罰人對工商行政管理機關的處罰決定不服的，可以在收到處罰通知之日起十五日之內，向上一級工商管理機關申請復議。上一級工商行政管理機關應當在接到復議申請之日起三十日內作出復議決定。」其他還有諸如「治安管理處罰條例」、「中華人民共和國外國人入境出境管理法」、「中華人民共和國公民入境出境管理法」等各項法規，都注意與其相關法律、法規之協調配套，如公安、稅務復議制度之規定，也都採用統一之模式，此時期才有行政復議爲行政訴訟先行程序之規定[1]。

　　大陸地區行政復議制度統一法典之建立，是在一九九〇年十二月二十四日由其國務院所制定之「行政復議條例」，它是緊隨著一九八九年四月四日由全國人民代表通過之「行政訴訟法」後，所制定之重要法規。「行政復議條例」自一九九一年一月一日起施行，爲配合「行政復議條例」之實施，大陸地區國家稅務總局於一九九三年十一月六日亦頒布了具有一般法律效力之「稅務行政復議規則」以專門審理稅務救濟案件。「行政復議條例」因屬其國務院所制定之行政法規，大陸地區第九屆全國人民代表大會常務委員會第九次會議，復將其修訂爲具有較高正式法律效力位階之「行政復議法」，「稅務行政復議規則」亦隨之配合修正，一併於一九九九年十月一日起實施。本次「行政復議法」修正之重點爲：一、延長復議申請期限，由原十五天延長爲六十

---

[1]　皮純協主編，前揭書，頁70、71。

天。二、申請方式增列口頭申請，即除書面申請外，亦可口頭申請。三、受理復議機關，除爲原作出行政行爲之上級機關外，亦可以直接向行政行爲發生地之縣級地方人民政府，提出申請復議，由其轉送有權受理機關。四、行政機關無正當理由不受理復議申請的，上級行政機關可以責令其受理。五、對不依法受理復議申請，或不認眞做出復議決定之機關，增加規定其法律責任。六、擴大行政復議受案範圍：認爲行政機關變更或廢止農業承包合同，侵犯其合法權益者；認爲符合法定條件，申請行政機關頒發許可證、執照、資質證、資格證等證書，或申請行政機關審批、登記有關事項，行政機關沒有依法辦理者；申請行政機關依法發放撫恤金、社會保險金或最低生活保障費，行政機關沒有依法發放者。都可以提出申請復議。七、行政復議不限於書面審查，申請人有當面陳述事實之要求時，或行政機關認爲有必要時，可以向有關組織和人員調查情況，聽取申請人、被申請人和第三人意見。八、申請人經准許，可以調閱被申請人提出之書面答覆、做出具體行政行爲之證據、依據和其他有關資料。九、對行政機關之抽象行政行爲，可以提出申請行政復議，也就是申請人可以要求受理復議機關，審查侵犯其合法權益之具體行政行爲所依據之規範性文件。

第五節　本章結語

　　基本上，大陸地區稅務救濟制度法制化之建立，較台灣地區爲慢，尤以一九四九年大陸開始全面統治大陸地區，採取法制繼承否定論，立即廢除所有國民政府時期所建立之法律制度並欲建

構其社會主義之法律制度，卻造成大陸地區三十餘年之行政訴訟
法制空洞期，雖然其於一九四九年之政治協商會議中之共同綱
領，即有許人民對國家機關和其公務員違法失職行爲提出控訴，
以求救濟之宣示，但此之宣示未眞正被落實，此爲行政訴訟方
面。行政復議方面雖在其建國初期，已先後在財政、稅收、海關
等領域實施①，然僅有零星之行政法規可爲救濟，且亦無統一法
典。

　　其後於一九八二年三月八日通過「民事訴訟法」，雖允許人
民法院開始受理審議行政案件，然其範圍僅限於個別法律明文規
定，且多偏向涉外經濟與經濟行政方面②，其行政救濟制度眞正
法制化，是在一九八九年頒布「行政訴訟法」之後。而台灣地區
行政救濟思想，早於一九一一年民國成立時即已萌芽，一九一四
年「訴願條例」之頒布實施，雖非完備，但已粗具規模。大陸地
區之稅務訴願法制化較台灣地區爲慢之原由，固由於其政權成立
較晚，然其早期，對人民權益之保護較不注重法制化，才是根本
原因，這是研究大陸地區行政法制之學者，稍微觀察即不難理解
的。

---

① 　郝發信，前揭書，頁56。
② 　張國勳，前揭書，頁1、2、45。

第 二 章

台灣地區稅務訴願制度

第一節　稅務復查之程序

壹、稅務復查與行政程序法之關係

一、稅務復查程序法典化

　　台灣地區稅務行政救濟之基本法源─稅捐稽徵法，雖於一九七六年頒布，但實際上稅務案件之救濟，可以追溯到一九一四年五月十八日訴願條例之頒布實施。嚴格說來，台灣地區之稅捐稽徵法，因其第一條規定：「稅捐之稽徵，依本法之規定，本法未規定者，依其他法律之規定。」所以，爲兼具實體法及程序法性質之稅務統一法典[①]，其有關稅務救濟固設有專章，然而無可否認的，其規定尚非完備，對人民權益的保障會有影響。

　　稅捐稽徵法在行政法範疇上，爲公法之一種，公法規範不足，可否援用私法規定補充，向來有正反二派之見解，學者林紀東採折衷意見，主張在不妨礙行政法特殊的範圍內，可以適用民法之規定，他認爲公法上之金錢債權，如國家之租稅之徵收權，係請求特定人爲一定金錢之給付，其效力與民法債權適用同一原

[①]　張昌邦，**稅捐稽徵法論**，台北，瑞明彩色印刷有限公司印行，1985年10月四版，頁5~6。

則，而有民法規定之適用[1]。此為凸顯行政法規範之不足，行政法統一法典亟待制定，自不論矣！

二、行政程序法之制定

良以行政程序法在千呼萬喚之下，終在一九九九年一月十五日經立法院三讀通過，並定於二〇〇一年一月一日起實施。其立法目的係為使行政行為遵循公正、公開與民主之程序，確保依法行政之原則，以保障人民之權益，提高行政效能，增進人民對行政之信賴[2]。而其定義，依照行政程序法第二條規定，係指行政機關作成行政處分、締結行政契約、訂定法規命令與行政規則、確定行政計劃、實施行政指導及處理陳情等行為之程序。其各該行為之部分，涵蓋面廣，有管轄之確定、送達、調查證據、迴避、閱覽卷宗、聽證等各項程序[3]。行政程序法之制定，一方面由於原有公法規範不足，一方面行政程序相較於國家其他公權力運作程序，最顯著之不同點在於：行政機關既是程序主體之當事人，又是決定者，不若司法裁判之公正超然，而有所謂「球員兼裁判」之現象，令人質疑其決策之公正性。尤以現代社會，行政趨向專業化與多樣化，致使行政機關大量取得「委任立法」與「行政裁量」權，「球員兼裁判」利益衝突之機會更為大增，原有外部監督機制已難充分發揮。為因應此一嶄新發展形勢，惟有另闢蹊徑，發展行政之「內部監督」，行政程序法乃因運而生[1]（參見40頁）。台灣地區之行政程序法在目標功能上，偏重在權利模式，即以保障行政相對人之權益為宗旨而制定，並形成相應

---

[1]　林紀東，前揭行政法，頁32~34。

[2]　台灣地區行政程序法第一條規定。

[3]　羅傳賢，行政程序法論，台北：五南圖書出版有限公司，2000年12月初版二刷，頁54。

的程序體系[②]，其在學理上，具有如下之涵義：

(一)行政程序法包括事前與事後程序

　　行政程序可分為事前與事後程序，事前程序係指行政機關為行政行為時，為求公正妥當，事先將處分或計劃內容公示，並聽取相對人或利害關係人意見，然後再作處分或立法之程序；事後程序則指行政機關之行政行為發生效力後，對當事人所提起之聲明異議、訴願、行政訴訟之時，所為之處理裁決程序[③]。台灣地區之行政程序法主要以調查證據、迴避、通知、聽證、公式、送達等各項程序為對象，因此，常被視為行政程序中之事前程序。惟台灣地區之行政程序法第三條第一項有「行政行為」優先適用其他法律之規定。「行政行為」範圍甚為廣泛，包括事前與事後程序，其應否優先適用其他法律規定，乃以行政決定之法律性質作為適用與否之判斷基準，其事後程序之第二次決定，若經確認其法律性質亦屬行政處分、法規命令等各種行為類型之決定，難謂無諸如訴願、行政執行等事後程序之適用[④]，因此，行政程序法包括事前與事後程序。

(二)行政程序法為實體兼程序法

　　行政法按其內容可區分為實體法與程序法。實體法為規定權利義務本體之法律；程序法為規定運用權利義務手續之法律[⑤]。申言之，即凡規定權利義務之存否、性質及範圍等實體事項之法

---

①　湯德宗，「行政程序」，收錄於翁岳生主編，**行政法**，台北：翰蘆圖書出版有限公司，1998年3月29日初版。頁775、776。

②　吳德星，「論中國行政法制的程序化與行政程序的法制化」，北京：**中國人民大學學報**1997年第1期，頁87。

③　羅傳賢，前揭書，頁4。

④　蔡茂寅，「行政程序法之適用範圍(二)」，台北：**月旦法學雜誌**第65期，2000年10月，頁22.23。

⑤　羅傳賢，前揭書，頁4

律者爲實體法；規定行使權利及履行義務之方法、手段等手續上
事項之法律者則爲程序法①。行政程序法除對行政機關行使行政
行爲之各項程序有所規定外，另有關行政處分、行政契約、法規
命令及行政規則、行政計劃、行政指導等實體事項亦受其規範，
其第三條第一項又復有：「行政機關爲行政行爲時除法律另有規
定外，應依本法規定爲之。」之規定，亦即其他法律就「行政行
爲」或行政行爲應遵循之程序有所規定時，方優先適用該其他法
律，否則應適用本法之規定。就此而論，該法雖名爲「行政程序
法」，但已非單純之行政程序，而是兼具有實體法性質之法律，
行政機關行使行政行爲時，不僅應遵循本法之「程序規定」，有
關「實體規定」亦應予以適用②。

(三)行政程序法規制之對象，不限於對外發生效力之行爲

行政行爲有外部行政行爲與內部行政行爲。行政機關內部，
基於上下層級監督關係，所爲之訓令或指示；或對等機關間以相
互牽制爲目的，所爲之規制程序行爲等，皆爲內部之行政行爲，
若爲調整公益與私益爲目的，而以保護相對人或利害人之利益，
而對外所爲之行爲，是爲外部行政行爲③。台灣地區之行政程序

---

① 　張昌邦，前揭書，頁5。

② 　包國祥，「我國行政程序法適用範圍之疑義─行爲行爲與行政程序
法之探討」，**律師雜誌**4月號第247期，台北：台北律師公會，2000年4
月，頁62~66；蔡茂寅，前揭「行政程序法之適用範圍(二)」，頁22；鄭俊
仁，「行政程序法與稅法之相關規定」，台北：**月旦法學雜誌**第72期，
2001年5月，頁63。包國祥在上揭文中認爲行政程序法第三條第一項：
「行政機關爲行政行爲時，如法律另有規定外，應依本法爲之。」已明示
本法係屬普通法，其他法律就「行政行爲」或「行政行爲應遵循之程序」
有所規定時，均應優先適用該其他法律，因此，「行政行爲」之實體規定
亦受其規範。

③ 　**羅傳賢**，前揭書，頁4

法雖屬以保護相對人或利害人之利益，而對外發生效力爲主要目的所制定之法律，然實際上，該法有行政規則及陳情事項，非當然以對外生效爲適用對象，與人民權義亦非全直接影響[1]，據此，台灣地區所規制之對象，非僅爲外部行政行爲，內部行政行爲尚爲其所規制之對象。

(四)行政程序法以行政主體之活動爲主，行政相對人參與爲輔

行政程序法在規制行政主體之行政活動，而所謂行政主體，依照該法第三條第二項規定，並不包括各級民意機關、司法機關、監察。行政程序法雖以行政主體之行政活動爲中心，行政主體必須依照該法行使權力，負擔義務，不得有損害國家或相對人之行爲，但其既以保障人民權益，提高行政效能，增進人民對行政之信賴爲目的[2]，則亦不能忽略行政相對人之參與，本法有關行政指導、聽證皆屬行政程序法規定相對人參與之程序，行政相對人不按該規定程序行使權利，即喪失參與該行政程序之權利。

---

[1]　吳庚，**行政法之理論與實用**，台北：三民書局，1999年6月增訂五版，頁481。台灣地區行政程序法所規制之對象究爲內部行爲，或爲外部行爲，學者有不同看法，如學者羅傳賢認爲台灣地區之行政程序法是爲規定行政機關所爲之外部行政手續之規定（氏著，前揭書，頁4）。大法官吳庚在上開著書中之觀點，則認爲台灣地區之行政程序法仿自德國，而德國聯邦行政程序法第九條明定，以對外發生效力之行爲爲規制對象，台灣在制定該法時，又故意省略對外發生效力之字樣，其用意欲規範行政機關之內部行爲至爲明顯，況將性質上並非當然對外生效之行政規則及陳情事項作爲適用對象，即不可能以對外具有法效性之行爲爲限。行政機關之內部作業，其結果既非對外生效，與人民權益關係亦無直接影響，以各種服務章則或內部措施已足，如此擴大範圍，毋乃過猶不及。

[2]　台灣地區行政程序法第一條規定。

三、正當行政程序

在稅務救濟程序中，有一重要之程序，即為「正當行政程序」。「正當行政程序」又稱為「正當法律程序」，其理念源於英國法上之「自然正義法則」，即任何人不假思索，依其固有之理性，即可判斷為正當者[1]。台灣地區之行政法，在行政程序法未制定前，原未確立正當行政程序，惟在訴訟程序中，大法官對此方面已有要求。如釋字第三九六號解釋：「公務員懲戒委員會對懲戒案件之議決，公務員懲戒法雖規定為終局決定，然尚不得因其未設通常之上訴救濟制度，即未予憲法第十六條有所違背。懲戒處分影響憲法上人民服公職的權利，……應本正當法律程序之原則，對被懲戒人予以充分之程序保障，例如採取直接審理、言詞辯論、對審及辯護制度，並予以被付懲戒人最後陳述之機會等，以貫徹憲法保障人民訴訟權之本旨。」[2]即發乎斯旨。

台灣地區現行行政程序法，有關「正當行政程序」之規定，約有下列四項[3]：

(一)公正作為義務

「公正」原則，又稱為「禁止偏頗」原則，源於「任何人不得自斷其案」之法諺。為確保公務員能公正執行職務，無有偏頗，台灣地區行政程序法第三十二、三十三條有迴避之規定。公務員對有利害關係案件之處理，應自行迴避，其不自行迴避，或有具體事證足認公務員執行職務有偏頗之虞者，當事人亦可申請其迴避。第四十七條並有禁止公務員與當事人行政程序外接觸之

---

[1]　湯德宗，**行政程序法論**，台北：元照出版公司，2001年1月初版的2刷，頁9、10。

[2]　湯德宗，前揭「行政程序」文，頁858、859。

[3]　湯德宗，前揭書，頁11~28。

規定。行政機關之作爲能否盡公正之義務，除人方面外，組織適
法與否亦爲關鍵。行政程序法雖未明文規定，機關應以合法組織
作成決策，然該法第一百十四條第一項第四款，瑕疵之行政處分
因「應參與行政處分作成之委員會已於事後作成決議者」而補
正，即已暗示作成行政處分之組織亦應合法。

(二)受告知權

行政機關對行政處分之作成，無論在事前或事後，當事人或
利害關係人均有獲悉與其利害關係之事實及決定之權利。行政處
分在事前告知者，爲促使當事人及時採取防禦行動適時表達意
見；事後告知者，在使當事人瞭解處分內容及提醒可採取之補救
措施。關於補救措施有所謂之教示規定，其著重於便利當事人採
取行政救濟途徑，如行政程序法第九十六條規定，行政處分應表
明其爲行政處分之意旨及不服行政處分之救濟方法、期間及其受
理機關，即爲教示之規定。

(三)聽證權

聽證權提供當事人答辯或防禦之機會，又可分正式之聽證與
非正式之聽證。前者即爲言詞辯論，以公開進行爲原則；後者即
予當事人書面陳述意見之機會，當事人可以「陳情書」提出事實
及法律上之見解，如該法第三十九條、第一百零二條規定是。行
政程序法之聽證，以「非正式程序」爲原則，「正式程序爲例
外」，該法第一百零七條：「行政機關遇有下列各款情形之一
者，舉行聽證：一、法規明文規定應舉行聽證者。二、行政機關
認爲有舉行聽證之必要者。」即明示此意。

(四)說明理由義務

關於行政機關之行政決定應說明理由者，行政程序法有詳盡
之規定，除第四十三條規定：「行政機關爲處分或其他行政行
爲，應斟酌全部陳述與調查事實之眞僞，並將其決定及理由告知

當事人。」外，其餘第九十六條第一項第二款、第九十七條、第一百四十七條、第一百六十七條亦設有明文。

四、行政程序法與稅務復查之相關內容

行政程序法可說為行政法之基本法，其與稅務復查之關係，可從其第三條之規定窺知：「行政機關為行政行為時，除法律另有規定外，應依本法規定為之」。即表明行政機關之行政行為，原則上應適用本法之規定，其他法律另有規定者，從其規定。由是稅務復查之法源－稅捐稽徵法，就行政程序而言，係為其特別法，其適用順序，照理以稅捐稽徵法未規定者，始適用行政程序法規定[1]，學者湯德宗則從保護人民權益之觀點，認為該法所謂「法律另有規定」，係指其他「另有較本法嚴格之程序規定」，其適用之順序，應視個案情形按正當行政程序要素，逐項檢定某法律規定之某程序，是否較本法嚴格，而決定本法應否優先適用，行政程序法具有補充行政法不足之作用[2]。其實，稅務復查為訴願之先行程序，可謂是「特殊類型之的行政程序」[3]。而行政程序法之制定，既用在確保行政機關依法行政及保障人民權益，則其為「最低限度之程序保障標準」，亦即，其他行政法規之程序保障規範程度，若較本法劣薄者，應適用本法之規定，較為合理。

---

[1]　大法官吳庚即持此看法；他認為未列入行政程序法第三條第三項除外之行政事項，若法律就該等事項之處理程序以自行規定，或其救濟已不適用行政爭訟程序者，原則上並無本法適用餘地。詳見吳庚，前揭**行政法之理論與實用**，頁504。

[2]　湯德宗，**行政程序法論**，台北：元照出版公司，2001年1月初版第二刷，頁146~148。

[3]　**訴願新制專論暨研討會實錄**，台北：台北市政府訴願審議委員會，2001年10月，頁43。

　　行政程序法與稅法之關係如斯，則如行政程序法之一般原則
－平等原則、明確原則、比例原則、誠實信用原則自能一體適
用。他如裁量權之行使，稅法不乏類此規定，如稅捐稽徵法第
十、二十六條天災、事變、第二十四條第二項納稅人逃避執行跡
象程度之認定，第十一條之一擔保是否易於變價及保管，且無產
權糾紛之核認等，亦應受行政程序法第十條之行政裁量權原則之
拘束。另如迴避制度、案件申請之方式、文書之送達，亦應遵守
該法之規定。在稅務救濟方面，有關管轄權之移送、調查事實及
證據之規定亦值得注意。管轄權之移送，各稅法並未明文規定，
行政程序法第十七條第一項：「行政機關對事件管轄之有無，應
依職權調查；其認無管轄權者，應即移送有管轄權之機關，並通
知當事人。」第二項：「人民於法定期間內提出申請，依前項規
定移送有管轄權之機關者，視同已在法定期間內向有管轄權之機
關提出申請。」，正可以補其不足。調查事實及證據方面，訴願
法固已有規定，稅捐稽徵法亦設有調查專章規範，其調查程序採
職權進行主義，與行政程序法第三十六、三十九條相呼應[1]，但
在證據採擇方面之規定似為不足，對此，行政程序法第四十三
條：「行政機關為處分或其他行政行為應斟酌全部陳述與調查事
實及證據之結果，依論理及經驗法則判斷事實之真偽，並將其決
定及理由告知當事人。」，稅務機關在復查或初查階段處理稅務
案件，似可參照該規定辦理，但行政程序法第三十六條後段有關
對當事人有利事項一律注意之原則，在審案時亦應慮及。

---

[1]　鄭俊仁，前揭文，　2001年5月，頁62~69。

貳、稅務復查之標的

一、行政處分之概念

　　稅務案件得為行政救濟之標的，必須為稅捐稽徵機關之行政處分。所謂行政處分，依照行政程序法第九十二條之規定：「係指行政機關就公法上具體事件所為之決定或其他公權力措施，而對外直接發生法律效果之單方行政行為」。行政機關具有形成權，其單方行政行為，不待相對人同意，對外即可直接發生法律效果，但必須是就公法上具體所為之決定或其他公權力措施，始能稱為行政處分。因此，事實之通知行為，例如稽徵機關對納稅人之課稅疑義解釋或辦理情形之通知，乃為欠缺法效性之通知，行政法院認其為非行政處分。行政法院[①]五十一年判字第一○六號判例：「提起訴願，以有官署違法或不當之行政處分存在為其前提要件，所謂行政處分，則指官署對人民所為之單方行政行為而發生具體的法律上效果而言，且以該項處分損害其本人之權利或利益者，始得對之提起訴願，若恐將來有損害之發生，而預行請求行政救濟，則非法之所許。本件被告官署之通知，係基於原告所陳法令上之疑義，表示其見解以為解釋，顯不發生具體的法律上之效果，不能謂其為行政處分。」六十年判字第八八號亦認為：「官署所為告知經辦事件進度或緩辦原因之通知，既不生法律上之效果，自非行政處分，不得以之為行政訴訟之標的」，可資參照。

　　新修正之訴願法對行政處分之定義，雖以行政機關就公法上

[①]　為配合新修正之行政訴訟法之實施，行政法院之組織，自「行政法院組織法」於88年1月15日經立法院通過修正後，已改為高等行政法院與最高行政法院二級。

具體事件為一定之作為或不作為為已足，並不以發生公法上法律
效果為限①，惟其與事實行為之判別仍為十分重要。由上述行政
法院之判決得知，行政處分與事實行為似以法效性為分野，行政
主體所為之行為能生法律效果，即為行政處分，否則為事實行
為。這樣的說法，也許仍為模糊，難令人滿意。不過，有一點值
得肯定的是，行政行為須以對外能生法效性為前提，其行為須受
法規範，但是事實行為是否不必受法規範？關於此，吾人有必要
從事實行為之概念談起。其實，事實行為與行政處分有時確實很
難劃分，要對事實行為之定義，獲得令人滿意之答案，似為不
易，所以，對此尚無統一之定義，其原因根據學者陳春生②所作
之研究，認為(一)各學者對事實行為之認知不同，有意無意以自
己詮釋之目的架構事實行為概念。(二)多數學者從事實行為是否
產生法律效果與事實效果作為區分基準，但對其效果之意義與區
分基準，並不清楚。(三)事實行為概念之範圍究竟將其限定在只
產生事實效果？抑或兼承認於例外或一定條件下，亦產生法律效
果？還是本來事實行為就包括產生法律效果之行為？這些前提的
解釋，仍不清楚。(四)國內學界對公法行為、高權行為與權力行
使三者與事實行為間的關係，仍不清楚。(五)對事實行為中之物
理作用之闡釋，仍嫌不足。

　　由於行政之事實行為在社會各領域的快速發展，要以劃一的
概念，來理解其在各個領域所顯現之各種樣態，幾已變為不可
能③。不過，值得探討的是，稽徵機關常有為納稅人提供稅務法
令資訊之情形，例如，納稅人對其自用住宅用地，何時提出申

---

① 　詳見台灣地區87年10月28日修正公布之訴願法之修正說明。
② 　陳春生，「事實行為」，收錄於翁岳生主編，**行政法**，台北：翰蘆圖
書出版有限公司，1998年3月29日初版，頁747、748。
③ 　陳春生，前揭文，頁750。

請，才可享受優惠稅率，甲稽徵機關答以可在十月七日前提出申請即可，而事實上，土地稅法對於地價稅之開徵日期已提前十五日，即至十一月一日開徵，連帶地，土地稅減免規則所謂之「應於開徵前四十日前」提出申請之期限，提前至九月二十二日，納稅人因相信稽徵機關所為之答覆，而遲至十月六日始向乙稽徵機關提出申請適用當年度自用住宅優惠稅率，乙稽徵機關以已超過申請期限為理由，予以否准，所造成納稅人之損失，此時，甲稽徵機關所為法令資訊之提供，是否仍為事實行為，抑或為行政處分？

對此需要澄清的是，儘管行政主體提供資訊之事實行為，原則上不具拘束力，但仍有義務使所提供之資訊內容準確與完全，否則，即應對其行為負其責任。因此，行政相對人因行政主體提供錯誤之資訊，而造成法定期限之錯過，致使受到損害者，即應受到拘束。易言之，甲稽徵機關之行為已非單純之事實行為，而為具有間接拘束力之行政行為，在德國實務上，可能構成國家賠償[①]。然則，值得再進一步探討者是，對應由乙稽徵機關處置之行為，甲稽徵機關有無義務加以處置？其實，該資訊之提供，畢竟非對具體案件之行政處分，基於行政一體之理念，甲稽徵機關縱知最後非其應處分之案件，亦很難拒絕納稅人之請求。甲稽徵機關提供錯誤之資訊，造成納稅人損失之後果，其後之補救措施，又為行政賠償之另一問題。

另外，稽徵機關為了解納稅義務人之營業狀況，亦有至商家盤點存貨或營業狀況檢查之行為，此種行為係行政檢查之一種。行政檢查者，係行政機關為達特定行政目的，對於特定行政客體所為之查察、蒐集資料活動，其活動通常被認為有可能為發生事

[①]　陳春生，前揭文，頁752，1999年二版一刷，頁4。

實效果之事實行爲；亦有可能爲屬於行政作用中之物理行爲之一種。行政作用中之物理行爲，有可能只發生事實效果；亦有可能發生法律效果，端視當事人有無忍受義務而定，因此，是否發生法律效果，仍須依相關法令及具體情況判斷[1]。上述稽徵機關至商家盤點存貨或營業狀況檢查之行爲，有屬於作成行政處分前之準備階段；有預防違法行爲或狀態之發生者[2]。前者如稽徵機關接獲漏稅檢舉，至涉嫌商家搜索帳簿、憑證等；後者如稅管員平時對商家之營業檢查，或依「稅捐稽徵機關加強飲食營業稅查徵要點」規定，至飲食業者之營業場所蒐集營業資料等等，都屬於行政檢查項目，當事人不接受稽徵機關之檢查者，稅捐稽徵法有處罰之規定。

其次，稅務機關之處分，還有所謂之「重複處分」與「第二次裁決」。「第二次裁決」因係於事實與法律狀態未變之下，所爲重新之實體審查，並予裁決，其結果雖與第一次裁決相同，惟因發生公法效果，仍被視爲新的行政處分；「重複處分」則僅係重申先前所作之確定處分，並未重爲實質之決定，故被認爲觀念通知，而非行政處分[3]。誠然，在實務上，要判別行政處分與事實行爲殊爲不易，不過，行政機關之本意若爲行政處分，而其行爲影響當事人之權益者，應可視爲行政處分[4]。

行政處分之概念，需要再加申述的是其範圍之界定，台灣地區之舊訴願法第二條原規定以特定具體之事件爲限，惟台灣地區

---

[1] 陳春生，前揭文，頁757、758。

[2] 吳庚，前揭行政法之理論與實用，頁412。

[3] 李建良，「重複處分與第二次裁決」，收錄於月旦法學教室(1)公法學篇，台北：元照出版公司，2000年9月初版第二刷，頁99。

[4] 李建良，「行政處分與觀念通知」，收錄於月旦法學教室(1)公法學篇，台北：元照出版公司，2000年9月初版第二刷，頁107。

司法院大法官會議對此早就有不同看法，其釋字第一五六號解釋：「主管機關變更都市，係公法上之單方行政行為，如直接限制一定區域內人民之權利、利益或增加其負擔，即具有行政處分之性質，其因而致特定人或可得確定之多數人之權益，遭受不當或違法之損害者，自應允許其提起訴願或行政訴訟，以資救濟」。台灣地區司法院大法官會議對行政處分所下之定義，非以特定對象為限，可得確定之多數人之權益遭受不當或違法之損害者，亦可提起訴願。新訴願法亦配合大法官會議之解釋作修正，將其範圍擴及非特定之人，以充分保障人民之權益。

二、得為稅務案件復查之標的

　　稅捐處分係屬下命或使相對人負擔義務之處分，係以片面意志所形成之法律關係，自為行政處分之一種，納稅人對其所核定之稅額，若為不服，當然可提行政救濟，然關於稅務案件之行政救濟，稅捐稽徵法第三十五條亦有規定：「納稅義務人對於核定稅捐之處分如有不服，應依規定格式，敘明理由，連同證明文件，依左列規定，申請復查：

　　(一)依核定稅額通知書所載有應納稅額或應補徵稅額者，應於繳款書送達後，於繳納期間屆滿翌日起算三十日內，申請復查。

　　(二)依核定稅額通知書所載無應納稅額或應補稅額者，應於核定稅額通知書送達後三十日內，申請復查。」

　　據此，稅務案件申請復查之標的，應指稅捐稽徵法第三十五條第一項所規定之「核定稅額之處分」。該稅額之處分雖未指明由何機關所為，不過，觀之同法第三條：「稅捐由各級政府主管稅捐稽徵機關稽徵之」之規定，應指稅捐稽徵機關。故而，稅務案件申請復查之標的，概指稅捐稽徵機關「核定稅額之處分」，

殆無疑義。然則稅務案件復查之標的，爲有應納稅額與無應納稅額之分，究應如何劃分。有應納稅額者不難理解，是經稽徵機關核定後，有應納稅額之繳款通知書(俗稱稅單)，納稅人接到是項繳款書，若發現繳款書內容記載、計算錯誤或重複，就可依稅捐稽徵法第十七條規定，要求稅捐稽徵機關查對更正。嚴格說來，繳款書內容如納稅人姓名記載錯誤，張冠李戴，是爲一無效之行政處分，納稅人收到非其應納之稅單，本無義務繳納，自不待納稅人提出申請，就歸於無效①，其餘計算錯誤或重複，亦爲一瑕疵之行政處分，納稅人亦可循救濟途徑，請求撤銷，稅法之所以有更正程序，是因該錯誤僅爲輕微之瑕疵，爲免行政救濟費時，故設簡便更正程序；無應納稅額之繳款書，應係指稽徵機關所發之無應納稅額或應補稅額之公文書，包括免稅證明、核定稅籍登記等等將意思表示於外部行爲之各式公文書，此項公文書必須符合上述行政處分之概念，始爲稅務案件復查之標的。

　　稅捐稽徵機關對納稅人核課稅捐，係一積極之行政處分，納稅人不服其核定，可提出申請復查，但是消極之行政處分，如拒絕納稅人申請營業登記許可，此時納稅人可否提出申請復查？依照司法院院字第三百七十二號解釋：「所謂官署違法或不當處分，不問爲積極或消極，祇須足致損害人民之權利或利益者，即得提起訴願」，即認許納稅人可提行政救濟，並不因行政機關意思表示之用語不同而有別。如行政法院七十九年度判字第一六九九號判決：「中央或地方行政機關就其主管事務，對於人民聲請之特定具體事件所爲之單方行政行爲能發生公法上之效果者，即爲行政處分，是中央或地方行政機關所爲之單方行政行爲，祇要能發生公法上之效果；縱其表示意思之用語不同，其爲行政處分

---

①　因繳款書姓名非該納稅人，經該納稅人簽收之送達回證，執行處亦不會承認其有效，自亦不可能執行，縱執行亦可聲明異議。

則一，不能因詞曲意。本件係爭土地被告機關……似在拒絕原告
之請求，果爾，該拒絕行爲，既經就特定具體事件所爲發生公法
上不予更改之效果，能否謂非行政處分即非無斟酌之餘地」[①]。對
稽徵機關非核定稅額之消極處分，依照稅捐稽徵法第三十五條規
定之要旨，可不須經復查程序，而逕提訴願[②]。

　　納稅義務人對稅捐稽徵機關之核定稅捐處分如有不服，自可
依稅捐稽徵法第三十五條規定申請復查，惟納稅義務人僅對部分
爭執事項申請，其餘事項未申請復查，可否於法定救濟期間過
後，再提救濟？例如：納稅人因漏開發票，遭稅捐稽徵機關核定
補徵營業稅，並按所漏稅額裁處三倍罰鍰，納稅義務人對裁處罰
鍰不服而申請復查，然對本稅部分並未爭執，納稅義務人可否於
提起訴願時請求撤銷所補徵稅額及裁處之罰鍰？按「申請復查爲
提起訴願以前必先踐行之程序，若未經過復查而逕爲行政爭訟，
即非法之所許[③]。」在「爭點主義」之下，不論是受理復查之機
關、訴願機關或行政法院都僅對行政處分中當事人提起爭執之項
目作審理或裁判，其餘未爭執之部分則會因法定救濟期間之經過
而告確定，因此，上述情形其本稅部分提起訴願即非合法。

三、復查爲訴願之先行程序

　　納稅義務人對於核定稅捐之處分如有不服，應依規定格式，
敘明理由，連同證明文件，申請復查。即點明不服稅捐之處分，

[①]　轉引自張國清，前揭書，頁314、315。

[②]　對此相關案情，台灣地區財政部85年3月20日台財稅第851896813
號解釋：「納稅義務人重購自用住宅用地，依土地稅法第三十五條規定申
請退還土地增值稅，經稅捐稽徵機關駁回其申請者，尚非屬核定稅捐之處
分，而爲一般性稅務行政處分案件，納稅人如有不服，得逕依訴願法規定
提起訴願」，可資參酌。

[③]　台灣地區行政法院62年度判字第96號判例。

應先提出申請復查，而後才能再有其他程序；亦即說明復查爲稅務案件行政救濟之先行程序，不經復查程序，逕提起訴願，訴願機關將不會受理。行政法院四十七年度判字第七號判決：「營業人對於稽徵機關通知之應納營業稅及所得稅稅額，如有不服，應於法定限期內踐行一定之手續，聲請復查，對復查決定如仍不服，始得依法訴願」，四十八年判字第六十一號判例：「對稽徵機關核定之所得稅額，納稅義務人如有不服，應申請復查，爲所得稅法所定在訴願程序前，必先踐行之特定程序，非依此規定，不能得法律上之救濟」，均其適例。

　　稅務案件復查之作爲稅務訴願之先行程序，係因稅務案件具大量性與技術性，爲使稅務機關有自我省察之機會，並獲致行政救濟良好效果，故有復查制度之創設，其創設可以追溯到一九一四年所頒布之所得稅條例，該條例第十九條至第二十一條分別規定：「主管官署決定第一種第一項及第二種之所得稅後，須通知納稅義務者，納稅義務人接受前項通知後不服者，限三十日內敘明理由請求主管官署審定之」、「主管官署遇有前條之請求時，須交審查委員會依法決議決定之」、「納稅義務人對前條之決定仍有不服者，得爲行政訴願或訴訟。但已屆納稅之期，雖爲前項之訴願或訴訟，仍應依照法定之所得額先行納稅」[1]。時至今日，訴願法第一條亦明文規定：「人民對於中央或地方機關之行政處分，認爲違法或不當，置損害其權利或利益者，得依本法提起訴願，但法律另有規定者，從其規定。」因稅捐稽徵法有復查之規定，該但書「法律另有規定者，從其規定。」即成爲其以復查爲稅務訴願先行程序之法源依據。復查雖爲訴願之先行程序，然亦有例外之規定，台灣地區於九十年一月一日起所施行之行政

---

[1]　顏慶章，**租稅法**，台北：月旦出版社股份有限公司，1996年修訂版二刷，頁142、143。

程序法中即有例外之規定；該法第二百零九條：「不服依前條作成之行政處分者，其行政救濟程序，免除訴願及其先行程序。」所謂依前條之規定，係指經聽證程序所作成之行政處分者，從而，經聽證程序作成之稅務處分案件，自九十年一月一日起，可不經過復查及訴願之程序至明，此可說是復查先行程序之例外。

參、稅務復查之申請

一、申請復查之方式

稅務案件復查之提起，台灣地區稅捐稽徵法第三十五條第一項規定：「應依規定格式，敘明理由，連同證明文件，依左列規定申請復查」。其所謂之格式，依照該法施行細則第十一條規定，應載明「一、申請人之姓名、出生年月日、性別、身分證明文件字號、住、居所。如係法定代理人或其他設有管理人或代表人之團體、其名稱、事務所或營業所及管理人或代表人之姓名、出生年月日、性別、身分證明文件字號、住、居所及代理人證明文件。二、原處分機關。三、申請復查之事實及理由。四、證據。其為文書者應填具繕本或影本。五、受理復查機關。六、年、月、日」並由申請人簽名或蓋章。關於提行政救濟之格式，訴願法及行政訴訟法與稅捐稽徵法規定大致雷同，都有較嚴格的要求。行政程序法對人民申請案件之格式，規定則較為寬鬆，並無要求特別格式。稅務案件之復查格式雖為嚴謹，其實，在實務上，納稅人申請復查並非定要依照該規定格式辦理不可，許多納稅人教育程度不高，識字不多，要其按照規定格式提出申請，可能會有困難，因此，為便民起見，納稅人若已在法定期間內申請復查，縱未敘明申請理由或提供有關帳簿、文據或相關證件，稽徵機關仍會通知其期限補正，不會拒絕受理或逕予駁回，納稅人

即令未在限期內補正，亦僅屬實體上申請復查有無理由之問題，稽徵機關仍應就該案作成復查決定書通知申請人，不得以一般公函逕行核復，否則即非合法[1]。納稅人申請復查，只要具名簽章，敘明連絡地址及對原處分表示不服，稽徵機關通常都會受理，自屬便民。但行政程序法第三十五條規定口頭申請亦可，該方式固然以其他法規未規定為前提，始得適用是項規定，但行政程序法係屬普通法，該法之規定既然對申請人較為有利，基於便民原則，要非不得許其以口頭提出申請。不過，以此方式申請者，應依該法規定，由受理機關作成記錄，並向申請人朗讀或閱覽，經其確認無訛後由其簽名或蓋章，以求周延。

　　申請復查內容，雖只要書明申請理由與請求，受理機關通常都會受理，但證據多寡才為爭訟勝負與否之關鍵。而所謂「證據」包括有人證、書證、物證等，其為供受理機關認定事實之資料，申請人固然可拒絕提供證據，但受理機關可能會以「空口主張，核無足採」為理由，駁回申請，故申請復查證據之提供甚為重要。例如納稅人被虛報工資，主張無是項所得，要求核定機關撤銷是項處分，所得期間納稅人如剛好在軍中服役，則可以提示部隊服役證明，證明自己在部隊服役，根本不可能有是項所得，或向地檢署提出檢舉，由其起訴後證明自己清白。該項證據堅強有力，獲得勝訴已可預期。至於簽名或蓋章，民法第三條第一項規定：「依法律之規定，有使用文字之必要者，得不由本人自寫，但必須親自簽名。」納稅人之復查申請書，得請他人代寫，但必須親自簽名才有效。惟國人書立文件習慣蓋章，如有用印章代簽名者，其蓋章與簽名生同等之效力[2]，此外，對不識字之人，尚可以指印、十字或其他符號代簽名，但必須經二人簽名證明才有

---

[1]　參見台灣地區行政法院54年判字第188號判例。

[2]　台灣地區民法第三條第二項。

效[①]。

　　納稅人申請復查，一經稅捐稽徵機關收件後，固然有其法律效果，但非當然生效，應視其申請要件有否欠缺而定。值得需要探討者，納稅人申請復查之程序若欠缺，其效果如何？行政程序法第一百十四條規定：「違反程序或方式規定之行政處分，除依一百十一條規定而無效者外，因下列情形而補正：一、須經申請始得作成之行政處分，當事人已於事後提出者。二、必須記明之理由已於事後記明者」。亦即，因申請欠缺而做成之行政處分，尚可因當事人之補正而變為有效，瑕疵之申請自得補正。所以，納稅人之申請得由補辦申請方式予以補正者，稅捐稽徵機關應通知其限期補正，在未補正前，其效力處於不確定狀態。因此，其申請之效力繫於申請人之補正與否。申請人補正，則其申請發生效力，但在稅捐稽徵機關作成復查處分前，申請人撤回，該申請案將失其效力。

二、申請復查之期限

　　稅務案件之復查期限，依照稅捐稽徵法第三十五條之規定，經核定後有應納稅額或應補徵稅額者，應於繳款書之繳納期間屆滿翌日起三十日內，提出申請。無應納稅額或應補徵稅額者，應於核定稅額通知書送達後三十日內申請。納稅人逾期提出申請，即生失權效果，稽徵機關受理後，即可以程序不合而駁回其申請，除非原處分在實體上顯然錯誤，否則，即無從補正。納稅人若以郵寄申請，其申請日以何日為準？訴願案件依訴願法第十四條規定，以受理訴願機關收受之日為準，但訴願人非居住在受理訴願機關之所在地者，同法第十六條規定應扣除在途期間。復查

[①]　台灣地區民法第三條第三項。

案件於稅捐稽徵法，則無規定申請起算日之計算方式，不過，財政部六十八年九月十二日台財稅字第三六三八六號解釋，是以交郵當日之郵戳爲準。申請期間之末日遇假日或休息日者，稅法並無明文規定，財政部以行政命令補充，其七十八年四月二十四日台財稅第七八○○七一四一九號函釋，申請復查期間之末日，遇星期六下午，准延長半天至次星期一上午。其意義與行政程序法第四十八、四十九條之規定，若合符節。則行政程序法對期間之計算較爲周詳，稅務復查案件有關送達期間之計算，可依該規定辦理。值得再加探討者爲，台灣地區公務機關之上班時間已改爲週休二日，此一期間有否再修正之必要？觀諸行政程序法第四十八條第五項：「期間涉及人民之處罰或其他不利行政處分者，其始日不計時刻以一日論；其末日爲星期日、國定假日或其他休息日者，照計。但依第二項、第四項規定計算對人民有利者不在此限」。稅捐之核課，爲對人民財產權之侵犯，似可依該項前段之規定辦理，對人民之授益處分，如稅捐之減免等，似可依該項但書之規定辦理。

　　申請復查期限之計算，有一點需要特別注意者，是有關教示之規定。稅捐稽徵法並無是項規定，但是實務上稅捐稽徵機關之稽徵作業手冊，皆有規定稅捐稽徵機關在復查決定書上，要提醒申請人提起訴願之期限，各稅目核定稅額繳款書也都有這方面的記載，比較有問題者，倒是其他涉及對納稅義務人處分之公文書，會有遺漏告知納稅人救濟期間之情事，未踐行告知義務，行政程序法有延後發生失權效果之規定，該法第九十八條第三項：「處分機關未告知救濟期間或告知錯誤未爲更正，致相對人或利害關係人遲誤者，如自處分書送達後一年內聲明不服時，視爲於法定期間內所爲」。亦即，未告知納稅人救濟期間，納稅人在處分書送達後一年內聲明不服，都不算逾期，這方面不容稽徵機關

疏忽。

三、稅務復查之申請人

(一)納稅義務人

納稅義務人為申請復查之主體，為稅捐稽徵法第三十五條所明定。而所謂納稅義務人，係指依法律規定，負納稅義務之人，包括自然人、法人、非法人團體。至於公法人，其若為稅法上所規定之納稅義務人，自得為申請復查之主體。納稅義務人並非一定是負稅人，如貨物稅、營業稅由廠商或營業人繳納，但實際負稅人為消費者。實際負稅人目前稅捐稽徵法固無復查之途徑，然稅法上具納稅義務之人，是否都可申請復查？依照訴願法第一條規定：「人民對於中央或地方機關之行政處分，認為違法或不當，致損害其權利或利益者，得依本法提起訴願」。得提訴願之人，必須其「權利」或「利益」遭受「不法」或「不當」侵害。但是申請復查，稅捐稽徵法第三十五條則規定：「納稅義務人對於核定稅捐之處分如有不服，應依規定格式……申請復查」。納稅義務人只要主觀上認為不服，即可申請復查，「權利」或「利益」是否確實遭受「不法」或「不當」侵害，並非所問，顯然其申請復查之條件甚為寬鬆。

1. 自然人

台灣地區民法第六條：「人之權利能力，始於出生，終於死亡」。自然人得否為行政爭訟之主體，應視其有無權利能力，台灣地區民事訴訟法關於當事人能力之有無，係採權利主體原則，因此，「有權利者，即有當事人能力」[1]。但是有當事人能力，並非表示就有訴訟行為能力，有無訴訟行為能力，應視其是否具

---

[1]　參閱吳庚，同前註11，頁53。

有行爲能力。台灣地區民法第十三條：「未滿七歲之未成年人，無行爲能力。滿七歲以上之未成年人，有限制行爲能力。未成年人已結婚者，有行爲能力」。台灣地區之行政程序法第二十二條第一項規定有行政程序之行爲能力者爲：

(1)依民法規定，有行爲能力之自然人。

(2)法人。

(3)非法人之團體由其代表人或管理人爲行政程序行爲者。

(4)行政機關由首長或其代理人、授權之人爲行政程序行爲者。

(5)依其他法律規定者。

外國人依其本國法律無行政程序之行爲能力，而依中華民國法律有行政程序之行爲能力者，視爲有行政程序之行爲能力[①]。無行爲能力人，即無訴訟行爲能力，其稅務案件之復查，應由其法定代理人提出。除了無訴訟行爲能力之人，提申請復查，應由法定代理人代理外，行政程序法第二十四條，亦許有訴訟能力之當事人委託代理人，但每一當事人委任之代理人，不得逾三人。另申請人於申請後死亡，稅捐稽徵機關通常都會解爲無訴訟權能而予駁回，但有授與他人代理者，行政程序法第二十六條規定：「代理人不因本人死亡或其行政程序行爲能力喪失而消滅」。訴願法第八十七條亦規定：「訴願人死亡者，由其繼承人或其他依法得繼受原行政處分所涉權利或利益之人，承受其訴願」，應從其規定。

2.法人

法人有公法人與私法人之分，在公法人方面，據學者蔡震榮研究指出，德國行政法上關於公法人之概念係繼受民法概念而來，其大部分學者認爲只有具完全權利能力之公法人社團、公共

[①]　台灣地區行政程序法第二十二條第三項。

營造物及公法財團才屬之，亦得爲訴訟及賠償之主體。其行政法則認定具完全權利能力之公法人，以及部份權利能力之公法社團、公共營造物及公法財團、受國家委託執行公權力之私法機關爲行政主體。行政主體通常僅爲一抽象之組織體，其任務仍有賴於其所設立之行政機關來執行。台灣地區對公法人之定義相當分歧，有學者採德國三分法之介紹，亦有民法學者僅承認國家或地方自治團體以及法律上明定爲「公法人」才屬之。行政法院並不承認營造物具行政主體之地位，僅承認其擁有機關之地位，即連法律上規定爲「公法人」之農田水利會，都認爲非屬依法組織之中央或地方官署，其與會員關係非屬公法關係。至台灣地區之法律所規定之公法人，則皆屬公法社團法人，除國家及地方自治團體外，就僅有農田水利會屬之[1]。

在私法人方面，私法人爲私權之主體，係由法律所創設，其是否有與自然人同一之法律上人格，儘管在法學上有否認說、擬制說、實在說等各家學說，但其具權利義務之人格，則爲多數學者所採認。因此，其具有權利能力，其權利能力，始於成立，終於解散清算完結。但法人有否行爲能力，雖法無明文規定，然法人之負責人得代表法人爲法律行爲，據此可認定法人具有行爲能力，能爲權利義務之主體，自有訴訟能力，訴願法第十九條、行政訴訟法第二十七條亦有明文規定。法人之稅務案件復查，應由法定代理人以其名義代爲提出，若以法人之代表人爲申請人，則非適格[2]。反之，本爲自然人之權利主體，而以法人名義提出，亦爲法所不許，不容混淆，行政法院六十九年判字第七七二號判

---

[1]　蔡震榮，「公法人概念的探討」，收錄於**當代公法理論**，翁岳生教授祝壽論文集編輯委員會編輯，台北：月旦出版社有限公司，1993年5月，頁254~280。

[2]　吳庚，同前註11，頁55。

決：「按人民對於中央或地方之行政處分，認爲違法或不當，致損害其權利或利益者，得提起訴願、再訴願，固爲訴願法第一條所明定，但訴願之存在與否，應以當事人是否適格爲要件，若訴願人就其訴願標的之法律關係，由無實施訴權者而提起訴願，當事人即非適格，其訴願權能存在之要件亦即不能認爲具備，對其訴願自無從受理。……而原告竟以法人名義且以法人代表人之身份，提起一再訴願，顯與訴願主體不適格，不予受理，從程序上予以駁回，揆諸首開說明，並無不合」，四十七年裁字第五十一號判決：「縣爲法人，有其獨立之法律上人格，至其制度是否已完全建立，則屬另一問題不能因尚未制定縣自治法，而謂其法人資格尚未取得。又縣與縣政府涵義亦有不同，後者一面爲縣法人之代表人，一面又爲縣政府之首長，如政府對縣法人爲處分，而合於訴願之規定時，僅縣長得以縣之名義提起訴願，即以縣法人爲訴願人，縣長爲其代表人。」可爲參照。

法人之設立，應由負責人備具申請書，連同應備之文件二份，向中央主管機關申請或報由地方主管機關轉報中央主管機關核辦，其爲權利義務人之主體，自核准之日起確立。法人組織成立後，難免會有因時勢更易，而有變更情形。然而法人變更名稱或其他登記事項，其權利義務之情形爲何？依照台灣地區財政部之看法，認爲「依照公司法成立之公司，變更公司名稱及其他法定登記事項，其登記事項雖有變更，但其爲權利義務人之主體並未變更，故其所應享權利與應負義務，並不因法人登記事項之變更有所更易。」[1]質言之，法人成立後，其權利義務，並不因變更名稱或其他登記事項而更易。

3. 非法人團體

稅務案件之非法人團體，在財產稅最爲常見者有，祭祀公業

[1]　台灣地區財政部四十九年六月二十三日台財稅發第04815號令。

及宗教團體；在營業稅有未完成登記前之公司籌備處、未經認許之外國公司。未經認許之外國公司雖非法人，但在我國境內設有代表人或管理人者，台灣地區法院肯認其有當事人能力[①]，自得以其名義提出申請復查，其他不具法人人格之商號、工廠，行政法院歷來看法皆以其資本主或經營者為當事人[②]。惟值得探討者，合夥組織究竟有無當事人能力，得否為訴訟權能之主體？其究應以合夥商號名義提出申請復查，抑或以合夥人個人名義為之？最高法院八十二年度台上字第三二三八號判決：「按合夥財產為合夥人全體所共同共有，故合夥非有獨立之人格，其因合夥事務而涉訟者，除由執行業務之合夥人代表合夥為原告或被告外，應由全體合夥人為原告或被告，其當事人始為適格。」是以合夥組織並無當事人能力，其設有代表人者，則以代表人為該團體訴訟行為。

4. 利害關係人

所謂「利害關係」，台灣地區之行政法院曾做過解釋，其五十五年判字第三〇一號判例謂：「係指對現已存在之權利或合法利益有影響關係而言。」。公司之股東，或非對外代表之合夥人，得否以利害關係人之身份，提出申請復查，現行稅捐稽徵法並無規定，利害關係人得為申請復查之主體，不過，司法院院字第六四一號及一四三〇號所做之解釋：「不服受理訴願官署之決定者，雖非訴願人，亦得提起再訴願，但以因該決定撤銷或變更原處分，致損害其權利或利益者為限」。現行訴願法第二十八條、行政訴訟法第四十二條，則允許利害關係人參與爭訟。因

[①]　台灣地區最高法院五十年度台上字第1898號即有此判例。

[②]　郭介恒，「行政救濟主體之變動—實務判決之檢討」，收錄於：台灣輔仁大學法律學系主辦，行政救濟制度改革研討會成果報告，1999年8月，頁121。

此，利害關係人可在訴願以上階段參與爭訟，其權利獲得保障，這是很進步之規定。然則，需要再加探討的是，利害關係人若申請復查，因法無明文規定其得爲申請復查之主體，而被駁回，該如何補救？可否逕提訴願？若不許其逕提訴願，則訴願以上允許利害關係人參與爭訟之規定，又形同虛設，此顯爲稅捐稽徵法之疏漏，亟待補充。

5. 共同共有人

共有者，係指一物之所有權爲數人所共有。對於共有物之納稅義務人，台灣地區稅捐稽徵法第十二條規定：「共有財產，由管理人負納稅義務；未設管理人者，共有人各按其應有部份負納稅義務，其爲公同共有時，以全體公同共有人爲納稅義務人。」據此，稅法規定之共有，應可分爲分別共有與公同共有；分別共有，台灣地區民法第八百十七條規定，係指數人各按其應有部份，對於一物之所有權，此之所有權，即通稱之「持分」；公同共有，依照台灣地區民法第八百二十七條之概念，則指數人基於公同關係，而共有一物。持分共有各負納稅義務，各人皆擁有訴訟權能，故各持有人不服其核定稅捐，可各別提出申請復查；公同共有，申請復查，必須選任一管理人代表提出申請，未設管理人者，稅法以全體公同共有人爲納稅義務人(亦即申請復查人)。共同共有，台灣地區稅捐稽徵法雖無強制選任管理人之規定，但是行政程序法，則有選定或指定當事人之制度。其第二十七條規定：「多數共同利益之當事人，未共同委任代理人者，得選定其中一人至五人爲全體爲行政程序行爲。未選定當事人，而行政機關認有礙程序之正常進行者，得定相當期限命其選定；逾期未選定者，得依職權指定之。」新的行政訴訟法第二十九條亦有相同之規定。

共有財產之管理人，固可爲復查程序，但其所承擔之納稅責

任爲何？對此，有謂稅捐稽徵法第十二條規定，共有財產由管理人負納稅義務，亦即共有財產設有管理人者，即逕以管理人爲納稅義務人，財產之共有人似即可免除納稅義務。惟按上開民法規定，各共有人對共有財產，既可按其應有部份，擁有同一物之所有權及享受該物所滋生之利益，自應承擔該物所生之管理費、收益費等一切租稅義務，而管理人則無從享受該財產之利益，自無從負其管理財產以外之租稅義務，故宜僅就其管理財產限度內負納稅義務，而不宜以其自有財產爲其所管理之共有財產負納稅義務[1]。

(二)代徵人或扣繳義務人

代徵人、扣繳義務人本非納稅義務人，因稅法賦予其代徵或代爲扣繳稅款之義務；如娛樂稅法第三條第二項：娛樂稅之代徵人，爲娛樂設施或娛樂活動之提供人或舉辦人；所得稅法第七條第五項稱扣繳義務人：爲「依本法規定，應自付與納稅義務人之給付中扣繳所得稅款之人。」同法第八十八條又規定：「納稅義務人有左列各類所得，應由扣繳義務人於給付時，依規定之扣繳率或扣繳辦法，扣取稅款，並依第九十二條規定繳納之。」此皆稅法賦予代徵人或扣繳義務人應盡之義務。代徵人或扣繳義務人未履行義務時，娛樂稅法第十四條、所得稅法第一百十四條有處以罰鍰之規定，稽徵機關若對代徵人或扣繳義務人處罰，代徵人或扣繳義務人若對其不服，因稅捐稽徵法第三十五條並無規定代徵人或扣繳義務人可申請復查，其可否申請復查令人存疑，就此方面，事實上，同法第五十條已有補充規定；該法解釋稅捐稽徵法關於納稅義務人之規定，除第四十一條之規定外，於扣繳義務人、代徵人、代繳人、及其他依本法負繳納稅捐義務之人準用之。故其適用並無疑義。

---

[1]　顏慶章，前揭書，頁95、96。

肆、稅務復查之受理

一、受理機關

(一)稅捐稽徵機關

依照稅捐稽徵法第三條規定：「稅捐由各級政府主管稅捐稽徵機關稽徵之，必要時得委託代徵；其辦法由行政院定之。」因此，申請復查之相對人，當然爲稅捐稽徵機關。不過，台灣地區稅捐按照財政收支劃分法規定，有國稅、地方稅之分；國稅在院轄市，分由台北、高雄市國稅局徵收，在台灣省則有北、中、南三區國稅局，其下並設有分局，負責各縣市國稅之稽徵；地方稅由台北、高雄市稅捐稽徵處及台灣省各縣市稅捐稽徵處稽徵之。不服國稅之處分，要向原處分之國稅局申請復查，不服地方稅之處分，應向原處分之稅捐稽徵處申請復查。關於此點，需要特別加以說明的，是加值型與非加值型營業稅[①]。由於加值型與非加值型營業稅爲營利事業所得稅之課稅基礎，國稅局同時受理兩者之復查申請時，營利事業所得稅應俟加值型與非加值型營業稅經復查、訴願或行政訴訟終結，決定或判決應補徵或退還稅款後，再依加值型與非加值型營業稅確定之事實，作爲復查決定之參考，以避免兩者決定不一，造成稽徵困擾。

(二)有隸屬關係之受託代徵機關

此外，稅捐委託其他機關稽徵，納稅義務人不服其處分，究應向委託機關申請？抑或受託機關申請？稅捐之委託，稅捐稽徵法第三條規定，必要時得委託代徵，行政程序法第十五條亦規

[①]　按該稅法名稱原爲「營業稅」，於2002年1月1日改爲「加值型與非加值型營業稅」。

定：「行政機關得依法規將其權限之一部份，委任所屬下級機關
執行之。行政機關因業務上之需要，得依法規將其權限之一部
分，委託不相隸屬之行政機關執行之。」行政程序法將行政機關
之權限委諸其他機關辦理，以隸屬之有無，區分爲「委任」與
「委託」。有隸屬關係之委任，如目前之營業稅，原由地方稽徵機
關稽徵，現改爲國稅，理應要改由國稅局稽徵，但因改隸涉及人
員、業務移撥，財政部顧及避免地方稽徵機關組織遷動過大，及
國稅局硬體承受能力，暫由地方稽徵機關代徵，其代徵之稅捐，
有否被告當事人能力？依照司法院院字第七一九號解釋：「按下
級官署呈經上級官署指示辦法遵照奉行之事件，在實施處分時，
係以下級官署名義行之者，應認爲下級官署之處分。」因之，納
稅義務人對之如有不服，應向該地方稽徵機關提出申請。

　　(三)無隸屬關係之受託機關或團體

　　國家行政主體基於事實情況之需要，將其部份高權移轉予與
國家無隸屬關係之其他機關或私人執行，通說係屬法律保留事
項，需有法律依據不可，至其委託方式，或直接依法律規定而產
生，或由法律授權，依行政處分，或以行政契約之方式爲之皆可
[1]。稅務機關將其部份權限委託無隸屬關係之他機關執行的有契
稅之委託鄉鎭公所，使用牌照稅依使用牌照稅法第三條第三項後
段委託監理機關代徵稅款及統一發照。至如委託私人之情形，除
私法人或團體有委託合作金庫或農會代售統一發票外，是否包括
個人？稅務委託個人辦理之情形，似不曾見，惟娛樂稅法第三條
所規定之代徵人，所得稅法第八十九條所規定之扣繳義務人，依
法律規定代稅務機關徵收稅款，從廣義上言，似爲無隸屬關係之
受託人。

---

　　[1]　葉百修，「國家賠償法」，收錄於翁岳生主編，**行政法**，台北：**翰蘆**
圖書出版有限公司，1998年3月29日初版，頁1122、1123。

　　無隸屬關係之受託機關，其行政處分之權能，依照訴願法第
七條：「無隸屬關係之機關辦理受託事件所爲之行政處分，視爲
委託機關之行政處分」。即指明不服無隸屬關係之機關就受託事
件所爲之行政處分，應向委託機關提出申請復查。行政法院六十
七年判字第二六五號判決：台灣省基層公務人員特種考試錄取人
員，不服受託辦理試務及分發實習工作之台灣省政府，所爲分發
實習之行政處分，以台灣省政府爲被告機關提訴訟，行政法院認
爲原告應向委託機關─考選部提訴願，即持此見解。另委託依法
設立團體行使公權力，該受託之團體，以行使該公權力爲行政處
分之特定事件爲限，具有行政訴訟之被告當事人能力[①]，惟台灣
地區之訴願法第十條規定：「依法受中央或地方機關委託行使公
權力之團體或個人，以其團體或個人名義所爲之行政處分，其訴
願之管轄，向原委託機關提起訴願」[②]。行政機關將部份公權力
委託無隸屬關係之私人以自己名義行使爲行政委託。行政委託除
法律有禁止者外，縱無法律之依據，只要有委託之事實存在亦可
爲委託。但學者通說係屬保留事項，無法律依據，不能爲之。行
政委託之方式，則無限制，直接依法律規定或由行政機關基於法
律之授權作成行政處分，或以公法契約方式爲之均可[③]。受委託
行使公權力之私人，所爲之行政處分，亦視爲委託機關之行爲，
即其訴願管轄機關亦爲原委託機關。所以，在台灣省契稅、使用
牌照稅委託鄉鎮公所、監理站代徵，統一發票委託合作金庫或鄉
鎮農會發放，納稅人對其不服，應向委託代徵之稽徵機關提出申
請復查，自不待言。

[①]　參見台灣地區司法院大法官會議釋字第269號解釋。
[②]　吳庚，行政爭訟法論，頁308。
[③]　葉百修，前揭「國家賠償法」，頁1122、1123。

(四)稅捐稽徵分處

台灣省各縣市稅捐稽徵處，依照舊制分爲甲、乙、丙三等處，甲、乙等處都設有分處[1]，其以分處名義對外發文之意思表示，是否爲行政處分？納稅人得否直接對其提起復查。按行政機關有代表國家或地方自治團體行使公權力之權限，爲具有獨立公法人地位之組織體，得以自己名義作成決策，對外意思表示，並發生法律效果。要判定一組織爲機關或單位，大法官吳庚認爲，應具備三項要件：即1. 有無單獨之組織法規。2. 有無獨立之編制及預算。3. 有無印信[2]。稅捐稽徵分處既無單獨之組織法規，復無獨立之編制及預算，應爲稅捐稽徵處之內部分支單位，自非上述定義之機關，其對外發文所爲之意思表示，係基於機關內部授權分工所爲之行爲，並無單獨法定地位，納稅人對其核定稅額不服，應向其所屬稽徵機關申請復查。

(五)無管轄權之移送

有關無管轄權之移送，台灣地區之稅捐稽徵法並無明文規定，納稅人誤向非管轄機關提出申請復查之法效性，以往稅務機關均援用行政法院之相關判例，如五十六年度第二四七號判例：「人民不服官署之處分，於法定訴願期限內向原處分官署聲明不服，貨物向非管轄訴願之官署表示不服原處分之意思者，應認爲已有訴願之提起。（參照司法院院字第四二二號號及願解字第三六一〇號解釋，本院三十六年判字第二四號及四十四年判字第四七號判例）本件被告官署復查決定通知，……原告於該訴願期間內誤向本院提起訴願，應認爲已有訴願之提起」[1]（見71頁），即納稅人向非管轄機關提起，應視同已提起訴願。目前行政程序

---

[1]　台灣省各縣市稅捐稽徵處體制，雖「精省」後，改隸縣市政府，已無等級之分，但其分處之制，並未變易。

[2]　吳庚，行政法之理論與實用，頁165、166。

法已有明文規定，其第十七條第一項：「行政機關對事件管轄之
有無，應依職權調查；其認無管轄者，應即移送有管權之機關，
並通知當事人。」第二項：「人民逾法定期間內提出申請，依前
項規定移送有管轄權之機關者，視同以在法定期間內向有管轄權
之機關提出申請。」無管轄權之移送已有法源足可適用，因此，
納稅人向非管轄之行政機關提出申請復查，受理機關認無管轄權
者，應即移送有管轄權之機關審理，並通知當事人。其法定期間
之計算，亦應以原受理機關收受之日為準。

(六)多階段之行政處分

多階段之行政處分，係指需要其他機關協力參與，才能作成
之行政處分。稅務案件之多階段行政處分甚為常見，例如以往之
田賦災歉減免，由糧食局會同地政、稅務單位至災區現場勘查，
核定減免成數，而後交由稅捐稽徵機關作成之行政處分；免徵土
地增值稅之農地清查違章處罰，亦由稅捐稽徵機關先會同農政、
地政單位現場勘查，確認違章事實，而後才作成裁罰處分；限制
出境案件，營利事業欠稅達一百萬元以上，個人欠稅達五十萬元
以上，稅捐稽徵機關根據「限制欠稅人或欠稅營利事業負責人出
境實施辦法」，函報財政部轉請內政部入出境管理局限制欠稅人
出境。凡此皆為典型之多階段行政處分。另有類型為土地增值
稅、地價稅根據地政事務所所公告之地價或現值核課，是否為上
述定義之行政處分，值得研究。

照理相對人對稅務機關所核定之土地增值稅或地價稅額不
服，應向稅務機關申請復查，此向最後階段之行政處分機關申請
救濟，就多階段之行政處分理論而言，固無疑義，惟能否對作成
最後階段前之其他協力或參與機關，則非無探討餘地。按之多階

---

①　引自台灣地區財政部稅制委員會編印，2000年版稅捐稽徵法令彙
編，頁151。

段行政處分之型態，常見諸於同一行政主體中「決議機關」與「執行機關」相互分離之情形，或行政機關依不相隸屬機關之決定而作成之處分者。由於多階段之行政處分，有複數行政行為之存在，其在作成最後階段處分之前，其他機關所為之參與或協力行為，若對外未發生法律效果者，通常被視為「行政內部行為」，縱令此等行為之欠缺，可能導致最後處分違法，仍非可視作行政處分，相對人不服，僅能向最後階段處分機關之上級機關提起救濟。不過學者仍懷疑其能發揮之效果，且人民在最後階段才能提起行政救濟，亦與憲法保障人民訴權力有未逮。因此，學界對「外部效力」之定義，從寬認定，前階段行為之作成，除符合行政處分之其他要件外，若再具備 1.係爭決定依法應由參與機關單獨為之，且為最後階段處分機關應予尊重者。2.係爭決定以直接送達或以他法使當事人知悉者。即可認定為行政處分[1]。

　　而多階段行政處分之定義，學者蔡志方亦認為，如果其他機關已先行將有關之意見，以具備行政處分之型態，向相對人提前宣示，則該行為本身已構成行政處分，在後處分之機關必須遵照先前機關之處分，作成自己之處分，已不屬狹義的「需要其他機關協力或同意的處分」，故非一般定義之多階段行政處分[2]。而地價或現值，係經由地政事務所一定之公告程序決定，其為土地增值稅或地價稅之核課基礎，就土地增值稅或地價稅之核課而言，地政事務所為最後階段處分前之參與或協力機關，其決定措施之相對人為各地價區段之土地所有權人，雖非特定，但可得確定其範圍，似為訴願法第三條第二項或行政程序法第九十二條第

---

[1]　李建良，「多階段處分與行政爭訟」，收錄於**月旦法學教室**(1)公法**學篇**，台北：元照出版公司，2000年9月初版第二刷，頁101。

[2]　蔡志方，**行政法三十六講**（普及版），台灣成功大學法律學研究所法學叢書編輯委員會編輯，1997年10月全新增訂再版，頁203。

二項所定義之行政處分。準此而論，相對人對此之處分，應分別
向該做成處分之機關提出救濟；亦即，對土地增值稅之核課不
服，應向稽徵機關提出申請復查，對地政機關之地價或現值核定
不服，應向核定地價或現值之地政機關之上級機關提起訴願[1]；
而對免徵土地增值稅農地變更用途違章之處罰，或災害農地減免
田賦成數不服，因作成最後階段處分前之其他機關如農政機關、
地政機關等，僅為屬單純之參與或協力機關，欠缺上述「外部效
力」，相對人只能向最後階段之處分機關提出救濟。至對因欠稅
被限制出境之處分不服，應向何機關提出救濟？有認為應向內政
部入出境管理局尋求救濟，亦有認為應向財政部或向原處分之稅
務機關尋求救濟。對此學者吳庚的看法，認為限制出境係由財政
部或稅捐稽徵機關所決定，主張應採變通辦法，許當事人向財政
部提訴願[2]。

　　實務上，台灣地區之行政法院早期對此方面之見解，七十二
年度裁字第六七八號所作之裁定認為「有權限制欠稅人或營利事
業負責人出境之機關為內政部入出境管理局，而非財政部甚明，
被告機關該項函請限制出境，僅係請求內政部入出境管理局對原
告予以限制其出境，而原告應否受限制出境，有待內政部入出境
管理局之決定，是該項函送行為，顯尚不發生限制原告出境之法
律效果，自非首揭之行政處分。而該項函件副本之送達原告僅屬
事實之通知，由非處分書可比，原告自不得對之提起訴願及行政
訴訟。當時原告既尚未受內政部入出境管理局限制其出境，若將
來有損害之發生，而預行請求行政救濟，則非法之所許。」[3]其

---

[1]　按台灣地區之地政行政之救濟，無復查先行程序。

[2]　吳庚，行政法之理論與實用，頁323。

[3]　轉引自張國清，稅務救濟案例，台北：永然文化出版股份有限公司，1996年5月再版，頁20。

內部之庭長評事聯席會議亦認為：「財政部該項函請限制出境，僅係請求內政部入出境管理局對原告予以限制其出境，而原告應否受限制出境，有待內政部入出境管理局之決定。是該項函送行為，顯尚不發生限制原告出境之法律上效果，自非訴願法上之行政處分。而該項函件副本之送達被告僅屬事實之通知，由非處分書可比。」其後又變更見解謂：「營利事業欠稅其負責人(原告)是否有限制出境之必要，係由財政部決定，內政部入出境管理局無從審查財稅機關決定之當否，嗣於財政部函請該局限制出境同時將副本送達原告時，應認為已發生法律上之效果，即為行政處分，得對之請求行政救濟。」[①]行政法院初始認為財政部為移送機關，非屬限制出境之權屬機關，並不承認財政部之函送行為能發生法律效果，故非屬行政處分，而後則認為財政部之函送行為已屬行政處分，對該限制出境不服，得向其請求行政救濟，是為務實做法，此一見解與學者吳庚之看法一致。

多階段之行政處分，一般納稅人不易瞭解，常誤認協力機關為原處分機關，而對之提起訴願，受理訴願機關自可依訴願法第六十一條規定，於規定期限內移送有管轄權之機關。惟誤認受理機關，對訴願之標的或證據之聲明，可能會有誤差。對此情形，受理訴願機關有無發動「闡明權」促其補正之必要？按審理機關之「闡明權」，台灣地區民事訴訟法有相關之規定，其第一九九條第二項：「審判長應向當事人發問或曉諭，令其為事實上及法律上陳述、聲明證據或為其他必要之聲明及陳述；其所聲明或陳述有不明瞭或不完足者，應令其敘明或補充之」。此項「闡明權」發動，旨在促使不明瞭之當事人變為明瞭，陳述不足者，令其補充。然此僅在濟辯論主義之窮，其「闡明權」有其限制，是故審

① 行政法院七十二年十一月與八十三年三月庭長評事聯席會議，轉引自李建良，前揭「多階段處分與行政爭訟」，頁101。

判長若無法從當事人之聲明或陳述中,尋得闡明之端緒者,即不得無中生有,曉諭當事人為新的陳述或聲明。而訴願程序採言詞辯論者,固可比照民事訴訟法之規定,發揮「闡明」之功效[①]。然台灣地區之訴願,以書面審理為原則,若非採言詞辯論,有否如民事訴訟般之限制,不得由審理機關主動闡明仍有疑義。惟訴願制度除為維護人民之權益外,尚具行政監督功能,對人民未聲明或未陳述事項,似應強制審理機關舉行言詞辯論予以闡明,俾促其補正,以全盤瞭解事實真相。

二、受理之審查

稅捐稽徵機關受理復查案件後,應責成復查委員會加以審查,審查原則理論上是「先程序,後實體」,實務上程序不合,固應以程序不合之理由駁回,但原處分有顯然之違法或不當,應由受理機關之業務單位,本於行政權作用,另行糾正原處分,此即所謂「程序不合,實體糾正」原則,故行政官署對其已為之行政行為,發覺有違誤之處分,而自動更正或撤銷者,並非法所不許[②]。而復查委員會之組成,依據稅捐稽徵機關復查委員會組織規程,該規程規定復查委員由下列之人擔任:1.機關首長或副首長,並兼任主任委員。2.有關單位主管。3.機關首長指定有關人員。決議方式以出席委員三分之二以上,過半數同意行之。決議時復查委員若有不同意見,應詳細列入記錄。復查案件經復查委員會審議通過之程序,為一強行之規定,違反該程序的效果,為瑕疵之行政處分。另外,行政程序法有利害關係人迴避之規定,復查委員會之出席委員,與系爭案件之當事人若具有利害

[①] 邱文津,「多階段行政處分級闡明權之研究」,收錄於**訴願案例研究彙編**(第九輯),台灣省政府訴願審議委員會編印,1997年6月,頁21。

[②] 台灣地區行政法院四十四年判字第40號判例。

關係者，應自行申請迴避，未迴避亦構成行政處分瑕疵之效果。程序瑕疵之行政處分，並非不能補正，一經補正即無瑕疵，行政程序法第一一四條可資參照。

稅務案件之復查，稽徵機關一經受理後，即應進行審查，其審查應於二個月作成決定，未在期限內作成決定者，納稅義務人得逕行提起訴願[1]，復查決定期限不許有如訴願法八十五條，得予再延長之規定，似嫌過苛，蓋因有些稅務復查案件之案情複雜，查證費時，根本無法在二個月期限內辦結，納稅人固可逕提訴願，但復查結果有應補徵稅額者，稅捐稽徵法第三十八條有加計利息之規定，其因延遲決定所造成之利息損失由誰負責；亦即要不要對復查申請人加計利息，曾有爭議，行政法院有正反兩方見解。針對此一問題，財政部前於八十七年十月二十二日以台財稅字第八七一九七○六八八號函行政法院，解釋稅捐稽徵法第三十八條第三項及其立法理由，有關行政救濟應行退補之本稅，應加計利息一併徵收或退還之規定，旨在彌補徵納雙方因行政救濟程序，而延緩徵收或退還本稅所生之損失，其不繳納而延緩所生之責任，應由納稅義務人承擔，與稅捐稽徵機關是否逾二個月始作成復查決定，尚無關連，請求行政法院能惠予支持。財政部固然言之成理，不過，此一問題根本解決之道，應從速修法，容許比照訴願法規定延長復查期限，以切合實際。

三、受理之協談

在租稅法定主義之下，稅務機關在稽徵程序上應依職權進行活動，其享有稽徵權限，亦負有義務，不得便宜行事，亦即，稅務機關不得對稅捐債權之發生及實現逕行規範，經由合解排除其

---

[1]　台灣地區稅捐稽徵法第三十五條第4、5項。

效力或加以變更。但稅務機關憑以課稅之事實，有時認定困難，或調查不經濟，此時若不許進行和解，其課稅合法性將生疑義。德國聯邦財務法院一九八四年十二月十一日判決，認為在下述情形下，稅務機關對難以調查清楚之事實關係，為有助於課稅有效性、程序促進以及法之和平，准許與當事人取得諒解合意，並對徵納雙方具拘束力：(一)經有權機關之參與。(二)未規範法律爭議問題。(三)合意妥協並未造成顯然不當之後果。(四)如未妥協將必須進行困難之事實調查[1]。

　　台灣地區行政程序法第一百零三條第七款規定，相對人於提起訴願前，有依法律應向行政機關申請再審查、異議、復查、重審或其他先行程序者，行政機關得不給予陳述意見之機會，惟觀諸復查案件之協談，類似於行政訴訟法之和解。行政訴訟法第二百十九條規定：「當事人就訴訟標的具有處分權並不違反公益者，行政法院不問訴訟程度如何，得隨時試行和解」。訴願程序並無是項規定，其得否和解，學者有正反意見之爭論；反對和解者認為，若允許訴願人與該管機關就訴願事件成立和解，將導致是非不明，影響訴願制度之功能，贊成者認為和解乃典型之公法契約，且行政訴訟程序中兩造當事人既得成立和解，訴願程序自無不許之理。然則由原處分機關與訴願人私下和解者，並非絕無；民國八十六年初，台北市政府就曾為誤拆蔣緯國及其子蔣孝剛座落陽明山至善路別墅，而與當事人達成和解[2]。故訴願應無不許和解。

　　復查之和解稅捐稽徵法並無明文規定，不過，財政部頒布有

　　[1]　陳清秀，「稅捐法定主義」，收錄於當代公法理論，翁岳生教授祝壽論文及編輯委員會編輯，台北：月旦出版社有限公司，1993年5月，頁601~605。

　　[2]　參閱吳庚，行政爭訟法論，頁366、367。

稅捐稽徵機關稅務案件協談作業要點，該要點第二點規定，稽徵
機關得與納稅義務人協談之情形為：(一)稽徵機關於審查階段
中，就課稅事實之認定，或證據之採認，有協談之必要者。(二)
復查或經行政救濟撤銷重核案件，對課稅事實之認定或證據之採
納，徵納雙方見解歧異者。(三)申請復查之程序或理由，顯與有
關法令規定不符者。(四)納稅義務人對稅務案件之適用法令發生
誤解，有協談之必要者。稅務案件之協談，藉由相對人闡明事
實，固有助於稽徵機關瞭解真實情況，作正確之審理，惟該規定
似過於抽象，且對達成協談之效果，該要點第十三點說明，對稽
徵機關及納稅義務人並無拘束力，僅供雙方參考，縱然經稽徵機
關簽報核定或簽提復查委員會之協談案件，規定稽徵機關「應儘
量」遵照協談結果辦理，但僅止於「應儘量」而已，實際並無拘
束力。協談之目的既重在溝通，故實際上少有與復查申請人和解
之情形，參與人又未獲充份授權，讓步尺寸很難拿捏，稍有差池
就會觸犯刑法第一百三十一條圖利他人罪名，尤以要經協談者，
都為違章案件金額甚大，參與協談人員何敢輕易讓步，在大家各
堅持己見下，會談常不歡而散，故協談結果少有實益，若硬要說
其功能，只能說為申請人提供不滿情緒之宣洩管道，稽徵機關利
用此一管道，解決爭議問題者實為少見。

　　據此，根據該協談作業要點所為之協談，論其性質，僅屬意
見陳述或行政指導，非屬行政和解契約。其實，復查之和解，稅
捐稽徵法雖無明文規定，財政部所訂之「稅捐稽徵機關稅務案件
協談作業要點」，又無法發揮實質效果，然行政程序法第一三六
條規定：「行政機關對於行政處分所依據之事實或法律關係，經
依調查仍不能確定者，為有效達成行政目的，並解決爭執，得與
人民和解，締結行政契約，以代替行政處分。」觀其條文意涵，
行政機關之行政處分所依據之事實或法律狀態，若有客觀之不明

確或經依調查仍無法確定者，得與當事人進行和解，締結行政契約，以代替行政處分。行政程序法如前所述，具有補充行政法不足之作用[1]，其關於和解之契約，自得適用稅務復查程序。從而稽徵機關與納稅人間之稅務爭議，可否透過該機制加以解決？

然則要運用行政程序法之和解程序解決稅務爭議者，首先要考慮者為該法僅限於確定事實、法律狀態不明確，行政機關依職權調查仍無法確定或調查需費過鉅之情形。但是，稽徵機關對課稅事實負有舉證責任，若與納稅人成立和解契約，需稽徵機關以掌握其他客觀、間接之事實，且基於合理之懷疑，足堪認定課稅主要事實存在者，否則，既不得核課稅捐，更不得主張此屬課稅事實不明，而逕與納稅義務人成立和解契約，並逕以該和解契約作為課稅處分之依據，其適用有其客觀要件，要非任何稅務爭議案件均可加以援引適用。另一方面租稅之性質實為一羈束處分，其課稅之形成，應有客觀事實及法律要件，基於租稅法定主義之要求，稽徵機關對課稅法定要件該當後，是否作成課稅處分，並無裁量權，且實務上，最高行政法院受限於行政訴訟制度採職權調查、職權探知以及自由心證主義，對稽徵機關與納稅人所成立之和解鮮少採行，其效力亦令人存疑[2]。故欲運用行政程序法之和解程序解決稅務爭議，以現行之法令規定而言，仍有諸多困難存在。欲真正發揮稅務和解契約之實效，應具體規範使協談制度法制化，刪除稅務協談作業要點有關「應盡量」之字眼，或在稅捐稽徵法中明文規定，確實拘束徵納雙方，才能避免流於形式。

---

[1]　請參見本書第二章第一節壹、稅務復查與行政程序法之關係。

[2]　葛克昌、黃士洲，「論稅務案件之和解」，台北：**財稅研究**第33卷第6期，頁3-21。

伍、復查決定書之送達

行政程序法第一百條規定：「書面之行政處分，應送達相對人及已知之利害關係人」。行政處分必須將內容向相對人表示，使相對人瞭解，才能發生法律效力，有已知之相對人者，其送達程序、效力亦復如是。因此，稅捐文書之送達，顯得格外重要。稅務案件復查決定書之送達，係依照稅捐稽徵法第十八、十九條規定辦理。稅捐文書自應以直接交付送達為原則，亦即派員將應送達之文書直接交付復查申請人。值得探討者，納稅主體為共同共有者，復查決定書是否僅就一人送達即可，抑或就全體共有人逐一送達？按稅捐稽徵法第十九條規定：「為稽徵稅捐所發之各種文書……對公同共有人中之一人為送達者，其效力及於全體」。對共同共有人所發之稅捐繳納通知書為對其中一人送達時，其效力可及於全體，但此為該法第三章稽徵，針對稽徵稅捐所發之各種文書送達所為之特別規定，與規定於第四章行政救濟之復查決定書有別，故復查決定書之送達尚難適用稅捐稽徵法第十九條送達之特別規定，即應對各共同共有人逐一送達，否則，其送達即非合法[①]。

實務上，稅捐文書之送達，部份稅目，尤其是財產稅在鄉下地區，仍委託鄉鎮公所村里幹事送達，在市區有些稽徵機關則雇用送單員送達，另外，營業稅、娛樂稅有些則由稅管員自行親自送達。其之所以由稅管員自行親自送達，係因隨時可以掌握營業人之營業狀況。其餘則通常交付郵寄送達。稅捐稽徵法規定送達之方式；除上述外，該法第十八條尚可以再歸納為寄存送達、公

[①] 參見台灣地區最高行政法院九十年度判字第1389號判決。

示送達。寄存送達依照該法條第一項規定，係因應受送達人拒絕接受，而將稅捐文書寄存在自治或警察機關。稅捐文書寄存在自治或警察機關，稅捐稽徵機關並不能就此了事，還必須作成送達通知書，黏貼於應送達人之住所、居所、事務所或營業門首，才能算是完成送達程序。而上述所謂之自治機關，須具有法人地位，如縣市政府或鄉鎮公所等。省轄市之區公所則係屬市政府之派出機關，並非該法條所稱之自治機關，財政部八十四年一月四日台財稅字第八三一六二八八五五號函可資參照。

公示送達則規定在同法條第二項，它是因應受送達人行蹤不明，文書無從送達，所採取之送達方式。此種方法並非送達無著就可隨便為之，在送達之前，必須要先向戶籍機關查明該應受送達人之確實住、居所，若無著落，稅捐稽徵機關應保管該送達之文書，並將公示送達文書黏貼其牌示處，及刊登當地新聞紙，經刊登之日起二十日，才能發生送達效力。稅單一經依法公示送達，即發生送達之效力，不因納稅人在公示送達期間，身在國外，而阻其效力[①]。至應於新聞紙刊登幾天，財政部曾與法院會商，以刊登一日為已足[②]。

復查決定書自以直接送達至申請人為原則，但萬一申請人剛好外出不在時，怎麼辦？稅捐稽徵法第十九條則許向申請人之代表人、代理人、經理人或管理人為送達；應受送達人在服役中者，得向其父母或配偶送達；無父母或配偶者，得委託服役單位代為送達。稅捐文書固然可以送至上述法定之代理人，但實際上法定之代理人辨別不易，尤以郵寄送達，郵差因信件多，往往送至該址有人簽收就好，也無時間去辨認，所以，常有取回之雙掛號回證非法定之受送達人簽章，而不被執行單位採認時有所聞。

---

① 台灣地區之財政部80年11月11日台財稅字第800396115號函。
② 台灣地區財政部66年4月21日台財稅字第32573號函。

有關稅捐文書之送達方式，除了上述稅捐稽徵法之規定外，行政程序法第六十八條亦有如是之規定，不過，其不同的是，承認以電報交換、電傳文件、傳眞或其他電子文件行之者，亦可以視爲自行送達，這倒是很進步的做法，現在電子資訊發達，應該很容易做到，但仍有待克服的是，欠稅案件之稅單之送達，執行單位向來要求應交付應受送達人，或其法定之代理人簽章才肯強制執行，電傳文件要如何證明，才能使執行單位信其有送達效力，可能還需要與執行單位協商研究。

陸、復查決定之效力

一、確定力

稅務案件經復查決定後，並送達當事人之日起，即有拘束各關係人之效力，其有無確定力？依稅捐稽徵法第二十三條規定，應視其以有無再提訴願而定。不過，這裡所謂的確定，應指形式上之確定，因爲行政救濟確定後，稽徵機關或其上級機關，若發現原處分有錯誤或有他種情形，稽徵機關尙非不得依當事人之申請或基於職權撤銷。行政程序法第一百二十八條規定，行政處分於法定救濟期間過後，相對人或利害關係人得向行政機關申請撤銷、廢止或變更原因爲：一、具有持續效力之行政處分所依據之事實，事後發生有利於相對人或利害關係人之變更者。二、發生新事實或發現新證據者，但以如經斟酌可受較有利益之處分者爲限。三、其他具有相當於行政訴訟法所定再審事由足以影響行政處分者。不過，其申請並非漫無期間之限制，必需於法定救濟期間經過後三個月內爲之；其事由若發生在後或知悉在後者，自發生或知悉時起算。但自法定救濟期間經過後已逾五年者，不得申請。同樣的，稅務機關發見原確定判決以外之新事實證據時，亦

得為補稅處分。財政部六十三年十一月八日台財稅第三八二一五號函：「稽徵機關所為營利事業所得稅之處分，在當事人聲請行政救濟程序中在程序終結確定後，稽徵機關復發見有應稅之所得額，仍可核定發單補徵。」六十四年五月十九日台財稅第三三六〇六號函：「二、訴願法第二十四條及行政訴訟法第四條，均係對既判事項之規定，各關係機關自應受其拘束，而所得稅法第一百十五條規定，則以『另行發現依本法應課稅之所得額』為前提，既為『另行發見』，則其事實自不在原訴願決定或行政訴訟判決裁量範圍之內，當不發生拘束問題。」[1]可見已確定之行政處分，可經相對人或利害關係人之申請而再變更，故稅務案件經復查決定後，僅有形式上之確定力。

二、執行力

　　行政處分或決定之執行，除有將發生難於回復之損害，且有急迫情事者，不因提起行政救濟而停止[2]，稅務案件之復查決定之執行本應如此，然稅務案件之復查，經稅捐稽徵機關決定有應納稅額者，並非即可據以執行，須待申請人未依稅捐稽徵法第三十九條第二項規定先繳納半數稅款或提供擔保，或未再提訴願，或提訴願後未提起行政訴訟而告確定者[3]，稅捐稽徵機關才可按該法條規定移送行政執行處強制執行，是稅務案件復查決定之執行力，可謂為上開法條「除法律另有規定外」之例外規定。稅捐之強制執行，以往是根據財務案件處理辦法，該辦法經大法官會議釋字第二八九號宣告無效。欠稅案件悉改依強制執行法移送法

----

[1]　引自陳清秀，「稅務訴訟之訴訟標的」，，收錄於氏著稅務訴訟之理論與實務，台北：自行發行，1991 年 6 月初版，頁 136、137。

[2]　請參見台灣地區訴願法第九十三條、行政訴訟法第一百十六條。

[3]　請參見台灣地區稅捐稽徵法第三十四條第 3 項規定。

院執行，要繳交執行費，其費用按稅額之千分之七計算，由稽徵機關先行代墊，再向納稅人追繳。但很多欠稅案件往往無法徵起，代墊之執行費變成呆帳，最後由國庫吸收，額外增加稽徵成本。欠稅由法院執行或因限於人力調度，或因態度不甚積極，執行成效並非理想，所幸行政執行法修訂後，欠稅案件之執行，自九十年一月一日起已改由行政機關執行，此種困擾或可改善。

稅務案件除本稅之執行有例外之規定外，罰鍰案件之執行，依稅捐稽徵法第四十九條之規定，亦可延至行政救濟終結，一般認為其係造成行政救濟案件大量增加之原因，蓋罰鍰案件通常金額較大，提起行政救濟有延遲繳納罰鍰利益，又復免加計利息[①]，當事人百利而無害，何樂而不為，無異鼓勵興訟，對未提行政救濟者顯失公平，實值得檢討。

以上為稅務復查之程序，台灣地區之稅務訴願採複查前置主義，稅務複查為稅務訴願之先行程序，提起訴願依之前，應先逐行復議程序，因此，在介紹稅務複查程序之後，緊接者再介紹稅務訴願程序。

第二節　稅務訴願之程序

壹、稅務訴願之提起

一、稅務訴願之要件

台灣地區訴願法第一條規定：「人民對於中央或地方機關之行政處分，認為違法或不當，致損害其權利或利益者，得依本法

---

① 參見台灣地區稅捐稽徵法第四十九條規定。

提起訴願。但法律另有規定者，從其規定。」因此，提起訴願之基本要件為：

(一)須為人民

依上開訴願法規定，訴願之主體，應指人民，此之所謂「人民」，乃依抽象概念，包括有自然人、法人、非法人之團體或其他受行政處分之相對人及利害關係人[①]。稅務案件之訴願有稅捐稽徵法之約束，其訴願為訴願法第一條但書所規定之「法律另有規定者，從其規定」之例外情形，亦即以復查為先行程序。因此，在復查階段，得為復查之主體者，在訴願階段亦得為之。此之主體自為包括納稅義務人、擔保人、代徵人、扣繳義務人，前已述及[②]，茲不再贅述。

訴願法規定得為訴願之主體，固以「人民」為原則，然公法人亦可為之。蓋訴願法第一條第二項規定，各級地方自治團體或其他公法人對上級監督機關之行政處分，認為違法或不當，致損害其權利或利益者，亦可以提起訴願。公法人之所以能為訴願主體，法界之看法，基於其係立於人民同一之地位，台灣地區實務亦不乏類此案例，如司法院三十四年解字第二九九○號做成解釋謂：「若其處分不獨鄉鎮為之，對於一般人民具有同一情形，亦為同一處分者，則鄉鎮係以與一般人民同一之地位而受處分，不能以其為公法人，遂剝奪其提起訴願之權」，即為適例。其他類如行政法院七十六年判字第六四三號判決、七十七年判字第二二六八號判決，環保署七十九年訴字第四○一五六號再訴願決定，亦不勝枚舉[③]。

[①] 參見台灣地區訴願法第十八條

[②] 參見本文第四章第一節三 3.。

[③] 吳庚，**行政爭訟法論**，頁294；蔡志方，**行政救濟法新論**，台北：元照出版公司，2000年1月元照出版第一刷，頁33。

　　同樣的情形，行政機關以財產權主體之資格，關於財產權之爭議，亦得提起訴願，行政院二十二年八月二十八日第二四五六號解釋有案[1]。據此，行政機關對稅捐稽徵機關之課稅處分不服，自可提起訴願，然值得研究者，縣市政府對各項地方稅之稽徵不服，可否提起訴願？地方稅目前都由各縣市或直轄市稅捐稽徵機關稽徵，稅捐稽徵機關依現制，為直轄市或縣市政府之下屬機關，直轄市或縣市政府為公法人，若對縣市稅捐稽徵機關之課稅處分不服，因稽徵機關為其下屬機關，非上級監督機關，依訴願法第一條第二項規定，提起訴願似有問題。其實，在法規範方面，稅捐稽徵法以納稅義務人為稅務救濟主體，並無公法人、私法人之分，訴願法又有例外許其以該法律處理之規定，而直轄市或縣市政府既為稅法上之納稅義務人，提起訴願應不成問題。

　　不過，仍有問題的是，地方稅之訴願由縣市政府受理，訴願提起人若又為縣市政府，等於自己審理自己，將違反「不得就自己事件而為裁判官」之原則。也許有人會認為訴願案件由獨立之訴願委員會審理，其委員有半數為社會公正人士，能做超然之審理，不受申請人為何人之影響。話雖如此，然則委員會成員至少仍有半數為縣市政府官員兼任，其所作之決定，難免出自於縣市政府之意志，很難令人懷疑其所做決定的公正性，且應否按訴願法第五十五條規定自行迴避，亦滋疑義，仍值得再加檢討。現階段最佳對策，唯有循內部行政程序自行解決，避免訴諸訴願程序，才可避免產生上述矛盾。

　　得為訴願之人，除了權益直接受侵害之人外，利害關係人經受理訴願機關允許，或訴願機關認為有必要時，亦可以參加訴願。利害關係人得參加訴願，司法院早有此方面見解，如台灣地

---

[1]　林紀東，前揭書，頁36。

區行政法院五十四年判字第二五九號判決。訴願決定因撤銷或變更原處分，足以影響第三人權益者，受理訴願機關於作成訴願決定前，亦應通知利害關係人參加訴願，此爲必要之正當行政程序。受理訴願機關若未踐行通知利害關係相反之第三人參加訴願程序，則其訴願程序即有重大程序瑕疵，該第三人得單獨對該訴願決定向高等行政法院提起撤銷之訴[1]。訴願參加若依訴願法第二十八條第二項規定之精神，係屬獨立參加，且屬必要參加，訴願機關於作成處分前通知其參加，爲必要之程序，否則其所作之訴願決定之合法性即有問題。惟有問題者，通知其參加之要件，既因「訴願決定因撤銷或變更原處分，足以影響第三人權益」，則訴願機關如何判斷成爲重要的事情。究應由訴願審議委員會合議決之，抑或由經辦人員處理？有人從訴願法第五十三條：「訴願決定應經訴願審議委員會之決議」觀點，認爲應經訴願委員會合議決定；亦有人認爲該判斷應否通知參加之決定，恆屬「程序上之處置」，基於程序之經濟，與訴願程序運作之順利，由主任委員處置即可，當事人對之不服，尚可依同法第七十六條規定，併同訴願決定提起行政訴訟，確保其權益[2]。其實，通知利害關係人參加訴願，爲訴願之程序，訴願人雖不得就該程序單獨聲明爲不服[1]（見88頁），然若以訴願法第二十八條第二項，應於

---

[1]　參閱前揭訴願新制專論暨研討會實錄，頁53。

[2]　參閱前揭訴願新制專論暨研討會實錄，頁7~11。學者蔡志方在該研討會，題爲「析論訴願新制施行後之部份新增程序相關問題-再審、訴願參加及停止執行」之專題演講中，認爲所謂「訴願決定因撤銷或變更原處分，足以影響第三人權益」中之「訴願決定」，僅係「可能之訴願決定」，亦即承辦人員擬具之訴願「處理意見書」或委員「審查意見」或訴願審議委員會主任委員綜合此等意見，認將來「可能之訴願決定」有可能撤銷或變更原處分，而其足以影響第三人權益而言，且基於程序之經濟，並兼顧訴願運作之順利，從而主張通知參加之判斷，由主任委員處置即可。

「作成訴願決定前」爲之來看，爲避免訴願審議委員會決議後，還要再交由承辦人員通知當事人參加，復再作成決定，影響作業時效，似宜由承辦人員簽請主任委員決定即可。

　　訴願之主體除無訴願能力之人，應由其法定代理人，或地方自治團體、法人、非法人之團體，應由其代表人或管理人爲訴願行爲外，亦可委託代理人提出申請。訴願人或參加人、委託代理人進行訴願，每一訴願人或參加人委任之代理人以三人爲限[2]，並應擇定下列之人擔任：一、律師；二、依法令取得與訴願事件有關之代理人資格者；三、具有該訴願事件之專業知識者；四、因業務或職務關係爲訴願人之代理人者；五、與訴願人有親屬關係者[3]。代理人代理訴願人爲訴願行爲有二人以上者，均得單獨代理訴願人，其代理權限不因訴願人本人死亡，破產或喪失訴願能力而消滅[4]。訴願委任關係解除，應由訴願人、參加人或訴願代理人以書面通知受理訴願機關[5]。

　　此外，訴願亦有共同提起者，此在財產稅甚爲常見。訴願人共同提起訴願，得選定其中一人至三人爲代表人，其未選定者，受理訴願機關得限期通知其選定；逾期不選定者，受理訴願機關得依職權指定。經選定之代表人於最初爲訴願行爲時，應向受理

---

[1]　　學者陳清秀在題爲「因應訴願新制及行政程序法施行之訴院審理實務問題」之專題演講中，認爲訴願程序中命第三人參加爲當事人，爲與行政程序有關之程序行爲，其並引用行政程序法第一百七十四條之規定，認爲當事人或利害關係人不得對行政機關之行政程序行爲爲聲明不服，僅得於行政程序終結後，對實體決定聲明爲不服時，主張行政程序行爲之違法性。詳見前揭訴願新制專論暨研討會實錄，頁46、47。

[2]　　台灣地區訴願法第三十二條。

[3]　　台灣地區訴願法第三十三條。

[4]　　台灣地區訴願法第三十八條。

[5]　　台灣地區訴願法第三十九條。

訴願機關提出文書證明，以代表全體訴願人爲訴願行爲，但撤回訴願，需經全體訴願人之書面同意，否則，不得爲之[①]。代表人經選定或指定後，得隨時更換或增減，惟於更換或增減時，若未以書面通知受理機關者，不生效力。代表人有二人以上者，每一代表人均得代表共同訴願人爲訴願行爲，其代表權並不因其他共同訴願人死亡、喪失行爲能力或法定代理變更而消滅[②]。

(二)須爲稅務機關之行政處分

按「行政處分」一詞，訴願法第三條第一項規定爲：「中央或地方機關就公法上具體事件所爲之決定或其他公權力措施，而對外直接發生法律效果之單方行政行爲」，即以中央或地方行政機關爲行政處分之主體。所謂「行政機關」以往被稱之爲「官署」，係指就一定事務有決定並表示國家意思於外部之權限之國家機關[③]。台灣地區行政程序法第二條第二項則指其爲「代表國家、地方自治團體或其他行政主體表示意思，從事公共事務，具有單獨法定地位之組織」。「行政機關」有中央、地方之分，中央行政機關通常被指爲行政院及其所屬各部、會、局、行、處、署。地方行政機關有直轄市、縣市、鄉鎮政府。亦有認考試院及其所屬機關爲行政機關者[④]。就稅務訴願而言，所指之「行政機關」應指財政部及其所轄之國稅稽徵機關，或地方稅之稽徵機關，或受託辦理稅務工作之行政機關。台灣地區之稅捐稽徵機關，能單獨以機關名義對外行文，其所作之行政處分，能產生單方面之法律效果，具有單獨之組織規程，自屬與機關之內部組織有別，故爲行政機關。在法律位階上，爲地方政府之一級機關，

---

① 台灣地區訴願法第二十二～二十四條。
② 台灣地區訴願法第二十五～二十七條。
③ 台灣地區行政法院四十七年第39號判例。
④ 林紀東，**行政法**，頁483。

或中央行政機關之分支機構[①]，其所做之課稅處分，自爲訴願法
上之行政處分，受其行政處分之相對人，若對其處分不服，自可
依法提起訴願，殆無疑義。

(三)須行政處分之相對人認爲違法或不當，致損害其權利或
利益者

行政處分之相對人提起訴願，以認爲行政機關之行政行爲有
違法或不當，侵害其權利或利益即可。此之「認爲」係主觀之判
斷，縱事後證明其認定之事實非屬實，亦不妨礙其提起訴願之權
利。至其違法或不當之定義爲何？違法之處分之定義，有所謂狹
義說、廣義說、最廣義說者。狹義說係指違反明文之成文法規而
言；廣義說係指欠缺客觀上之正當性而言，其範圍並不以違反法
規爲限，尚包括違反誠信、信賴保護、比例、公序良俗等原則，
惟不包括裁量行爲之不當；最廣義說原則上與廣義說同，所不同
者，即此說認爲裁量行爲之不當，亦屬欠缺客觀之正當性之行
爲。然一般認爲以廣義說較爲可採[②]，即其處分違反法律之規
定，非僅指違反明文規定之法律爲違法，同時違反行政法上之一
般原則也被視爲違法。這些原則包括平等原則、禁止專斷原則、
誠信原則、權利不得濫用原則、信賴保護原則、比例原則。雖然
這些原則仍有些爭論，但已蔚爲現代行政法思想之潮流[①]（見91
頁）。不當之行政處分，則指行政處分雖未違法，但在客觀上不
合目的性之謂[②]（見91頁）。在實務上，司法院十九年院字第三
五四號解釋：「違法處分，指行政處分之違反法規而言，若於法
規並無違反，而實際上有害公益者，即屬不當處分」。值得參

[①] 台灣地區之稅捐稽徵執行單位，有各縣市稅捐稽徵處、國稅分局；
前者由直轄市或縣市政府管轄，爲其一級機關，後者屬財政部，爲國稅局
之分支機構。

[②] 葉百修，前揭「國家賠償法」，頁1141.1142。

酌。

　　照理說，訴願標的除擬制處分被視同行政處分外，行政處分應以存在為前提，尚未處分或不存在，不得為訴願之標的。惟其處分之效果，仍須存續中，若原處分已撤銷而不復存在，則訴願之標的已消失，自無提起訴願之餘地[3]。然行政機關侵害人民之權益者，非僅積極之處分，消極之不作為，亦會損及相對人之合法權益，不作為之違法性，須以行政機關有作為義務為前提，苟無作為義務，自不得對其不作為加以非難[4]。以往對此類案件，訴願機關將其視為擬制處分，即對未經原處分機關處分之案件，視為被駁回案件，相對人對其不服，祇能提起撤銷之訴，要求受理訴願機關撤銷原處分。然既無原處分，何來撤銷？故甚受學者批評[5]。新訴願法第八十二條第一項，則採取課予義務之訴，訴願人因中央或地方機關對其依法申請之案件，於法定期間內應作為而不作為，認為損害其權利或利益而提起訴願者，受理訴願機關認為有理由，應指定相當期間，命應作為之機關速為一定之處分。

　　(四)須為稅務案件

　　台灣地區之訴願法規定之訴願標的採概括主義，範圍至為廣

[1]　翁岳生，**法治國家之行政法與司法**，台北：月旦出版社股份有限公司，1994年8月一版二刷，頁226、227。近年來台灣地區之多項法令修訂亦朝此方向發展，例如新進頒布之「行政程序法」第四條規定，行政行為應受法律即一般法律原則之拘束；第六條：行政行為，非有正當理由，不得為差別待遇；第八條：行政行為，應以誠實信用之方法為之，並應保護人民正當合理之信賴，皆在揭櫫是項原則。行政訴訟法第四條第二項亦規定，逾越權限或濫用權利之行政處分，以違法論。

[2]　吳庚，**行政爭訟法論**，頁296。

[3]　台灣地區行政法院62年判字第467號判例。

[4]　葉百修，前揭「國家賠償法」，頁1148。

[5]　吳庚，前揭**行政爭訟法論**，頁297。

泛，除爲以其他途徑取代訴願程序，或由其他裁判機關審理者，如教師之申訴、再申訴程序；公務員之復審、再復審程序；會計師懲戒程序；選舉訴訟或國家賠償事件外，原則上，凡爲不服公法上之爭議事件，皆可提起行政救濟。然爲提起稅務訴願者，須爲稅務案件，亦即爲稅務機關所稽徵之稅務案件，非稅務案件之公法上爭議，雖亦得提起訴願，但非屬稅務訴願之範圍，此之所謂「稅務機關」，包括財政部及主管國稅、地方稅之稅捐稽徵機關，還有其他受委託行使稅務稽徵工作之機關或團體，所從事與稅務有關之處分，亦爲稅務訴願標的。得爲提起稅務訴願之案件，非限於主管稽徵機關或其受託機關之課稅處分，其他與稅務有關應作爲而不作爲之處置，亦包括在內。前者如稅務機關按稅籍底冊或查得資料，而對納稅義務人核定之課稅處分，包括每年定期查定課徵之財產稅，或納稅義務人涉及違章而隨時查定課徵之營業稅；後者如對納稅義務人之申請駁回，或不予處理，皆爲稅務訴願之標的。

二、稅務訴願之方式

納稅人提起訴願，以往係直接向受理訴願機關提起，新訴願法則規定除可向受理訴願機關提起外[①]，應經由原行政處分機關向訴願管轄機關提起，原行政處分機關收到訴願人之訴願申請後，應先行重新審查原處分是否合法妥當，若認爲訴願有理由者，得自行撤銷或變更原處分，並陳報訴願管轄機關，若認爲訴願無理由，則應盡速附具答辯書，並將必要之關係文件，送訴願管轄機關審理[②]。

[①]　台灣地區訴願法第五十九條。
[②]　台灣地區訴願法第五十八條。

　　納稅人提起訴願，應依書面爲之，屬於要式行爲，台灣地區訴願法第五十六條規定，訴願人提起訴願，應具訴願書，載明左列事項，由訴願人或代理人簽名或蓋章：(一)訴願人之姓名、出生年月日、住、居所、身分證明文件字號。如係法人或其他設有管理人或代表人之團體，其名稱、事務所或營業所及管理人或代表人之姓名、出生年月日、住、居所。(二)有訴願代理人者，其姓名、出生年月日、住、居所、身分證明文件字號。(三)原行政處分機關。(四)訴願請求事項。(五)訴願之事實及理由。(六)收受或知悉行政處分之年、月、日。(七)受理訴願之機關。(八)證據。其爲文書者，應添具繕本或影本。(九)年、月、日。提出訴願應附行政處分書影本，其若因對行政機關之消極不作爲不服，而提起訴願者，上述第三款、第六款所列事項，應改載明爲行政處分之機關、提出申請之年、月、日，並附原申請書之影本及受理申請機關收受證明。

　　訴願人繕具之訴願書內容若有欠缺，有應記載而未記載者，其訴願即爲不合法定程式，訴願機關應否受理，應視其瑕疵程度，若其法定程序之欠缺，足認不備訴願要件，而受理訴願機關認爲可以補正者，應通知訴願人於二十日內補正[①]。此二十日爲法定不變期間，訴願人逾期不補正，將失去其申請之法效性，依訴願法第七十七條第一款規定，受理訴願機關應做成不受理之決定。若其瑕疵程度，並不影響訴願之要件，則縱令訴願人怠爲補正者，亦難遽謂其訴願不合法，訴願機關自應予以受理[②]。

[①]　台灣地區訴願法第六十二條。
[②]　台灣地區行政法院51年第433號判例。

三、稅務訴願之期間

稅務案件之訴願，在積極處分方面，應待稽徵機關作成複查決定後，始可提訴願，故納稅義務人提起訴願，應自稽徵機關之複查決定書達到或公告期滿之次日起三十日內為之。此之所謂達到，係指將處分書送達於應受處分人而言，若根本未將處分書為合法之送達，則訴願期間即無從起算，自不發生逾期與否之問題[1]。然此為有複查決定書之情形，若稽徵機關受理複查申請後，遲不作成決定，納稅人可依稅捐稽徵法第三十五條第五項規定，逕行提起訴願；若原處分之稽徵機關對納稅人之申請不為答覆，如納稅人原為小規模營業人，申請使用統一發票，稽徵機關置之不理，既不准許，又不否准，此種不作為舊訴願法第二條第二項視為行政處分，訴願人應依舊訴願法第九條規定，於該項所指之法定期限經過後滿十日之次日起三十日內提起訴願，新訴願法認為人民得隨時提起訴願，無另訂訴願期間之必要[2]，故無提起訴願期間之規定。對主管機關不作為提起訴願，應否予訴願人期間之限制，學界看法仁智互見，有不同意見，吳庚大法官認為「拒絕申請之訴之起訴期間本法並未規定，不能為行政機關應盡其作為義務，法律嚴其期限，而人民可無期限得隨時起訴，是以在解釋上應類推適用撤銷訴訟之規定，即分別援用訴願法第十四條第一項及本法第一百零六條第一項所訂期間」[3]。陳維教授主張「如行政機關逾期未為訴願決定，則自期限屆滿之次日起二個月內為之」[1]（見95頁）。對此蔡志方教授則持不同觀點，認為有再加斟酌之必要[2]（見95頁）。照理說不作為之行為，其責既在

---

[1] 台灣地區行政法院五十一年第334號判例。

[2] 詳見台灣地區訴願法第十四條之立法理由。

[3] 吳庚・**行政爭訟法論**，頁115、116。

主管機關，訴願人具不可歸責性，應許訴願人有較寬裕之時間提
起訴願，乃屬當然。惟若不訂定期限，將使行政處分長期處於不
確定狀態，亦非妥適，故拙見認爲應以訂定提出訴願期限爲宜。

　　訴願之提起，除了受行政處分之相對人外，尚有利害關係
人。利害關係人提起訴願之期間，因利害關係人不一定即時知悉
原行政處分之內容，故訴願法第十四條第二項許其自知悉時起
算。然爲免行政處分長期處於不確定狀態，該法但書復規定，自
復查決定書達到或公告期滿後已逾三年者，不得提起。至利害關
係人是否知悉行政處分存在，應由該利害關係人負舉證責任[3]。

　　訴願之提起固有其法定期限之規定，然訴願之提起已否逾
期，應依同法條第三項判斷；該法條規定，訴願之提起，以原行
政處分機關或受理訴願機關收受訴願書之日期爲準。訴願人誤向
原行政處分機關或受理訴願機關以外之機關提起訴願者，亦以該
機關收受之日，視爲提起訴願之日[4]。不過，訴願之提起是否在
法定期限內，雖以受理機關收受日爲準，但訴願申請人若未居住
在受理機關所在地，一律以在籍地計算，亦非公允。故訴願法第
十六條規定：「訴願人不在受理訴願機關所在地者，計算法定期
間，應扣除其在途期間。但有訴願代理人住居受理訴願機關所在
地，得爲期間內應爲之訴願行爲者，不在此限。」訴願人未居住
在受理訴願機關所在地，其訴願之提起，雖得扣除在途期間，但

---

[1]　陳敏，「課予義務訴訟之制度功能及適用可能性－兼評新行政訴訟
法及新訴願法之相關規定」，中華民國行政法學會，行政救濟法學研討會
書面報告資料，頁九。轉引自蔡志方，行救濟法新論，頁55註102。

[2]　蔡志方，行救濟法新論，頁55。

[3]　台灣地區司法院二十五年院字第1430號解釋：「原訴願人以外之利
害關係人，既未受送達決定書，其提起再訴願之期間，應自知悉時起算。
何時知悉，應負證明之責。」可資參照。

[4]　台灣地區訴願法第十四條第四項。

有訴願代理人住居在受理訴願機關者，則不得扣除。此點會否引發訴願代理人遲誤期間後，為獲期間利益，始改由訴願人提起訴願之取巧，在修法期間引起不少爭議；贊成者，謂在途期間之優惠，目的在予事實上須較長時間者，若有代理人住居訴願機關所在地者，自無須另給此一期間優惠；反對者，認為不能因訴願人有代理人，即剝奪其期間之利益[1]。

訴願人提起訴願應提起期限，雖為法定不變期間，但遇特殊情況，要非不得變更。訴願法第十五條規定：「訴願人因天災或其他不應歸責於己之事由，致遲誤前條之訴願期間者，於其原因消滅後十日內，得以書面敘明理由向受理訴願機關申請回復原狀。但遲誤訴願期間已逾一年者，不得為之[2]。」訴願人「申請回復原狀，應同時補行期間內應為之訴願行為[3]」。始有訴願之效力。

四、稅務訴願之撤回

訴願未經提起，固不得預先拋棄，但訴願人依上述期限其方式，提起訴願，經管轄訴願機關受理後，即繫屬在訴願機關，此時訴願人若不願再進行訴願程序，而主動申請撤銷者，其法效性如何？按訴願之撤回，司法院以往之見解，認為「訴願為人民之權利，訴願人於訴願後，呈請撤銷訴願，在受理訴願之官署未經決定前，自願拋棄其訴願權利，自無不准許之理[4]」，亦即許訴願人在訴願未決定前得申請撤銷。但該解釋似限定在訴願決定前，訴願決定後，訴願人未收到訴願決定書之前，仍不許撤回。

---

[1]　蔡志方，**行救濟法新論**，頁56、57。
[2]　台灣地區訴願法第十五條第1項。
[3]　台灣地區訴願法第十五條第2項。
[4]　台灣地區司法院二十二年院字第874號解釋。

現行訴願法第六十條則明定：「訴願提起後，於決定書送達前，訴願人得撤回之。」採較為寬鬆之做法，許申請人在「決定書送達前」，得撤回訴願之申請。是項撤回之申請，為專屬於訴願人本人之權利，訴願代理人非受特別委任不得為之[1]。

　　訴願之申請一經訴願人撤回後，即生喪失訴權效果，基於維護法之安定性，及「一事不再理」之原則，訴願法第六十條後段，復規定「訴願經撤回後，不得復提起同一之訴願」。撤回之訴願，台灣地區實務界視為已不存在，訴願機關若再作成訴願決定，被認定為違誤。行政法院五十九年第四十八號判例：「原告因房屋稅事件，向台灣省政府提起訴願，旋向同府撤回訴願。台灣省政府仍為訴願決定，駁回，其予已不存在之訴願，仍為決定，自難謂無違誤」，即其適例。

貳、稅務訴願之受理機關

　　由於訴願具有上級機關監督下級機關或機關自我省察之機能，因此，訴願之受理機關，應由行政處分之作成機關或其上級機關為之[2]。依訴願法第四條規定，有下列機關：一、不服鄉（鎮、市）公所之行政處分者，向縣（市）政府提起訴願。二、不服縣（市）政府所屬各級機關之行政處分者，向縣（市）政府提起訴願。三、不服縣（市）政府之行政處分者，向中央主管部、會、行、處、局、署提起訴願。四、不服直轄市政府所屬各級機關之行政處分者，向直轄市政府提起訴願。五、不服直轄市政府之行政處分者，向中央主管部、會、行、處、局、署提起訴

---

[1]　台灣地區訴願法第三十五條。

[2]　蔡志方，「訴願制度」，收錄於翁岳生主編，行政法，台北：翰蘆圖書出版有限公司，1998年3月29日，頁958、959。

願。六、不服中央主管部、會、行、處、局、署所屬機關之行政
處分者，向各部、會、行、處、局、署提起訴願。七、不服中央
主管部、會、行、處、局、署之行政處分者，向主管院提起訴
願。八、不服中央各院之行政處分者，向原院提起訴願。

　　台灣地區之稅務行政組織，因國、地方稅分隸，國稅由直轄
市及台灣省北、中、南三區國稅局職掌，地方稅則由直轄市及縣
市稅捐稽徵處掌理，故稅務案件訴願之受理機關，應按國稅、地
方稅分別敘述：

一、國稅之訴願受理機關

　　國稅之原處分機關在直轄市，為台北市、高雄市國稅局，在
台灣省方面為北、中、南國稅所轄之各縣市國稅分局。台灣省
北、中、南三區國稅局所屬分局之稅務行政處分復查，因係由其
所轄之台灣省北、中、南三區國稅總局受理，而三區國稅總局與
直轄市國稅局同為財政部所屬機關，係訴願法第四條第六款所規
定之範圍，其訴願之提起，應向財政部為之。

二、地方稅之訴願受理機關

　　地方稅之訴願管轄機關，在台灣省部分，原為台灣省政府，
惟自「精省」後，縣市稅捐稽徵處改隸縣市政府[①]，故其訴願之
提起，應依訴願法第四條第二款規定，向縣市政府提起，不過，
加值及非加值型營業稅因已改為國稅，故其訴願之提起，應向財
政部為之。至台北市、高雄市稅捐稽徵處之訴願，則仍應按訴願
法第四條第四款之規定，向台北市、高雄市政府提起，其營業稅

　　[①]　依原「台灣省各縣市稅捐稽徵處組織規程」，縣市稅捐稽徵處雖名義
上隸屬縣市政府，但實際上係由台灣省政府指揮監督，台灣省政府被精簡
後，其人事權則已隸屬縣市政府。

部分，與台灣省各縣市稅捐稽徵處同由財政部受理。

參、稅務訴願之審理

一、訴願審議委員會

訴願機關受理訴願後，應由其所設置之訴願審議委員會審議之。台灣地區訴願委員會之設置，首見於一九七○年修正訴願法所增訂之第二十六條，其後行政院於一九七二年訂定發布「行政院暨所屬各級行政機關訴願審議委員會組織規程」作爲各機關訴願審議委員會之依據，但由於該組織規程存有不少缺失，如對訴願會之組織並未設專任人員，組成人員之資格未加以限制，迴避規定亦不完整等，而遭致不少批評。爲改善此一缺失，一九七九年修正之訴願法第二十六條規定，各機關辦理訴願事件，應設訴願審議委員會，組成人員以熟諳法令者爲原則，受理事件繁多者應增調人員專責辦理。訴願審議委員會組織規程及審議規則，由主管院定之。行政院遂於一九八○年二月發布「行政院暨所屬各級行政機關訴願審議委員會組織規程」。在本次新訴願法修正之前，並經一九九三年及一九九五年兩度修正[1]。

本次新訴願法規定，訴願審議委員會由五至十五名委員組成，其中一人爲主任委員，由機關首長就本機關副首長或具法制專長之高級職員調派專任或兼任，其餘委員由機關首長就本機關高級職員調派專任或兼任，並遴聘社會公正人士、學者、專家擔任；其中社會公正人士、學者、專家不得少於委員人數二分之一。委員應有二分之一以上具有法制專長。至其所須承辦人員，則由機關首長就本機關職員中具法制專長者調派之，並得指定一

---

[1]　蕭文生，前揭書，頁26。

人為執行秘書①。舊訴願法規定之訴願審議委員會組織成員,僅有四至十二人,外聘之社會公正人士、學者、專家人數亦僅為三分之一,新訴願法為提昇訴願決定之公信力,特將委員會人數及外聘比例提高。

　　訴願案件經訴願審議委員會委員提出審查意見後,由主任委員指定期日召開審查會加以審議。各委員應親自出席,不得由他人代理。主席由主任委員擔任,主任委員不克召集或出席時,指定委員一人代行主席職務②。訴願審議委員會對訴願案件之審議,以過半數之委員出席,過半數之出席委員同意行之③。出席委員同意不同意票數相等時,原「行政院及各級行政機關訴願審議委員會審議規則」第九條第二項訂有「取決於主席」之決定,新「規則」則未見提及。訴願審議委員會審查會議之內容,應指定人員作成紀錄附卷,委員於審議中所持與決議不同之意見,經其請求者,應列入紀錄④。換言之,委員之不同意見應否列入紀錄,端視該委員之態度而定,並非強行規定。訴願審議委員會固應以多數決行之,但訴願委員會所作之訴願決定關係訴願人之權益至鉅,參與委員應公正客觀的獨立行使職權,避免摻雜個人主觀因素。因此,新訴願法在其第五十五條有:「訴願審議委員會主任委員或委員對於訴願事件有利害關係者,應自行迴避,不得參與審議」之設計。各委員遇有利害關係,而不自行迴避,或決議不採多數決者,其所作之處分,為一瑕疵之行政處分,構成撤銷訴願決定之原因。

---

① 台灣地區行政院及各級行政機關訴願審議委員會組織規程第四條。
② 台灣地區行政院及各級行政機關訴願審議委員會審議規則第十二、十三條。
③ 台灣地區訴願法第五十三條。
④ 台灣地區訴願法第五十四條。

行政程序之進行，應力求客觀、公平。因此，要求公務員處理行政事務，須秉持公正無私，始能確保當事人之權益，並維護行政機關之威信，為設計迴避制度之理由[①]，惟值研究者，構成訴願審議委員會主任委員或委員，應自行迴避之原因，係因對於訴願事件有利害關係，然則何謂「有利害關係」？訴願法並未作明確規定，於此，似應適用行政程序法第三十二條有關應自行迴避之規定，即：(一)本人或其配偶、前配偶、四親等內之血親或三親等內之姻親或曾有此關係者為事件之當事人時。(二)本人或其配偶、前配偶，就該事件與當事人有共同權利人或共同義務之關係者。(三)現為或曾為該事件當事人之代理人、輔佐人者。(四)於該事件，曾為證人、鑑定人者。

二、程序審理

訴願之審議，在法之適用上，係採「程序從新，實體從舊」原則。在程序方面，以每一階段時有效之最新法規為準；在實體方面，原處分是否合法及訴願標的是否存在，以當時作成處分之有效法規為準。至中央法規標準法第十八條所謂之「從新從優」原則，參照行政法院六十二年判字第五○七號、七十二年判字第一六五一號判例，只適用於一般積極行政事項，於訴願程序等行政救濟程序並無適用[②]。另在訴願之審查順序方面，訴願審議委員會受理訴願案件之申請後，應先就程序上加以審查，程序符合規定後，再就實體部分審查，其不合法定程序者，即應僅就程序上逕行駁回，行政法院八十八年判字第三四七號著有判決例。此即所謂「先程序，後實體」之原則。然則程序不合，但其處分顯屬違法或不當，可否撤銷？按訴願之精神，在保障人民權益，糾

[①]　羅傳賢，前揭書，頁86。
[②]　蔡志方，前揭「訴願制度」，頁970。

正行政機關之違法或不當行為，原處分若有違法或不當情形，若因逾期而無法提起訴願，將使違法或不當之處分繼續存在，則與依法行政之原則有違，故訴願法第八十條規定，除有撤銷或變更對公益有重大危害或信賴利益較公益有更值得保護者外，對於因逾法定期間而為不受理之訴願案件，若原行政處分顯屬違法或不當時，原處分機關或其上級機關仍得依職權加以變更或撤銷。訴願之審理有其應遵循之原則，一般而言，在程序上應注意下列事項：

(一)有無逾期

訴願之提起，依照訴願法第十四條第一項規定，應自行政處分達到或公告期滿之次日起三十日內為之。至於其受理基準日，同法條第三項復規定，以原行政處分機關或受理訴願機關收受訴願書之日期為準。因此，判斷申請人提起之日有無逾期，自以訴願機關收受訴願書之日期為準。但訴願人誤向原行政處分機關或受理訴願機關以外之機關提起訴願者，則該機關收受之日，視為提起訴願之日[1]。若因天災或其他不應歸責於己之事由，致遲誤訴願期間尚未逾一年者，其提起訴願期限，可延至原因消滅後十日內[2]。此係就行政處分之相對人而言，若為利害關係人，其提起訴願之期間，在行政處分達到或公告期滿未逾三年者，可自知悉時起算[3]。稅務訴願提起期限，係為法定不變期間，訴願人逾期未提起訴願，原處分即告確定。訴願人提起訴願有無逾期，訴願受理機關應仔細加以審查，若已逾期，應以程序不合予以駁回。

---

[1]　台灣地區訴願法第十四條第四項。
[2]　台灣地區訴願法第十五條。
[3]　台灣地區訴願法第十四條第二項。

(二)書面資料是否齊全

訴願人提起訴願,應以書面向受理訴願機關為之,其書面內容有一定之格式,若為欠缺,其情形可補正者,應通知訴願人於二十日內補正[①],若不通知其於一定期間內補正,遽以不合法駁回,即有未合[②]。但訴願人超過二十日始予補正,可否受理?司法院二十八年院字第一八八〇號解釋認為:「在決定書正本未送達前,該決定書尚未對外發生效力,受理再訴願之官署,並不受其拘束,如認為有必要時,亦得註銷決定書,再予受理」。行政院及各級行政機關訴願審議委員會審議規則第二十四條亦規定:「訴願書不合法定程式,逾第七條所定期間不補正,訴願人在不受理決定書正本發送前,已向受理訴願機關補正者,應註銷決定書仍予受理」。是以訴願人在二十日之補正期間後,始予補正,可否受理,應視訴願機關已否送達決定書而定,若在決定書正本未送達前,訴願人對不合法定程式之訴願書,雖在限期後補正,訴願受理機關仍應予已受理,並重作訴願決定。另外同規則但書:「訴願書不合法定程式並不影響訴願要件者,雖未遵限補正,仍不影響訴願之效力」。亦即不合法定程式之訴願書,除了可在訴願決定書未送達前予以補正外,其瑕疵之程度,若不影響訴願要件者,縱訴願人怠為補正,仍不能認為非法,訴願機關在進行審議時,亦應注意及此。

(三)當事人是否適格

所謂當事人,行政程序法第二十條第二款及第六款規定,係指行政機關所為行政處分之相對人,及其他依本法規定參加行政程序之人。稅務訴願案件之當事人,則為納稅義務人、參加人或

[①] 台灣地區訴願法第六十二條。

[②] 台灣地區司法院二十一年院字第710號解釋、行政法院七十一年判字第836號判例。

其他利害關係人。而所謂適格，係受行政機關不法行爲侵害之相對人，其應具有權利義務主體地位，此係就其訴願權能而言。然有訴願權能者並一定有訴願行爲能力，能獨立以法律行爲負義務者[①]，始具有訴願能力，此行爲能力與民法之行爲能力相當，其行爲皆具有產生法律效果之能力。因此，得依法提起訴願之人，自以行政處分損害其權利或利益者爲限。對於稅捐稽徵機關之課稅處分不服者，其權利或利益受侵害者，應爲稅捐稽徵機關核定之名義上納稅義務人，如提起訴願，即應以納稅義務人名義行之，否則，其當事人即非適格[②]。訴願人有訴願權能而無訴願能力，應由法定代理人或代表人、管理人爲訴願行爲。若無行爲能力人，未由法定代理人，或地方自治團體、法人、非法人之團體，未由代表人或管理人爲訴願行爲，經通知補正逾期不補正者，亦非適格，訴願機關應爲不受理之決定[③]。

(四)已否經復查程序

除消極之行政處分或經聽證程序之行政處分，可不經復查程序外，訴願人不服稽徵機關之課稅處分，提起訴願之前，應先經復查程序，未經復查程序，不得訴願，此爲訴願法第一條第一項：「但法律另有規定者，從其規定」之例外情形。因此，訴願機關受理訴願案件時，應審查訴願人已否踐行先行程序，若未踐行，應轉交原處分機關先行復查，並副知申請人，經復查決定後如仍不服，再提起訴願。

(五)訴願標的是否存在

依照訴願法第七七條第六款規定，行政處分已不存在者，受

[①]　參照台灣地區訴願法第十九條。

[②]　參照台灣地區行政法院六十八年度判字第435號判決。新訴願法除納稅義務人可提起訴願外，其利害關係人亦可提起。

[③]　參照台灣地區訴願法第七七條第四、五款。

理訴願機關應為不受理之決定。而所謂「行政處分已不存在」，該款說明係指原處分經撤銷之情形。訴願之所以將不存在之行政處分，定義為經撤銷之原處分，旨在避免將因期間屆滿、執行終了或其他事由而失效之行政處分，均視為不存在之行政處分，而予訴願駁回之不當。蓋行政處分雖不存在，訴願人尚有可回復之法律上之利益時，仍應許其或續行訴願[①]，故有加以區別之必要。訴願機關在審查時，如發現訴願案件之標的已不存在，不應予以受理。

(六)訴願是否為非行政處分

稅務機關之事實敘述或法令解釋，非屬行政處分之範圍，納稅人自不能對之提起訴願。行政法院四十四年判字第一八號判例：「行政官署所為單純的事實之敘述或理由之說明，既不因該項敘述或說明而生法律效果，自非行政處分，人民對之，即不得提起訴願」。行政法院六十年判字第八八號判例：「官署所為告知經辦事件進度或緩辦原因之通知，既不生法律之效果，自非行政處分，不得以之為行政訴訟之標的」。均其適例。對於非行政處分之訴願，訴願法第七七條第八款規定，應為不受理之決定。訴願案件是否為非行政處分，訴願機關於審查時，亦應確實判斷。

三、實體審理

(一)言詞辯論

訴願機關對訴願案件就程序上為審查合乎規定後，應再就實體上加以審查，實體審查以書面審理為原則，言詞辯論為例外，訴願法第六十三條第一項：「訴願就書面審查決定之」。第二項

[①]　吳庚，前揭行政爭訟法論，頁358。

「受理訴願機關必要時得通知訴願人、參加人或利害關係人到達
指定處所陳述意見」。第三項「訴願人或參加人請求陳述意見而
有正當理由者，應予到達指定處所陳述意見之機會」。即明示此
意。訴願審議雖以書面審理爲原則，言詞辯論爲例外，但爲促使
受理訴願機關多行言詞辯論，以補書面審理之不足，同法第六十
七條第三項規定：「受理訴願機關依職權或依申請調查證據之結
果，非經賦予訴願人及參加人表示意見之機會，不得採爲對之不
利之訴願決定之基礎」。

　　訴願審議委員會主任委員，對於訴願人或參加人之請求理由
正當者，應親自或指定委員，聽其到場陳述[①]。雖爲強制規定，
然此僅爲言詞陳述，尚非言詞辯論。爲促進發現眞實，並保障當
事人權益，訴願法第六十五條規定：「受理訴願機關應依訴願
人、參加人之申請或於必要時，得依職權通知訴願人、參加人或
其他代表人。訴願代理人、輔佐人及原行政處分機關派員於指定
期日到達指定處所言詞辯論」。言詞辯論一經訴願人申請，受理
訴願機關即應依職權斟酌有無舉行必要。亦即，訴願機關若有正
當理由，如訴願不合法，顯無理由或依現有資料，事實及法律已
臻明確，或訴願結果能達訴願人願望，尚非不得加以拒絕訴願人
之言詞辯論申請[②]。訴願案件行言詞辯論，要有一定之程序。關
於此點，訴願法第六十六條規定之程序爲：「一、受理訴願機關
陳述事件要旨。二、訴願人、參加人或訴願代理人就事件爲事實
上及法律上之陳述。三、原行政處分機關就事件爲事實上及法律
上之陳述。四、訴願人或原行政處分機關對他方之陳述或答辯，
爲再答辯。五、受理訴願機關對訴願人及原行政處分機關提出詢
問。前項辯論未完備者，得再爲辯論。」

[①]　台灣地區訴願法第六十四條。

[②]　大法官吳庚即作此主張，詳見氏著，**行政爭訟法論**，頁334。

(二)調查證據

調查證據為瞭解事實真相之必要方法，受理訴願機關應依職權，或囑託有關機關或人員運用調查、檢驗或勘驗等一切必要手段，蒐集證據以認定事實真相，不受訴願人主張之拘束。亦可應訴願人或參加人之申請，進行調查證據。訴願人或參加人之申請，受理訴願機關可斟酌為之，若認為不必要時，可不予准許[①]。訴願機關基於職權，雖得不採納訴願人或參加人調查證據之申請，但為保護申請人之權益，應於決定理由中指明[②]，俾利申請人理解。訴願案件需要之證據，若為第三人持有者，受理訴願機關得依職權或依訴願人、參加人之申請，命文書或其他物件之持有人提出該物件，並得加以留置；若為公務員或機關掌管之文書或其他物件，非為國家機密者，受理訴願機關並得調取之[③]。訴願機關就調查所獲之證據，應為論理判斷，對當事人有利、不利之證據，均應加以採擇[④]，其最後結果，對訴願人、參加人不利者，除訴願人、參加人曾到場陳述意見或參加言詞辯論已知悉者外，應以書面載明調查證據之結果，依訴願法第六十七條第三項規定，通知其於一定期限內表示意見[⑤]。

在訴願制度下，得採為證據之方法，除人證、書證、當事人之證詞外，尚有所謂之「鑑定」，鑑定由受理訴願機關依職權或依訴願人、參加人之申請，囑託有關機關、學校、團體或有專門

[①] 參照台灣地區訴願法第六十七條第一、二項規定。

[②] 參照台灣地區行政院及各級機關訴願審議委員會審議規則第十九條規定。

[③] 參照台灣地區訴願法第七十三條規定。

[④] 參照行政程序法第36條規定。

[⑤] 參照台灣地區行政院及各級機關訴願審議委員會審議規則第十八條規定。

知識經驗者爲之[①]。於囑託鑑定時，應載明下列事項：1. 送請鑑定事項。2. 完成期限。3. 訴願法第七十條及第七十一條規定之內容。4. 鑑定所需費用及支付方式[②]。受理訴願機關基於職權認爲無鑑定必要，可不予鑑定，但訴願人或參加人若願意自行負擔鑑定費用，得向受理訴願機關請求交付鑑定。唯有下列情形之一者，受理訴願機關得予拒絕，並於決定理由中指明：1. 請求鑑定事項非屬專門性或技術性者。2. 相同事項於另案已交付鑑定，訴願人或參加人未提出新事實或新理由者。3. 原行政處分機關已交付鑑定，訴願人或參加人未提出新事實或新理由者。4. 申請鑑定事項與訴願標的無關或其他類此情形者[③]。

　　稅務案件需要鑑定者，並不多見，但需要現場勘驗者，則爲數不少。例如農業用地申請減免土地增值稅或地價稅，是否仍作農業使用，營業稅固定資產退稅之機器設備已否裝置在申請人之廠房，均需至現場勘驗。而應否至現場勘驗除由受理訴願機關依職權實施外，亦得依訴願人、參加人之申請[④]。另外，現場勘驗不少須由申請人指認者，因此，受理訴願機關實施勘驗時，應將日、時、處所通知訴願人、參加人及有關人員到場[⑤]引導指認，以方便訴願機關調查證據。調查證據之結果，若對訴願人、參加人有利，申請人之目的已達，自不必再提異議。但其調查證據結果若對申請人不利，除申請人曾到場陳述意見或參加言詞辯論已

[①]　參照台灣地區訴願法第六十九條第一項規定。

[②]　參照台灣地區行政院及各級機關訴願審議委員會審議規則第二十條規定。

[③]　參照台灣地區行政院及各級機關訴願審議委員會審議規則第二十一條規定。

[④]　參照台灣地區訴願法第七十四條第一項規定。

[⑤]　參照台灣地區訴願法第七十四條第二項規定。

知悉其情形外，爲保護申請人之權益，應以書面載明調查證據之結果，依訴願法第六十七條第三項規定通知訴願人、參加人於一定期限內表示意見，否則，不得採爲對之不利之訴願決定基礎①。

　　另外，自白能否爲裁判之基礎？自白有於救濟程序內之自白與救濟程序外之自白。救濟程序內之自白，爲訴訟當事人在裁判程序進行中隊裁判機關所爲承認不利於己之事實的行爲；救濟程序外之自白，爲當事人在救濟程序外所爲之自白，如納稅人在調查階段，對稅務機關所爲承認違章事實之自白。納稅人在救濟程序外之自白，非出於強暴、脅迫、利誘、詐欺或其他不正之方法，且與事實相符者，雖得爲證據②，惟行政法院七十五年判字第二四五五號判決：「原告雖（於行政救濟程序外）曾出具說明書承認部分事實，然原告對之既有爭執，並提出相當之證據主張內容不實，自應究其所提證詳予調查加以認定。」，並不承認救濟程序外自白之拘束力，七十二年判字第一二七四號及七十五年判字第二一五〇號判決，則又認定程序外之自白，具有相當可信之證據力。由於學說對台灣地區之行政救濟多採職權探知主義，故在稅務訴訟之「自白」，認爲並不發生如民事訴訟般之拘束力，法院得不受其自白之拘束，而爲不同之認定，已爲自白者，隨時得可撤回③。惟修正後之行政訴訟法第一百三十四條已作明文規定，該法規定：「前條訴訟當事人主張之事實，雖經他造自認，行政法院仍應調查其他必要之證據。」已承認學說之看法。

①　參照台灣地區行政院及各級機關訴願審議委員會審議規則第十八條及訴願法第六十七條第三項規定。
②　張繁，**稅務救濟實用**，台北：自行發行，1996年4月3版，頁104。
③　陳清秀，「稅捐訴訟上之自認」，收錄於氏著**稅務訴訟之理論與實務**，台北：自行發行，1991年6月初版，頁283、284。

(三)對地方自治事務之審查

地方自治團體亦為訴願法上之行政機關，自為訴願之對象，其之行政行為若侵犯相對人之權益，相對人自可向其提起訴願，但地方自治團體之上級機關對其審查權限若何？按訴願法第七十九條規定：「訴願事件涉及地方自治團體之地方自治事務者，其受理訴願之上級機關，僅就原行政處分之合法性進行審查決定」。易言之，地方自治團體之行政處分涉及地方事務者，受理訴願機關僅能就其行政處分之合法性進行審查，是否合適當性與目的性，非其審查權限，受理訴願機關對地方自治團體所為涉及地方自治事務之處分，除法律另有明文規定外，僅有撤銷或發回原處分機關，另為適法處分，而無自行變更之權限[①]。若非自治事務，則無是項限制。而自治事務有哪些？依八十八年六月二十五日公佈之地方制度法第二條第二款規定，係指「地方自治團體依憲法或本法規定應由該團體辦理之事項，而負其政策規劃及行政執行責任之事項」。縣（市）稅捐之核課，依該法第十九條第二款第二目規定屬地方自治事項，值得研究者，納稅人對地方稅之核課不服提起訴願者，受理訴願機關是否僅能就其合法性進行審查，不當之處分應否排除。若照上開解釋，「訴願事件涉及地方自治團體之地方自治事務者，其受理訴願之上級機關，僅就原行政處分之合法性進行審查」，則稅務訴願案件，受理訴願機關無權就其合目的性或正當性進行審查，國稅之稽徵機關因權屬中央，應無問題。然地方稅之稽徵，本為地方自治機關之自治事項，而縣市政府又為地方稅稽徵機關之上級機關，對其下級機關本有指揮監督權，可本於行政監督權之作用，對其下級機關之不當或違法處分進行糾正，其又為訴願受理機關，就其本身所主管

[①] 吳庚，行政爭訟法論，頁345。

之自治事務，無論違法或不當，當然皆有審查權，故其審查權限應不成問題。

(四)消極不作為之審查

消極不作為之審查，亦為受理訴願機關實體審查之範圍，按訴願法第二條第一項：「人民因中央或地方機關對其依法申請之案件，逾法定期間內應作為而不作為，認為損害其權利或利益者，亦得提起訴願」。因此，稅務機關對人民申請案件，在法定期間內不為處分，納稅人自可提起訴願，此之訴願，可不經復查先行程序逕行提起。受理訴願機關對這類訴願案件之審查，認為有理由者，依訴願法第八十二條第一項規定，應指定相當期間，命稅務機關速為一定之處分。受理訴願機關似僅能確認原處分機關違法，不能自為決定，並不合理，若遇限制出境案件，納稅人已提供相當擔保，稅務機關不予解除出境禁令，納稅人提出申請又逾期不予處理，該納稅人提起訴願，受理訴願機關若訴願決定，要原處分之稅務機關於一定期間內做成解除出境處分，則反成畫蛇添足，不若逕予作成原處分機關應予解除出境限制之決定，來得便捷明確[1]。是以受理訴願機關對於是項案件之作成，不能拘泥於訴願法第八十二條第一項文字之表示。

稅務機關對於納稅人之申請，雖不在法定期間內做成處分，但若受理訴願機關做成決定前補行處分，並非不能允許，訴願法第八十二條第二項：「受理訴願機關未為前項決定前，應作為之機關已為行政處分者，受理訴願機關應認訴願為無理由，以決定駁回之」。即申明此意。至不作為之處分若發生在委託不相隸屬之機關者，如契稅委託鄉鎮公所查課，其之處分無論為消極或積極之作為，納稅人對其不服，依照訴願法第七條規定要旨，應視為該委託稅務機關之行為，受理訴願機關可直接命該委託之稅務

---

[1]　吳庚，**行政爭訟法論**，頁349。

機關為一定行為。

肆、稅務訴願之決定

一、訴願決定期限

訴願經審查終結後，應做成訴願決定，其決定之期限，應自收受訴願書之日起三個月內為之，若無法在期限內做成決定，可延長期限一次，但最長以不得超過二個月為限[①]。申請人提出訴願，未送訴願書應行補送，或所提訴願書內容有瑕疵，應予補正者，其期限之計算日自申請人補送或補正之日起算，申請人不為補正，則自補正期間屆滿之次日起算。訴願人於延長決定期間後再補具理由者，訴願決定期間自收受補具理由之次日起算，但不得逾二個月[②]。訴願決定期間之計算，還有另一種特殊情形，即訴願之決定以他法律關係是否成立為準據，而該法律關係尚在訴訟或行政救濟程序進行當中者，因該法律關係影響到訴願之判斷，自不宜在未確定前做成決定，此時受理訴願機關應停止訴願程序之進行，待該法律關係確定後再做決定。如營業稅案件，以違章人與買受人之交易成立為前提，該交易成立與否，當事人尚在訴訟中，違章人若主張其交易並未成立而提訴願，受理訴願機關自應待該訴訟確定後，再作成訴願決定，故受理訴願機關因該法律關係未確定，而停止訴願程序之進行，該訴願期間自宜作特別之考量，自該法律關係確定之日起，重行起算[③]。另外，須再說明者，訴願機關未在法定期間內作成訴願決定，其法律效果如

[①]　參照台灣地區訴願法第八十五條第一項規定。

[②]　台灣地區行政院及各級行政機關訴願審議委員會審議規則第二十七條第三項規定。

[③]　參照台灣地區訴願法第八十六條規定。

何？關於訴願機關未在法定期間內作成訴願決定，台灣地區行政訴訟法定有規範，該法第四條第一項：「人民因中央或地方機關之違法行政處分，認為損害其權利或法律上之利益，經依訴願法提起訴願而不服其決定，或提起訴願逾三個月不為決定，或延長訴願決定期間逾二個月不為決定者，得向高等行政法院提起撤銷訴訟」，是故其因此而權益受損之相對人或第三人，可逕向高等行政法院提起撤銷訴訟或課予義務訴訟。

二、合併審議之決定

訴願之提起，有時係基於同一事實或法律上之原因，而由數人分別提起數宗訴願，如地震受災害戶租稅減免成數之認定標準，分別提起訴願，受理訴願機關若逐案審議逐案決定，不但費時費事，且若由不同委員審理，法律觀點也並非會一致，勢將造成訴願困擾，故訴願法第七十八條規定：「分別提起之數宗訴願係基於同一或同種類之事實上或法律上之原因者，受理訴願機關得合併審議，並得合併決定」。此與訴願制度上之數人共同提起同一宗訴願之共同訴願，與基於利害關係參與訴願之參加訴願有別。

三、訴願決定之種類

(一)不受理之決定

訴願之審議，應先程序後實體，其合於法定程序者，再為實體上之審議，訴願程序不合，應為不受理之決定，其情形依照訴願法第七七條規定有：一、訴願書不合法定程式不能補正或經通知補正逾期不補正者：訴願之提起屬要式行為，應依一定格式為之，未依一定格式，自為法之所不許。二、提起訴願逾法定期間或未於第五十七條但書所定期間內補送訴願書者：訴願人僅於法

定期間內，向原處分機關或訴願管轄機關為不服之表示，但未補送訴願書者，亦不合訴願程序。三、訴願人不符合第十八條之規定者：訴願法第十八條規定，係指得提起訴願之人，訴願之提起，以行政處分之相對人或利害關係人為限，若非上述之人提起訴願即非適格。四、訴願人無訴願能力而未由法定代理人代為訴願行為，經通知補正逾期不補正者：前款得提起訴願之人，固以具有訴願能力之人為限，但無訴願能力人若由法定代理人代為行使，亦可為之。惟無訴願能力人未由法定代理人代為訴願行為，經通知補正而逾期不補正者，即屬無訴願能力問題。五、地方自治團體、法人、非法人之團體，未由代表人或管理人為訴願行為，經通知補正逾期不補正者：無論係地方自治團體，或法人、非法人之團體，不能自為法律行為，均應由具有行為能力之自然人代為行使權利或負擔義務，因此，其提起訴願，由其代表人或管理人為之，其未由代表人或管理人為訴願行為，經通知補正逾期仍不補正者，即應從程序上駁回，作成不受理之決定。六、行政處分已不存在：行政處分已不存在之情形，如前所述訴願法第七十七條第六款立法說明，係指行政處分經撤銷之情形者而言，其他情形如課稅處分已確定，或已執行等，均不在本款所規定「行政處分已不存在」之範圍，之所以作此區別，蓋由於大法官會議釋字第二一三號解釋，行政處分雖已不存在，但訴願人尚有可回復之法律上利益時，仍可再提起或續行訴願或行政訴訟[①]，為免混淆，故有加以區別之必要。七、對已決定或已撤回之訴願事件重行提起訴願者：此為就「一事不再理」之原則所訂定。八、對於非行政處分或其他依法不屬訴願救濟範圍內之事項提起訴願者：如事實之通知、法令疑義之解釋等，均屬本款所定之情形。

[①]　轉引自吳庚，行政爭訟法論，頁358。

(二)依職權撤銷或變更原處分之決定

訴願之決定採職權進行主義，訴願機關可本於職權依據法規進行裁量，原則上可不受當事人主張或所提證據之拘束，更不必先向上級請示作為裁斷準據[1]，惟訴願人受有實體法上之損害，若因逾法定期限，違反程序上之規定，為受理訴願機關作成不受理之決定，而喪失救濟之利益，並非公平，亦有悖設置行政救濟制度之精神，為期補救，訴願法特設有補救之途徑，其第八十條規定：「提起訴願因逾法定期間而為不受理決定時，原行政處分顯屬違法或不當者，原行政處分機關或其上級機關得依職權撤銷或變更之」。以濟行政救濟之窮，俾充分保障納稅人之權益。受理訴願機關對原處分之撤銷或變更權限，按照原訴願法第十八條及行政院所屬各級行政機關訴願審議委員會審議規則第十五條，僅得於再訴願階段，在一定條件下各為決定，此之條件係為事件已達可決定者，始得為之，若事件事實未臻明確，或屬地方自治事項者，不得自為實體上之決定[2]。現行訴願法第八十一條第一項前段，則規定受理訴願機關可以決定撤銷原行政處分之全部或一部，並得視事件之情節，逕為變更之決定或發回原行政處分機關另為處分，但是項規定並非全無限制，必須其撤銷或變更對公益無有重大危害，或行政處分受益人之信賴利益，未較行政處分撤銷或變更所欲維護之公益，有更值得保護之情形者，始足適用[3]。

---

[1]　張家洋，**行政法概要**，五南圖書出版有限公司，1997年6月三版8刷，頁281、282。

[2]　李建良，「錯誤的稅捐核定書（下）－訴願程序中『不利益變更』之許可性」，收錄於月旦法學教室 (1) **公法學篇**，台北：元照出版公司，2000年9月初版2刷，頁94。

[3]　參照台灣地區訴願第八十條第一項但書規定。

　　信賴保護利益通常爲對受處分人之授益處分，授益處分一經行政機關作成，該機關自應予以尊重，不得任意加以撤銷或變更，以維護受處分人之權益。信賴保護利益，須以善意爲原則，受處分人若有下列情形之一者，其信賴不值得保護：「一、以詐欺、脅迫或賄賂方法，使原處分機關作成行政處分者。二、對重要事項提供不正確資料或爲不完全陳述，致使原行政處分機關依該資料或陳述而作成行政處分者。三、明知原行政處分違法或因重大過失而不知者」①。俾期求社會公平正義。然而行政處分之受益人若有值得保護之信賴利益，而原處分機關又將其撤銷時，該如何處理？按訴願法第八十條第三項規定：「行政處分之受益人值得保護之信賴利益，因原行政處分機關或其上級機關依第一項規定撤銷或變更原行政處分而受有損失者，應予補償」。即明文規定以行政處分之受益人有損失爲前提，行政機關應給予補償。其補償之額度，以填補受益人之損失爲原則，故不得超過受益人因該處分存續可得之利益②。

　　(三)有理由或無理由之決定

　　訴願人申請訴願，係因其權益遭受行政機關不法侵害而受損，循行政救濟程序，訴請作成行政處分之上級機關爲之裁判，給予救濟，以維護其合法權益。然訴願人之訴求，若受理訴願機關審理結果認無其所指摘之事由，亦即原行政處分並無違法或不當之情事，則訴願之訴求即失所依附。是項無理由之訴願，受理訴願機關即應以決定駁回之③。台灣地區訴願法對訴願之進行，係採職權進行主義，訴願法第六十七條：「受理訴願機關應依職權或囑託有關機關或人員，實施調查、檢驗或勘驗，不受訴願人

①　參照台灣地區訴願第八十條第二項規定。
②　參照台灣地區訴願第八十條第三項但書規定。
③　參照台灣地區訴願法第七十九條第一項規定。

主張之拘束」。即申明此意。因此，受理訴願機關對駁回訴願人申請之理由，可自行斟酌，並不受當事人陳述之拘束，是原行政處分所憑理由縱屬不當，但依其他理由認為正當者，受理訴願機關仍可基於職權，以訴願為無理由而予駁回[1]。

　　同理，受理訴願機關經審查後，若認為原處分確有違法或不當情形，則可依訴願人之訴求，撤銷原處分之一部或全部，並可視事件之情節，逕為變更之決定或發回原行政處分機關另為處分。原處分經復查程序，再提起訴願，復經訴願機關發回重核之案件，其原核定之原處分仍然存在，其所撤銷者，僅為原復查決定[2]，但原處分機關是否能在維持原核定？對此，行政法院六十年度判字第三五號判例認為「其重為復查之結果，縱與已撤銷之前決定持相同之見解，於法並非有違」，但原處分被撤銷之理由，如係因適用法令見解歧異而被撤銷者，原處分機關即應受其

────────────

[1]　參照台灣地區訴願法第七十九條第二項規定。

[2]　雖然法律上並未明文規定，學理上仍有探討餘地，惟財政部82.11.26台財稅第821503108號函釋：「查行政救濟撤銷重核，其所撤銷者，係指撤銷復查決定之處分，故原核定之處分仍然存在，限制納稅義務人財產移轉或設定他項權利之原因並未消滅，原禁止處分登記自不應塗銷」，顯然基於保全措施之方便，然其確為採此一見解。詳情請參見張繁，前揭書，頁148、149。

[3]　行政法院82年度判字第1502號判決：「行政機關所為之行政處分，經依行政救濟程序，由本院就實體上判決確定者，即兼具有形式上及實質上之確定力，當事人對同一事項，既不得再行爭執而為該處分之機關及其監督機關，亦不能復予變更。故為原處分機關，如因調查證據，認定事實有瑕疵，致適用法令欠妥適，經本院判決撤銷原處分而發回復查或再審查者，其復查或再審查之結果，縱與已撤銷前之處分為相同之處分，於法固無違背；但如基於同一明確之事實，因適用法令之見解歧異，而為本院實體判決所撤銷者，各有關機關自應受本院判決所拘束，此為當然之解釋。」可為參照。轉引自張國清，前揭書，頁327。

拘束，不得再重核③（見上頁）。訴願機關對原處分之變更或處分採「禁止不利益變更」原則，受理訴願機關就申請人表示不服之範圍內，不得為申請人更不利益之變更或處分。同時受理訴願機關決定撤銷原行政處分，發回原行政處分機關另為處分時，應指定相當期間命其為之①，此為舊訴願法所無之規定，可督促原處分機關再儘速作成處分。

其實，台灣地區訴願法規定訴願之種類，除上述各項外，尚有所謂之「情況裁決」，係行政處分雖屬違法或不當，但基於公益之理由，仍駁回訴願人之訴願，而申請人因此所受之損害，由作成訴願決定之訴願機關於決定理由中載明，由行政處分機關與訴願人進行協議賠償的一種制度，此種情況稅務案件幾不可能發生。蓋稅捐之稽徵有利於國庫收入，雖不乏有租稅優惠或減免等各項授益處分，但基本上為一種「規制性立法」。一般而言，租稅之課徵除為達成財政目的外，也具有社會性功能。自從凱恩斯經濟學派理論勃興以後，各國政府常以租稅手段為促進經濟發展之政策工具，而其社會性功能強調維護社會公平正義。為追求社會公平正義目標之實現，租稅之課徵，必須符合公平原則，此項公平原則，不但要求納稅能力相同的人負擔同樣的稅負，納稅能力不同的人負擔不同的稅負，透過租稅之課徵，再重新分配社會財富。如對遺產稅之課徵，即負有平均社會財富之目的，要難謂無公共利益存在，縱係僅著眼於以財政收入為目的，同樣亦有公共利益存在。蓋國家之財政收入，除為滿足其為人民服務之政事開銷外，亦供作公共建設之用，能謂無公共利益乎？據此，其所欲達成者仍為公共利益，究其本質為公共利益之維護，以維護公共利益之立場，當然要以稅捐之稽徵為優先考量。但稅捐之稽徵

---

① 參照台灣地區訴願法第八十一條規定。

實際上是對人民財產權之侵犯或限制，從憲法保障人民財產權益之觀點，不得不考慮到人民之利益，其間之衝突如何取捨，須端視納稅人有無值得信賴保護之利益存在。所以，對人民利益之維護，毋寧以信賴保護觀點看待來得實際；即凡納稅人有值得信賴保護之利益時，原處分雖屬違法或不當，仍不得輕易予以撤銷。

四、訴願決定書之格式

訴願審查終結，訴願審議委員會承辦人員，應按訴願審議委員會所作之決議，製作決定書原本，層送本機關長官依其權責判行作成正本，於決定後十五日內送達訴願人或參加人以及原行政處分機關，其決定書以本機關名義行之，除載明決定機關及首長外，並應列入訴願審議委員會主任委員及參與決議之委員姓名[1]。除此，訴願決定書應附記，如不服決定，得於決定書送達之次日起二個月內向高等行政法院提起行政訴訟[2]，此為教示規定。若附記錯誤，而使訴願人誤向非管轄機關提起行政訴訟者，應視為自始向有向管轄權之行政法院提起行政訴訟，收受行政訴訟之機關，應於十日內將行政訴訟書狀連同有關資料移送管轄行政法院，並即通知原提起行政訴訟之人[3]。附記錯誤情形如係為時間時，訴願決定機關應以通知更正之，並自更正通知送達之日起，計算法定期間。訴願決定書若未為教示附記，或附記錯誤而未依前項規定通知更正，致原提起行政訴訟之人遲誤行政訴訟期間者，如自訴願決定書送達之日起一年內提起行政訴訟，亦視為於法定期間內提起[1]（見下頁）。因此，訴願決定書之教示附

---

[1]　參照台灣地區行政院及各級行政機關訴願審議委員會審議規則第二十八條第一、二項規定。

[2]　台灣地區訴願法第九十條規定。

[3]　參照台灣地區訴願法第九十一條規定。

記，甚爲重要，不能等閒視之。

　　訴願決定書爲要式行爲，其記載內容，依訴願法第八十九條規定有：「一、訴願人姓名、出生年月日、住、居所、身分證明文件字號。如係法人或其他設有管理人或代表人之團體，其名稱、事務所或營業所，管理人或代表人之姓名、出生年月日、住、居所、身分證明文件字號。二、有法定代理人或訴願代理人者，其姓名、出生年月日、住、居所、身分證明文件字號。三、主文、事實及理由。其係不受理決定者，得不記載事實。四、決定機關及其首長。五、年、月、日。」

伍、稅務訴願之效力

　　稅務訴願案件，經受理訴願機關作成訴願決定後，申請人未在收到決定書之日起二個月內，向高等行政法院提起行政訴訟，即告確定，不得再行爭執，此即所謂之確定力。關於行政處分之確定力，在學理上有所謂之實質確定力與形式確定力，台灣地區之訴願決定，當事人未再提起行政訴訟者，有無實質確定力？按訴願法第八十條規定：「提起訴願因逾法定期間而爲不受理決定時，原行政處分顯屬違法或不當者，原行政處分機關或其上級機關得依職權撤銷或變更之」。已確定之訴願決定，若原處分顯屬違法或不當者，並非不能撤銷或變更。另同法第九十七條有再審之事由，對於已確定之訴願決定，亦得因訴願人、參加人或其他利害關係人之申請而提起再審。據此，台灣地區之訴願決定即使當事人未提起行政訴訟，亦僅具形式之確定力，而未有實質之確定力。台灣地區訴願法第八十條對逾法定期間之違法或不當案

---

① 　參照台灣地區訴願法第九十二條規定。

件，原處分機關或其上級機關得依職權而撤銷或變更之規定，顯屬事後之非訟性行政程序重開條款。非訟性行政程序重開者，係因行政程序而作成之行為存有瑕疵，而對該瑕疵之除去在無相關之爭訟情況下，由原處分機關或其上級機關主動或應行政處分相對人或利害關係人之請求，重新開啟已終結之行政程序，並再度加以審酌，以謀求該瑕疵得以除去者，申言之，訴願法之容許程序重開，乃基於行政行為之妥當性所繫之法益大於安定性之法益，訴願法第八十條之非訟性行政程序重開條款，僅限於發生形式確定力之處分，而不及於已發生實質確定力之處分[1]，是故已發生實質確定力之行政處分，除非有再審之原因，並在法定期間內提起再審者，通常無行政程序重開之可能。

　　訴願確定後，對相關人員之拘束力為何？台灣地區訴願法第九十五條規定：「訴願之決定確定後，就其事件，有拘束各關係機關之效力；就其依第十條提起訴願之事件，對於受委託行使公權力之團體或個人，亦有拘束力」。此係就個案而言，訴願之決定確定後，各關係人包括訴願決定之相對人、參加人、原處分機關，其他相關機關以及法院都應予以尊重。對於依法受中央或地方稅務機關委託行使公權力之團體或個人，亦應受其拘束。至其執行力，稅務機關之處分除非納稅義務人已依稅捐稽徵法第三十九條規定，先繳納應納稅額半數稅款或提供相當擔保，得暫緩執行，或原處分有明顯錯誤，或有執行將發生難以回復之損害，且有急迫情事，並非為維護重大公共利益所必要者，受理訴願機關或原行政處分之稅務機關得依職權或依申請，停止全部或一部之執行之情形外，並不因其提起訴願而停止執行。縱其停止執行，受理訴願機關亦可視其情事變更或原因消滅情形，而依職權撤銷

---

[1]　蔡志方，「論爭訟性與非爭訟性之行政程序重開」，台北：**全國律師雜誌**5卷3期，2001年3月，頁41~46。

停止執行①，可見台灣地區訴願法之規定，係採訴願不停止執行為原則，停止執行為例外②，故已確定之訴願決定，具有執行力，甚為顯然。

訴願決定之執行，雖採「不停止執行為原則」，然訴願決定之執行亦有其要件：

一、須訴願已告確定

得為訴願案件之執行標的者，須稅捐已告確定，所謂之「已告確定」，依台灣地區稅捐稽徵法第三十四條規定，係指訴願機關已作成訴願決定後，納稅人未依法提起行政訴訟者③。由於台灣地區之訴願制度非採訴願終局制，訴願經訴願機關作成訴願決定後，申請人尚可依法提起行政訴訟④。若申請人提起行政訴訟，則訴願案件未告確定，縱訴願申請人仍有未繳之稅捐或罰鍰，稽徵機關尚不可對之採取強制執行，須俟行政訴訟判決確定，仍有應納之稅捐或罰鍰後，始可強制執行。

---

① 參照台灣地區訴願第九十三條第一、二項、第九十四條第一項規定。

② 翁岳生，「中華民國之訴願及行政訴訟制度」，收錄於氏著**法制國家之行政法與司法**，台北，月旦出版社股份有限公司，1994年8月一版二刷，頁238。

③ 台灣地區之稅捐稽徵法第三十四條所指之「確定」，依其第三項第三、四款規定，尚有再訴願程序，惟再訴願程序，於2000年7月1日開始施行之修正訴願法已廢除，訴願申請人對訴願決定不服，可逕提起行政訴訟。

④ 台灣地區於1998年10月28日公佈，並於2000年7月1日施行之行政訴訟法已修正，行政訴訟採二級二審制，即不服訴願之決定，由高等行政法院受理後，不服其決定，再由最高行政法院受理。原則上，最高行政法院為法律審，僅審查高等行政法院之判決有無違背法令，並審查其認定之事實是否允當，高等法院則為事實審。

二、須被執行人有應納稅額或罰鍰

訴願決定之執行，須經訴願機關作成訴願決定，並有應納稅額或罰鍰，才可被執行[①]。而納稅義務之形成，基於租稅法律主義之原則，必須要有法律依據。易言之，即何人或何種情形應該課稅，法律必須要明文規定，此乃為有租稅請求權者，與負租稅給付義務者之法律關係規範。譬如：台灣地區加值及非加值型營業稅法第一條規定：「在中華民國境內銷售貨物或勞務及進口貨物，均應依本法規定課徵營業稅」。這就說明了有銷售貨物或勞務及進口貨物行為，即構成課徵營業稅要件。但是那些人應該課徵營業稅呢？同法第二條就規定，營業稅之納稅義務人有(一)銷售貨物或勞務之營業人。(二)進口貨物之收貨人或持有人。(三)外國之事業、機關、團體、組織，在中華民國境內無固定營業場所者，其所銷售勞務之買受人。但外國國際運輸事業，在中華民國境內無固定營業場所而有代理人者，為其代理人。當然也非符合上述規定之人，全要課徵營業稅，還有例外情形，如同法第二章就有排除規定。因此，基本上，被執行人應該要有應納稅額。至其罰鍰為行政處罰，原由地方法院裁罰，納稅人對其裁定不服，應依抗告程序辦理，一九九二年十一月二十三日改由稽徵機關自行裁罰，納稅人對稽徵機關之裁罰處分不服，可依稅捐稽徵法第五十一條之二規定，提起行政救濟，若經訴願機關訴願決定無應處罰鍰者，自無移送執行機關執行之情形。

[①]　實現訴願決定內容，雖非僅訴願申請人而已，原處分機關亦有可能，例如訴願決定變更原處分，而原處分之核定稅額，申請人已繳清而有應退稅額，或原處分機關不作為，訴願決定要求其作為等之情況，皆應由原處分機關依訴願本旨實現，然因台灣地區之訴願法並無規定對原處分機關之執行，故訴願法所稱之執行，應指對訴願申請人之執行。

三、須已逾滯納期

得為租稅之強制執行者，除須具備實體要件外，尚有程序要件；包括課稅之時期、送達、方法等等。租稅之課稅時期，各稅法有不同之規定；遺產稅及贈與稅規定，應於稽徵機關送達核定納稅通知書之日起二個月內，繳清應納稅款[①]；貨物稅規定當月份出廠貨物之應納稅款，應於次月十五日以前自行向公庫繳納。應補徵之稅款及應加徵之滯報金、怠報金，則由稽徵機關填發繳款書，通知納稅義務人於繳款書送達之次日起十五日內向公庫繳納[②]；其餘之查定稅額繳納期限，營業稅為十日[③]，使用牌照稅為一個月[④]，地價稅、土地增值稅各為三十日[⑤]。

稅捐稽徵法第二十條：「依稅法規定逾期繳納稅捐應加徵滯納金者，每逾二日按滯納數額加徵百分之一滯納金；逾三十日仍未繳納者，移送法院強制執行[⑥]」。亦即，納稅人不在限繳期內繳納稅款，除每逾二日按滯納數額加徵百分之一滯納金外，若逾三十日仍未繳納者，則移送執行機關強制執行。租稅之強制執行本不應提起行政救濟而停止，訴願法第九十三條及行政訴訟法第

[①] 台灣地區遺產稅及贈與稅法第三十條規定。

[②] 台灣地區貨物稅條例第二十三、二十四條規定。

[③] 台灣地區營業稅法第四十二條規定。

[④] 台灣地區使用牌照稅法第十條規定。

[⑤] 台灣地區土地稅法第四十四條、第五十條規定。

[⑥] 台灣地區因行政執行法第四十二條第一項規定：「法律有公法上金錢給付義務移送法院強制執行之規定者，自本法修正條文施行之日起，不適用之」。稅法有關移送法院強制執行之案件，在修正行政執行法施行後或施行前，未經執行或尚未執行終結者，自該法修正條文施行之日起，改依該法之規定移送該管行政執行處執行之，所以，目前有關租稅之執行，已改由法務部設立之行政執行處執行。

一一六條第一項有明文規定。惟爲避免執行後有不能恢復損害之弊，稅捐稽徵法第三十九條參照強制執行法第十條延緩執行之規定，增訂第二項暫緩移送強制執行之規定[①]。該法第二項規定暫緩執行之條件爲納稅義務人已依同法第三十五條之規定申請復查，並具有下列情形：(一)納稅義務人對復查決定之應納稅額繳納半數，並依法提起訴願。(二)納稅義務人依前款規定繳納半數稅額確有困難，經稽徵機關核准，提供相當擔保者。

　　上述情形可以說是強制執行之例外，須俟行政救濟確定後，始可移送執行，其移送執行日期不受逾徵期三十日之限制。惟其經訴願決定後，當事人若未再提起行政訴訟者，稅單應重新補發，更訂徵期並依稅捐稽徵法第三十八條規定，加計利息後，再送達當事人。至罰鍰之徵期依稅捐稽徵法第四十九條規定，可準用該法有關稅捐之規定，應自繳納期間屆滿之日起算。但罰鍰案件之繳款書，經原處分機關作成處分書後，隨同處分書及應納本稅之繳款書送達當事人。當事人若提起行政救濟者，應俟其行政救濟終結後，再重新發單送達，惟行政救濟終結前，當事人申請先行核發者，其限繳日期之訂定應與本稅一致。

四、須訴願決定書及繳款書已合法送達

　　訴願決定之執行，除要有訴願決定書外，其訴願決定書及其繳款書並已合法送達，所謂合法送達，係指稅捐之文書，依稅捐稽徵法或行政程序法規定之程序送達至納稅義務人，或納稅義務人之代表人、代理人、經理人、管理人，並經其簽收或蓋章[②]，取具送達回證方爲合法送達。揆諸以往之租稅強制執行，係由法院依民事之強制執行法之規定辦理，而民事之強制執行，須有執

[①]　請參見其立法理由。

[②]　台灣地區稅捐稽徵法第十八條第四項、第十九條第一項規定。

行名義，無執行名義不能爲之。然執行名義究何所指？依據強制
執行法第四條第一項規定，應指：(一)確定之終局判決。(二)假
扣押、假處分、假執行之裁判，及其他依民事訴訟法得爲強制執
行之裁判。(三)依民事訴訟法成立之和解或調解。(四)依公證法
規定得爲強制執行之公證書。(五)抵押權人或質權人，爲拍賣抵
押物或質物之聲請，經法院爲許可強制執行之裁定。(六)其他依
法律之規定，得爲強制執行之名義者。租稅之移送法院強制執
行，因有稅捐稽徵法之明文規定，故應屬強制執行法第四條第一
項第六款所規定之「其他依法律之規定，得爲強制執行之名義
者」。至其繳款書送達回證之法效性如何？辦理強制執行事件應
行注意事項第十一項第十四款則規定：「稅捐稽徵機關依法送請
法院追繳稅捐之公文，得爲執行名義，執行法院得據以強制執
行」。因而稽徵機關移請法院執行之公文，可視爲已有強制執行
之聲請，毋庸另具聲請書狀[①]。惟行政執行法修正後，稅務案件
之執行，已改由法務部執行署，設在各地之行政執行處執行。

五、須經稽徵機關移送行政執行處執行

　經稽徵機關核定之繳款書，送至納稅義務人手中後，納稅義
務人未在限繳期內繳納，亦未提出申請復查，或經訴願決定後未
先行繳納二分之一稅款，或提供擔保。稽徵機關即可移送行政執
行處執行，此項移送爲必備之法定程序，未經移送，行政執行處
自無從執行。其移送執行時，依照行政執行法第十三條規定，應
檢附下列文件：一、移送書。目前之格式內容包括有欠稅人之姓
名、身分證統一編號、住址、欠稅金額；如欠稅人爲營利事業，
則應填載營利事業名稱、營利事業地址、營利事業統一編號，及

[①]　張昌邦，前揭書，頁一三四。

其負責人之姓名、地址等等。將來行政執行法施行後，其格式由
行政執行署另定（詳見行政執行署之業務簡介說明）。二、處分
文書、裁定書或義務人依法令負有義務之證明文件。三、義務人
之財產目錄。但移送機關不知悉義務人之財產者，免予檢附。而
按之目前作業，欠稅未達五萬元者，亦可免予檢附。四、義務人
經限期履行而逾期仍不履行之證明文件。此證明文件，在稅務案
件，通常概指繳款書之送達回證。五、其他相關文件。

陸、稅務訴願之再審

　　稅務訴願之再審係對已確定之稅務訴願決定，再向原訴願決
定機關申請再為審查，舊訴願法原無是項再審規定，新訴願法則
於第九十七條增訂。然提起訴願再審，不包括以訴願人、參加人
或其他利害關係人已經依行政訴訟主張其事由或知其事由而不為
主張之情形。至稅務訴願再審之條件有：「一、適用法規顯有錯
誤者。二、決定理由與主文顯有錯誤者。三、決定機關之組織不
合法者。四、依法令應迴避之委員參與決定者。參與決定之委員
關於該訴願違背職務，犯刑事上之罪者。六、訴願之代理人，關
於該訴願有刑事上應罰之行為，影響於決定者。七、為決定基礎
之證物，係偽造或變造者。證人、鑑定人或通譯就為決定基礎之
證言、鑑定為虛偽陳述者。九、為決定基礎之民事、刑事或行政
訴訟判決或行政處分已變更者。十、發見未經斟酌之證物或得使
用該證物者」。
　　然則，上述第一款所謂適用法規顯有錯誤者，究何所指？需
要究明，「適用法規顯有錯誤者」，係指原裁定所適用之法規與
該案應適用之現行法規相違背，或與解釋判例有所牴觸者而言，
至於事實之認定或法律上見解之歧異，申請人對之縱有爭執，要

難謂爲適用法規顯有錯誤，而據爲再審之事由[1]。第三款規定，決定機關之組織不合法者，係爲決定機關之組成與法令規定不合。就復查階段而言，復查之決定須經復查委員會之決議，其決議方式以出席委員三分之二以上，過半數同意行之，若違反該程序，則爲瑕疵之行政處分，已如前述。瑕疵之行政處分本得撤銷，況乎再審！決定復查機關之組織成員，應依照稅捐稽徵機關復查委員會組織規程規定組成，若違反自非法之所許，當事人自得聲請再審。另參與復查決定之委員，有行政程序法第三十二條規定之情事，在作復查決定時不迴避者，依第四款規定亦構成聲請再審之事由。惟該法所規定之再審事由，似爲復查階段，納稅人對之不服，應提出訴願，嗣對訴願決定不服，未提起訴願時，方有訴願再審之情形。另外，稅務違章案件原由地方法院裁定，目前改由稽徵機關處分，此種處分要經裁罰委員會作成，亦有一定程序，稅捐稽徵機關若違反，當事人亦可以其爲瑕疵之處分而要求撤銷，亦爲構成訴願再審之要件。

稅務訴願再審針對確定終局判決所提供之救濟途徑，在使原決定之重大瑕疵獲得救濟，蓋由於行政救濟之目的除以維持行政之合法性，更重要的是以對當事人之權利救濟爲主軸，其由公正之第三者機關立於中立之地位，透過嚴謹之程序，對當事人之爭議爲裁斷，此有助於確保裁判之公正性，然行政救濟終究由人來裁斷，難保不會受到裁斷者感情或情緒之影響而能客觀無瑕疵。故訴願再審制度有利於當事人權利保護與行政合法性之維持，可說是審級制度之外，極力體現裁判公正理念之重要工具。此一理論之立足點，在以往行政訴訟一級一審制之下，對人民權利之保護或爲不周，藉再審制度之活用，以補救濟制度之偏，或有其必

---

[1] 參照台灣地區最高行政法院九十一年度判字第1512號判決。

要。惟在今日訴願制度「準司法」救濟功能已日益彰顯[1]，且行政救濟在行政訴訟階段已改爲二級二審制，對人民權益之保護已然較前完善，縱令訴願之裁判欠周，當事人之權益，要非不得由行政機關本於行政權作用予以補救[2]。訴願之再審制度，徒使行政處分之相對人隨時得以救濟手段將其撤銷，則行政處分所形成之法律關係將長久處於不確定狀態，不惟行政行爲所欲追求之公益目的難以早日達成，甚至於反有害新的法律關係之當事人，故有無必要設訴願再審制度，不無再加斟酌之餘地。

第三節　文書格式應用

稅務救濟之發動權在納稅義務人，納稅義務人對稅務機關之處分不服，其有應納稅額者，應於收到繳款書後，於繳款書所訂繳納期間屆滿翌日起算三十日內，提出申請復查；其無應納稅額

---

[1]　蔡茂寅，「訴願決定的再審可能性」，收錄於**月旦法學教室**(1)公法**學篇**，台北：元照出版公司，2000年9月初版第二刷，頁140、141。

[2]　在實務上，台灣地區之訴願經確定後，非無補救之途徑，如司法院25年院字第1557號解釋：「訴願、再訴願，均爲人民之權利或利益因官署之違法或不當處分致受損害而設之救濟方法，苟原處分原決定或訴願官署，於訴願、再訴願之決定確定後發現錯誤，或因有他種情形而撤銷原處分另爲處分，倘於訴願人再訴願人之權利或利益並不因之而受何損害，自可本其行政權或監督權之作用，另爲處置。」、財政部47台財稅第8326號令：「爲確切保護人民權益，對於僅具形式上確定力之行政處分，原處分及其上級官署，自仍應就實體上注意查核，如確有違法或不當，致損害人民權利或利益者，即應依職權撤銷變更。又於訴願、再訴願之決定確定後，如發見錯誤，有損訴願人權利或利益者，亦應依職權予以糾正。」

或應補徵稅額者，可於收到核定通知書後三十日內，逕提起訴
願。其為復查案件者，稽徵機關之法務單位應於復查申請書後，
先就申請人所提之申請書及其附件加以審查，若有不符者，應即
通知其限期補正，未在限期內補正者，仍應作成復查決定書駁
回；申請書及其附件經審查相符者，應再就程序審查，程序不合
作成復查決定書駁回；程序相符，再就實體審查。審查結果由復
查員作成決定報告書送給主審委員審核後，再提交復查委員會審
議，復查委員會審議，並由機關首長核議後，再由原復查員作成
決定書通知申請人。申請人收到復查決定書後，若不服該復查決
定，可於收到復查決定書之日起三十日內，向原處分機關提起訴
願，由原處分機關先行審查應否變更或撤銷原復查決定，此部份
為訴願法第五十八條規定，原行政處分機關對訴願審查結果有
認：有理由、無理由、部分有理由部分無理由等三種情況，惟訴
願法第五十八條未規定訴願部分有理由部分無理由之情況處理，
為此台灣地區財政部特邀集相關單位研商作成決議，並設計有訴
願案件先行重新審查表函發各稽徵機關。該函並附有台北市國稅
局參酌高雄市國稅局研提設計之「訴願案件先行重新審查表」，
方便各稽徵機關依該決議之規定方式處理[1]：

(一)一般行政處分案件

納稅人不服原處分機關之一般行政處分逕行提起訴願案件，
由原處分機關依自我審查表所列，逐一審酌，如認訴願有理由，
或逾期提起訴願，經審酌符合修正後訴願法第八十條第一項規
定，得撤銷原處分者，於自我審查表簽撤銷原處分呈核後，由原
處分機關予以撤銷原處分，並將結果陳報受理訴願機關及函復納
稅義務人；如認訴願部分有理由，部分無理由，於自我審查表簽
擬部分有理由，部分無理由呈核後，擬具部分有理由，部分無理

---

[1] 台灣地區財政部89.2.24台稅六發第0890451202號函。

由答辯狀陳送受理訴願機關；如認訴願全部無理由，則於自我審查表簽擬訴願無理由，原處分無誤呈核後，由原處分機關擬具答辯狀，陳送受理訴願機關。

(二)限制欠稅人出境案件

限制欠稅人出境之處分機關為財政部，惟實際審酌是否符合限制出境要件者，仍為稽徵機關，故此類案件由原處分機關（財政部）將自我審查表連同原案，交由原報請限制之稽徵機關逐一審酌後，擬具答辯狀併同自我審查表及原案送原處分機關處理。

(三)核定稅捐案件

納稅人不服原處分機關核定稅捐之處分，申請復查後，不服復查決定提起訴願案件，由原復查單位依自我審查表所列，逐一審酌，如認訴願有理由，或逾期提起訴願，經審酌符合修正後訴願法第十八條第一項規定，得撤銷原處分者，於自我審查表簽擬撤銷原處分呈核後，提復查委員會覆議通過後，由原處分機關撤銷有理由部分之原復查決定，重為撤銷該部分原處分之復查決定，送達申請人，並將結果陳報受理訴願機關；如認訴願部分有理由、部分無理由，於自我審查表簽擬部分有理由，部分無理由呈核後，提復查委員會覆議通過後，擬具部分有理由，部分無理由答辯狀陳送訴願機關；如認訴願無理由，於自我審查表簽擬訴願無理由，原處分無誤呈核後，由原處分機關擬具答辯狀，陳送受理訴願機關。

有關稅務訴願之處理步驟如圖一，為單純化及方便讀者瞭解，該圖僅為對核定稅捐不服之案件，至一般行政處分、限制出境，及屬訴願法第六十二條規定所稱不合法定程式而可補正之訴願案件之處理流程，則以予省略，並不涵括在內。一般行政處分、限制出境案件並不經稽徵機關之復查程序；訴願法第六十二條規定所稱不合法定程式而可補正之訴願案件，則由受理訴願機

關審查訴願書是否合法定程式，若不合法定程式，而可補正者，受理訴願機關應通知申請人限期補正，逾期不補正者，則由受理訴願機關以程序不合作成訴願決定駁回結案①；若合於法定程式，則可就實體上加以審查，由訴願委員會作成決定後，送交申請人。

一、復查申請書

　　台灣地區之稅務救濟復查申請書，稅捐稽徵法第三十五條第一項規定「應依規定格式」，實際上稅法並無規定格式可資運用，通說其所指稱之「規定格式」，應指「書面為之」。稅法雖無規定格式，然原台灣省稅務局及北、高二市稅捐稽徵處為方便納稅人製作有格式如文書格式一，其格式簡明易懂，內容有申請標的、申請對象、申請人之基本資料、以及應檢附之證件等，其申請理由及證明文件，並將其表格化，納稅人容易填寫，不失為一良好範例，但其若遇複雜案件恐無法暢所欲言，故一般民間喜歡採用另種格式，即有採用制式公文格式，分主旨、說明段敘述者，亦有分事實、理由、證據分段敘述者，以後者方式申請較為常見，其格式如文書格式二。

　　復查申請書無論採用何種格式，基本上其內容應符合稅捐稽徵法施行。細則第十一條所規定之要項，然納稅人之教育程序不一，且當今政府機關講求便民服務，受理機關較難作嚴格之制式化要求，故只要辭能達意，縱然申請人未書名出生年月日、性別、身分證明文件字號，甚至未提出任何證據，受理機關仍會予以受理，至其理由亦可事後補送。行政救濟之意思表達，在行政

---

① 　其實，無論復查階段或訴願階段，程序不合，若有訴願法第八十條所指稱之「顯屬違法或不當」情形，原處分機關或其上級之訴願機關要非不得依職權撤銷或變更之，此時，當非以駁回結案。

圖一 台灣地區稅務訴願流程圖

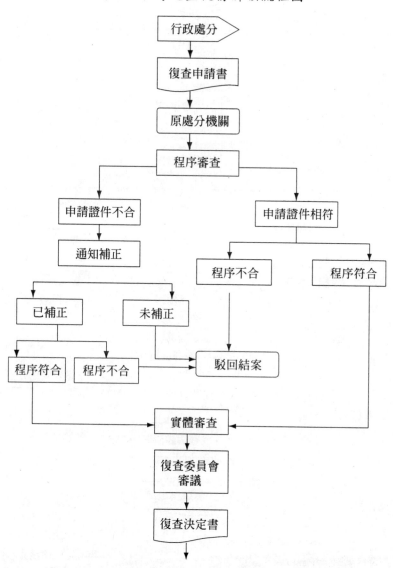

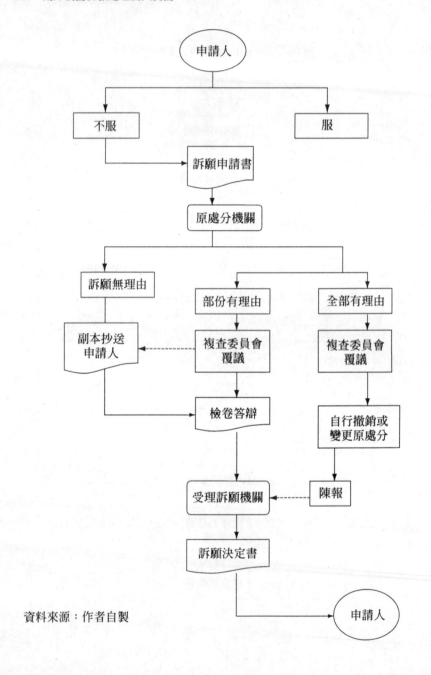

資料來源:作者自製

訴訟階段，行政法院有嚴格之要求，上訴人若未具體說明原判決或原處分違背何項法令、不適用或如何適用不當之具體事實，其上訴不被允許[1]。稽徵機關雖未強制要求申請書之意思表達必須充分，但要獲得勝訴，充分表達或舉證仍爲必要，否則，受理機關既不知申請人訴求之標的，或違法或不當之處，何能作適當之審查。

　　固然稅務法令龐雜，尤其稅務案件之救濟，非有專業素養者不爲功，納稅人若受限於語文表達能力或專業水準，而不便提出申請者，亦可委由他人代理。代理人於代理權限內，以本人名義所爲之意思表示，直接對本人發生效力[2]，訴願代理權並不因訴願人本人死亡，破產或喪失訴願能力而消滅[3]。訴願代理人自以通達事理能力及具有專業知識之人擔任爲宜，故得爲訴願代理人者，台灣地區之訴願法第三十三條仍規定有資格之限制，限定下列之人始能擔任：(一)律師。(二)依法令取得與訴願事件有關之代理人資格者。(三)具有該訴願事件之專業知識者。(四)因業務或職務關係爲訴願人之代理人者。(五)與訴願人以親屬關係者。但前述第三款至第五款之訴願代理人，受理訴願機關認爲不適當者，得禁止其代理，稅務復查自應受其規範，惟在實務上，復查階段爲便民起見，稅務機關對此並未嚴格把關，代理人只要具行爲能力，稅務機關通常都會受理。

　　納稅人得委任多人代理，每一代理人均得單獨代理委任人執行委任事務，但每一納稅人委任代理人數，依照台灣地區之行政程序法第二十四條第二項規定不得逾三人，同法條第四項復規定，行政程序代理人應於最初爲行政程序行爲時，提出委任書，

---

[1]　參見台灣地區最高行政法院91年度第315號裁定。

[2]　台灣地區民法第一百零三條規定。

[3]　台灣地區訴願法第三十八條規定。

因此，代理人代理納稅人提出復查申請書時應附委任書，其委任書之格式應能充分表達授權之範圍，文書格式三爲原台灣省稅務局及北、高二市稅捐稽徵處所製作之行政救濟委任書格式，其授權範圍以條列式供當事人勾選，堪稱簡便，可資參考。

(一)格式

文書格式一　復查申請書

復　查　申　請　書

一、本人　　收到貴處　年　月　　　稅，對其內容尚有不
　　公司、行號

　服，茲依據稅捐稽徵法第三十五條規定申請復查。

二、檢附：□原繳款書或繳款書收據影本或處分書。

　　　　　□復查理由書一份

　　　　　□其他證明文件　份

　　　　此　致

（稅捐稽徵機關或國稅局全銜）

　　　　申請人：

　　　　地址：

　　　　營利事業或國民

　　　　　身份證統一編號：

　　　　代 表 人：

　　　　地　址：

　　　　身份證統一編號：　　　　　　　　　　（簽名蓋章）

　　　　代 理 人：

　　　地　址：

　　　聯 絡 電 話：

　　　申 請 日 期：

復　查　理　由　書		
復　查　項　目	理　　　由	證　明　文　件

資料來源：台灣省各縣市稅捐稽徵處功能編組作業手冊－法務，原台灣省稅務局編印。

文書格式二　　復查申請書

復　查　申　請　書

受理機關：○○縣（市）稅捐稽徵處（或國稅分局）

為不服貴處（局）×年×月××日××字第××號所為之處分，茲依據稅捐稽徵法第三十五條規定提起復查，請惠予撤銷原處分，並另為適法之處分。

一、事實：

（簡述原處分所載事實）

二、理由：

（敘明原處分違法或不當之理由）

三、證據：

　　申請日期：中　　華　　民　　國　　　年　　月　　　日
　　　　申請人：
　　　　地址：
　　　　營利事業或國民
　　　　身份證統一編號：□□□□□□□□
　　　　代　表　人：
　　　　地　址：
　　　　身份證統一編號：□□□□□□□□　（簽名蓋章）
　　　　代　理　人：
　　　　地　址：
　　　　聯　絡　電　話：

文書格式三　行政救濟委任書

<h3>行　政　救　濟　委　任　書</h3>

□人為　□不服（機關名稱）　　　號函處分
□公司　□不服（機關名稱）年 月 日（核定通知書）處分
□行號　　年度　期　繳稅　款　書
　　　□不服（機關名稱）年 月 日 第 號復查決定書決定
　　　□不服（機關名稱）年 月 日 第 號訴願決定書決定
　　　□高等行政法院　　年度　　字第　　號

　委任　　　　　　（事務所名稱：　　　　　　　　）
1.□復查 2 □訴願 3.□行政訴訟（限「✓」壹項）之代理人，授
　權處理下列事務：
一、□行政救濟之申請及案件閱覽

二、□資料提示及案件應查、備詢及補正事宜

三、□取回證帳及有關資料

四、□行政救濟申請事項全部或部分之撤回，授權撤回項目列舉如下表：

（全部撤回時，填註「全部撤回」）

```

```

五、□取回帳證及有關資料

六、□就本事件有為一切訴訟行為之權，並有民事訴訟法第七十條第一項但書所列各行為之特別代理權

七、□收受決定書（行政訴訟為裁定書、判決書）

八、□選任複代理人

九、□其他：（詳如下表）

```

```

上授權事項共計　　項。（授權事項打「ˇ」，未授權事項打「×」）

　　　　委任人：（簽名蓋章）

　　　　營利事業或國民

　　　　身份證統一編號：☐☐☐☐☐☐☐☐

　　　　地　　址：

　　　　電　　話：

　　　　代表人：

　　　　身份證統一編號：☐☐☐☐☐☐☐☐（簽名蓋章）

　　　　地　　址：

　　受任人：

　　身份證統一編號：　　　　　　　　　　（簽名蓋章）

　　地　　址：

　　電　　話：

（二）案例

1. 案情摘要

　　張○○於八十六年間涉嫌未辦營業登記，而於座落○○市○○段○○號土地建屋出售，案經○○縣稅捐稽徵處查獲其逃漏銷售額共計新台幣（以下同）50,000,000元，已違反加值及非加值型營業稅法第二十八條規定，核有違章屬實，乃依加值及非加值型營業稅法第五十一條規定除追繳所漏營業稅額2,500,000元外，並按所漏稅額裁處三倍罰鍰計7,500,000元，張○○對裁處罰鍰不服，提起行政救濟。

2. 申請書製作

復查申請書

受理機關：○○縣稅捐稽徵處

　　為不服貴處九十一年一月十八日○稅法字第○○○號所為之處分，茲依據稅捐稽徵法第三十五條規定提起復查，請惠予撤銷原處分，並另為適法之處分。

一、事實：

　　緣本人於八十六年五月二十七日在○○市○○路○○號建屋一棟，並於八十七年七月間出售，貴處以本人未依規定申請營業登記為由，裁處本人新台幣7,500,000元罰鍰，並補徵營業稅2,500,000元。

二、理由：

（一）依財政部81.4.13台財稅第811663182號函（詳如附件三）所述，「稽徵機關應印妥建屋出售應辦理營業登記之規定書面聲明，逕洽所在地建築主管機關，協調其於核發建造時併同交付參考，以廣宣傳。」惟本人在申請房屋建造執照時，並未收到上述之書面聲明，因而未辦理營業登記。基於稅捐稽

徵機關輔導應重於處罰之原則，貴處率爾處以本人以按所漏稅額三倍罰鍰，實非妥適。

(二) 按稅捐法令之目標，在使國家應得之稅收確實入庫，對於逃漏稅捐之處罰，則在逃漏行為之預防，是其罰則之解釋適用，應使產生預防之效果。對因過失致漏稅者課罰，應考慮其對納稅人應注意之要求，是否符合社會生活之常態。納稅義務人對納稅義務雖有意誠實申報，惟因稅務事務繁雜，難免處理錯誤，雖稽徵機關亦不能免，然而稅捐機關有錯誤者，多僅於事後更正即可，稅捐機關之錯誤既非絕不容許，則對納稅人殊不能無視疏失之情節而概為論處。

(三) 觀之稅務法令，從財政部65.9.6台財稅第36032號函：「個人建屋出租或出售……不必責令辦理營利事業登記，並免課徵營業稅及營利事業所得稅。」，至81.1.31台財稅第811657956號函：「建屋出售核屬營業稅法規定應課徵營業稅之範圍，自本含發布日起，經建築主管機關核發建造執照者，除土地所有權人持有一年以上之自用住宅用地，拆除改建房屋出售者外，均應依法辦理營業登記，課徵營業稅及營利事業所得稅。」變動極大，本人為一家庭主婦，對稅務本為陌生，為能瞭解稅務法令變動情形，貴處既未善盡輔導之責，寄望本人辦理登記，豈非強人所難！參酌司法院大法官會議釋字第二七五號解釋：「人民違反法律上之義務而應受行政罰之行為，法律無特別規定時，雖不以出於故意為必要，仍須以過失為其責任條件」之要旨，課以納稅人行政罰，自應以納稅人有過失為準，本人既不諳稅務法令變更在先，貴處復未盡輔導之責在後，要無由本人負完全過失責任之理，貴處無視本案情節輕重，概以三倍罰鍰論處，殊難令人甘服。本次違章事件之起因，主要在於不知法令規定所致，絕非有意觸犯，再者稅捐稽徵法第四十八條之二亦有授權財政部，對情節輕微案件從輕處罰之規定，為此尚祈貴處能體察實情，衡

情度理，按該法規定從輕裁量，不宜從重科處三倍罰鍰。

三、證據

(一) 九十一年一月十八日〇稅法字第〇〇〇號函影本一份。

(二) 營業稅違章繳款書影本一份。

(三) 財政部81.4.13台財稅的811663182號函影本一份。

(四) 司法院大法官會議釋字第二七五號解釋影本一份。

(五) 稅務違章案件裁罰金額或倍數參考表使用須知函影本一份。

(六) 違章案件罰鍰繳款書一份。

申請日期：中　華　民　國　九十一年　三月　二十五日

　申請人：張〇〇

　國民身份證統一編號：

（簽名蓋章）

　地　　址：〇〇市建國路十九號

　聯絡電話：

二、復查報告書

受理復查機關受理復查案件，應先就程序上加以審查，審查其申請人是否適格，有無逾越法定期限，其申請內容是否欠缺等等。若有欠缺者，應即通知申請人限期補正，逾期未補正者仍應做成決定書，從程序上加以駁回。另其是否屬復查標的，亦應審查，如期申請復查之標的，非屬行政處分，或無應納稅額，可逕提訴願案件，應通知其改提訴願；救濟標的已不存在，或復查已無實益者，自無請求行政救濟之餘地，應從程序上加以駁回。惟程序不合，如實體部分確有錯誤者，原處分機關仍應本於職權辦理更正[1]。

更正案件與復查案件易為混淆，稍微疏忽，即容易將復查案

---

[1]　台灣地區財政部77.8.6台財稅第77124100號函。

件誤認為更正案件，或將更正案件誤為復查案件。依照台灣地區
之稅捐稽徵法第十七條規定，納稅人如發現繳納通知文書有記
載、計算錯誤或重複時，於規定繳納期間內，得要求稽徵機關查
對更正。查對更正並非行政救濟程序，而僅係納稅人發動促使稅
捐稽徵機關注意，對其所填發之繳款書有否計算或記載重複或錯
誤，如有錯誤或重複即應依職權予已更正[①]，以維護納稅人之權
益。其要件應與民事訴訟法第二百三十二條第一項規定之趣旨相
同，必須該通知書所表示之意思有與製發通知書之官署原來之意
思不服之誤記、誤算，或其他顯著之錯誤，使得由稽徵機關查對
或更正。若納稅義務人主張該通知書之計算方法不合法，或義務
人對稽徵機關核定之應納稅額，有所不服，則應復查程序予以復
查，不容有所假借[②]。

　　復查案件之程序若符合規定，應就實體上之審查後，於受理
後二個月內作成復查決定。關於實體上之審查內容，包括有調閱
資料、函查、備詢，或實地查證等。台灣地區之稅務復查案件，
由原處分機關之法務單位受理，法務單位既專責行政救濟業務，
對是項業務之證據補強查證，本可逕行辦理，不需透過業務單
位，然有因基於查審分立理由，或因法務單位之人力有限，加之
稅務機關設有任務編組之聯查小組，所以，甚多法務單位對罰鍰
案件之證據補強調查作業，通常會交由聯查小組或業務單位辦
理，亦有稅務機關由法務單位自行處理者，實際作業情形，當然
要視各稅務機關之人力運用情形而定。

　　復查決定書作成之前，照一般正常行政程序，復查員應先做

---

①　台灣地區台灣省稅務局、台北市稅捐稽徵處、高雄市稅捐稽徵處合
編，地方稅查核技術手冊－行政救濟查核技術手冊，1994年版，頁32。
②　台灣地區行政法院48年判字第25號、50判字第45號判決。引自地
方稅查核技術手冊－行政救濟查核技術手冊，頁32。

成復查報告書擬具處理意見，交由主審委員審查。主審委員就案件內容審查，認有需要補強證據者，可透過法務單位承辦員退給復查員或業務單位補正後再審查，若無問題或對法令見解有不同意見，但其事實證據之採認已臻明確者，即可簽擬意見，由法務單位之承辦員送交復查委員會決議通過，並經機關首長核章後，復查員再據其內容另作成決定書，層送各級人員核章，始發文復查申請人。惟案情單純之復查案件，若作成復查報告書，反有畫蛇添足之感，亦不符經濟效率，故有稅務機關對單純案件，以決定書代替報告書方式，經主審委員審查、復查委員會決議、機關首長核章後，即發文給復查申請人。

(一)格式

復查報告書為稅務機關之內部文書，其之採用視案件之繁簡程度而定，案情單純之案件，稅務機關為圖方便，通常會以復查決定書代替復查報告書，亦有稅務機關中規中矩循序提報，先提復查報告書，在作成決定書者，然以目前稅務機關之稽徵人力不足情況，亦非要如此做法不可。關於復查報告書之格式，根據台灣地區原台灣省稅務局與北市稅捐稽徵處、高雄市稅捐稽徵處合編之地方稅查核技術手冊，所做之規定如文書格式四，其內容計有如下之欄位，第一頁填寫案號、復查案申請人、負責人、住址或營業住址、所屬年月、法務單位核章、業務單位意見、主審委員意見、原核定之稅額、罰鍰、復查之稅額、罰鍰、增減之稅額、罰鍰、復查委員簽章、批示、復查會會議決議之年月日及次數。申請人為公司行號者應在復查案申請人、負責人欄位，填寫公司行號名稱、負責人姓名；為自然人者，不需填寫負責人欄位。

第二頁應先簡要說明原核定處理經過情形，以助審案人員了解案情，其敘述宜言簡意賅，不宜冗長，其後再摘錄申請人之申

請復查理由，申請人申請之理由若爲過長，摘錄其內容可以條列式列出，然後再對該案提出復查之程序是否合於規定提出說明，最後爲復查員對該案所作決定之處理意見。復查員對該案所作決定之處理意見爲復查報告書之核心，通常採用四段論述法，第一段爲大前提，列出本案之課稅法律要件及相關解釋函令，此爲原處分之法令依據或系爭之法令焦點；第二、三段爲小前提，第二段說明本案適用課稅或涉及違章之事證，原處分是否適當或合法；第三段係就申請人提出之有利證據理由及法令是否採納加以說明；第四段爲結論，爲復查員擬對本案之處理意見。

文書格式四　復查報告書

復　查　報　告　書

第一頁

○○○稅捐稽徵處○○稅復查報告書				案號					
復查案申請人（公司行號）	負責人		住　址營業住址				所屬年月	年　日	
法定單位核章					原核定		復查		增減
					稅額	罰鍰	稅額	罰鍰	稅額　罰鍰
業務單位意見									
主審委員意見					復查委員簽章				
批　　示	年　月　日第　復查會會議決議								

第二頁

一、原核定情形：
二、摘錄申請復查理由：
三、復查程序是否合於規定：
四、復查員意見（文尾由復查員蓋章）：

(二)案例

第一頁

○○○稅捐稽徵處○○稅復查報告書						案號			
復查案申請人（公司行號）		負責人		住　址營業住址				所屬年月	年　日
法定單位核章						原核定		復查		增減	
						稅額	罰鍰	稅額	罰鍰	稅額	罰鍰
業務單位意見											
主審委員意見						復查委員簽章					
批　　　示	年　月　日第　復查會會議決議										

第二頁

一、原核定情形：

　　緣申請人未依規定申請營業登記，即擅自於八十六年間於座落○○市○○段○○號土地建屋出售，案經本處查獲銷售額共計新台幣（以下同）50,000,000元，已違反加值及非加值型營業稅法第二十八條規定，核有違章，乃依加值及非加值型營業稅法第五十一條規定除追繳所漏營業稅額2,500,000元外，並按所漏稅額裁處三倍罰鍰計7,500,000元。

二、摘錄申請復查理由：

(一)財政部81.4.13台財稅的811663182號函所述，「稽徵機關應印妥建屋出售應辦理營業登記之規定書面聲明，逕洽所在地建築主管機關，協調其餘核發建造時併同交付參考，以廣宣傳。」，惟本人在申請房屋建造執照時，並未收到上述之書面聲明，因而未辦理營業登記。基於稅捐稽徵機關輔導應重於處罰之原則，貴處率爾處以本人以按所漏稅額三倍罰鍰，實非妥適。

(二)稅務法令變動極大，本人為一家庭主婦，對稅務本為陌生，為能瞭解稅務法令變動情形，貴處既未善盡輔導之責，寄望本人辦理登記，豈非強人所難！參酌司法院大法官會議釋字第二七五號解釋：「人民違反法律上之義務而應受行政罰之行為，法律無特別規定時，雖不以出於故意為必要，仍須以過失為其責任條件」之要旨，課以納稅人行政罰，自應以納稅人有過失為準，本人既不諳稅務法令變更在先，貴處復未盡輔導之責在後，要無由本人負完全過失責任之理，且本次違章事件之起因，主要在於不知法令規定所致，絕非有意觸犯，再者稅捐稽徵法第四十八條之二亦有授權財政部，對情節輕微案件從輕

處罰之規定，尚祈貴處能體察實情，衡情度理，按該法規定從輕裁量，不宜從重科處三倍罰鍰。

三、復查程序是否合於規定：

本件罰鍰繳款書繳納期間自九十一年一月二十一日起至九十一年一月三十日止，申請人於九十一年三月二十五日申請復查，程序核與規定尚合。

四、復查員意見：

(一)按「在中華民國境內銷售貨物或勞務，及進口貨物，均應依本法規定課徵營業稅。」、「將貨物之所有權移轉與他人，以取得代價者，為銷售貨物。」、「營業人之總機構及其他固定營業場所，應於開始營業前，分別向主管稽徵機關申請營業登記。」、「納稅人有左列情形之一者，除追繳稅款外，按所漏稅額處一倍至十倍罰鍰，並得停止營業：一、未依規定申請登記而營業者。」分別為營業稅法第一條、第三條第一項、第二十八條及第五十一條第一款所明定，次按「依本法或稅法規定應處罰鍰之行為，其情節輕微，或漏稅在一定金額以下者，得減輕或免予處罰。前項情節輕微，金額及減免標準，由財政部擬訂，報請行政院核定後發布之。」為稅捐稽徵法第四十八條之二所明定。次按「建屋出售核屬營業稅法規定應課徵營業稅之範圍，自本函發布日起，經建築主管機關核發建築執照者，除土地所有權人以持有一年以上之自用住宅用地，拆除改建房屋出售者外，均應依法辦理營業登記，課徵營業稅及營利事業所得稅。」則為財政部81.1.31台財稅第81165796號函所明示。

(二)卷查申請人未辦營業登記，即於八十五年間於○市○段○○○號土地興建房屋，並於同年○月出售其中一戶，案經本處

查獲銷售額共計50,000,000元，以違反加值及加值型營業稅法第二十八條規定，核已構成違章，此有房屋使用執照申請書影本及談話筆錄等資料附案可稽，違章事證明確。本處遂於○○年○月○○日以○稅法字第○○○○號函輔導申請人補繳所漏稅款及出具承認違章事實之書面聲明，罰鍰可適用較低倍數，即二倍處罰，惟申請人於期限內並未繳納所漏稅款，亦未以書面承認違章事實。據此，本處乃依加值及加值型營業稅法第五十一條第一款規定除追繳逃漏之營業稅額外，並按所漏稅額裁處三倍罰鍰計7,500,000元，揆諸首揭稅法規定，洵無不當。

(三)申請人訴稱稅務法令變動頻繁，其為一家庭主婦，不諳稅法規定，本處復未依財政部81.4.13台財稅第811663182號函規定盡輔導之責，要其辦理營業登記，豈非強人所難，又司法院大法官會議釋字第二七五號解釋：「人民違反法律上之義務而應受行政罰之行為，法律無特別規定時，雖不以出於故意為必要，仍須以過失為其責任條件」之要旨，課以納稅人行政罰，自應以納稅人有過失為準，本處無視案情輕重，概以三倍處罰，殊難令人甘服云云。然依加值及非加值型營業稅法第一條及第三條規定第一項之規定，本案申請人建屋出售，係屬在我國境內銷售貨物之營業行為，自應依前揭稅法規定辦理營業登記並報繳營業稅，其既違反規定，違章事實洵堪認定。雖本處未依財政部前開函示規定，於申請人向建管單位請領建造執照時，交付建屋出售應辦登記之書面說明予其參考，然本處經常藉由諸如報章、電台及有線電視等各項媒體等其他管道，廣為宣導相關租稅法令，要難謂未善盡輔導之責。況依加值及非加值型營業稅法第四十五條及第五十一條第一款規定，凡屬未依規定申請營業登記而營業者，即應裁處罰鍰，該等法條並無應

予輔導之規定，稽徵機關事先辦理輔導事宜，純係基於愛心辦稅及便民服務之考量，而非係稅法規定之必要條件，是事先輔導之有無，並無礙違章事實之成立。再查申請人原於○○年即已規劃於系爭土地興建房屋，並於○○年○月○○日設立「○○建設有限公司」，且辦妥營業登記，申請人尚且出任董事長。嗣後該公司雖因故辦理停業，然該情事足顯申請人所稱其為家庭主婦，不諳稅務法令變更，致未辦營業登記，均與事實不符，本案申請人既違反其應作為義務，復未能舉證證明自己無過失，反而藉詞卸責，核無足採。

(四)另申請人以其不知法令規定，非惡意逃漏稅款，請求從輕裁量乙節。查稅捐稽徵法第四十八條之二，對情節輕微，或漏稅在一定金額以下之應處罰鍰案件，固有授權財政部訂定減免處罰標準，惟財政部訂定之「稅務違章案件裁罰金額或倍數參考表」，關於營業稅未依規定申請營業登記而營業者之處罰，須違章人逾裁罰處分核定前已補辦營業登記，並已補繳稅款及以書面承認違章事實者，始有從輕裁處之適用。揆諸本案本處於○○年○月○○日，即裁罰處分前已通知申請人，如於限期內補繳所漏稅款及以書面承認違章事實者，使得改處二倍罰鍰，否則應按所漏稅額處三倍罰鍰，惟申請人遲至○○年○月○○日始補繳所漏稅額，即無前述規定改處二倍罰鍰之適用。再衡其違章情節，亦難謂輕微，至其所稱不諳法令規定，業如前述，非屬事實，是原處分依「稅務違章案件裁罰金額或倍數參考表」營業稅法第五十一條第一款違章情形一，按所漏稅額裁處三倍罰鍰，並無不合，擬予維持。

復查員○○○（蓋職章）

三、復查決定書
(一)格式

復查案件經稽徵機關受理後，應作成復查決定書，不得逕以公函告知復查結果，否則，即非合法，納稅人不受其拘束，可以受理機關未依限作成復查決定為理由，於二個月之復查期間過後，逕向其上級機關提起訴願，因此，其復查決定書之製作為受理復查機關之必備程序，而關於復查決定書之製作，稅捐稽徵法及其施行細則未規定其內容，惟台灣地區原台灣省稅務局與北市稅捐稽徵處、高雄市稅捐稽徵處合編之地方稅查核技術手冊提供之案例格式，可資參酌。根據該手冊所附之案例格式，其內容有申請人、負責人、代理人姓名及其住址、主文、事實、理由等各項欄位，在實際應用時，其復查決定理由之內容，大致與復查報告書相同，惟該格式未列示申請人申請復查主張，第三者尚難瞭解復查機關對申請人所提出之主張或理由，已否全數加以回應，誠為美中不足。關於此，文書格式五為花蓮縣稅捐稽徵處所製作之復查決定書格式，可資參考：

文書格式五　復查決定書

復 查 決 定 書（發文年明日　　　　）
字　號

申請人：　　　　　　　住址：

負責人：　　　　　　　住址：

代理人：　　　　　　　住址：

　　右申請人因　　年度　　稅及罰鍰事件，不服本處第　　號核定稅額繳款書　暨年第　　號處分書及第　　號違章案件罰鍰繳款書所為處分，申請復查一案，經本處　　年　　月　　日第　　次復查委員會依法決議如左：

　　主　　文：（簡述復查決定撤銷或駁回之結論）

　　事　　實：（就處分所認定之事實扼要說明，案情複雜者，使用列舉式說明）。

　　申請復查主張：（簡述申請人申請複查理由）

　　複查決定理由：（一、就復查決定撤銷或駁回之事實所適用之法令及證據予以敘明。

　　　　二、對於申請人提出之有利證據理由及法令，如不採納者，其理由及依據，應予說明。

　　　　三、變更原處分，而非全部撤銷，應將變更後之稅額書明）。

　　基上論結，本案申請復查為（部分）有（無）理由，爰依稅捐稽徵法第三十五條及同法第五十條之二規定決定如主文。

（首長職稱）○　　○　　○

　　中　華　民　國　　　○○年　　　○月　　　○○日

　　本案申請人如有不服，應於收受本決定書次日起三十日內，繕具訴願書檢同原處分書、本決定書影本及有關證明文件，送交本處轉陳訴願管轄機關－財政部（縣（市）政府）提起訴願。

　　(二)案例

　　○○縣稅捐稽徵處復查決定書　中華民國九十一年五月十七日○稅法字第○○○號

　　申請人：張○○　　住址：○○市建國路十九號

　　負責人：　　住址：

　　代理人：　　住址：

　　右申請人因違反加值及非加值型營業稅法科處罰鍰事件,不服本處第○○○號核定稅額繳款書,暨○○年○月○○日○稅法字第○○○號處分書及第○○○號違章案件罰鍰繳款書所為處分,申請復查一案,經本處○○年○月○○日第○次複查委員會依法決議如左：

　　主文：維持原處分

　　事實：

　　緣申請人未依規定申請營業登記，即於八十六年間於座落○○市○○段○○號土地建屋出售，案經本處查獲銷售額共計新台幣（以下

同）50,000,000元，已違反加值及非加值型營業稅法第二十八條規定，核有違章，乃依加值及非加值型營業稅法第五十一條規定除追繳所漏營業稅額2,500,000元外，並按所漏稅額裁處三倍罰鍰計7,500,000元，申請人對補徵營業稅額並未爭執，惟對裁處罰鍰不服，遂提出本復查。

申請復查主張：

略以：

一、財政部81.4.13台財稅第811663182號函所述，「稽徵機關應印妥建屋出售應辦理營業登記之規定書面聲明，逕洽所在地建築主管機關，協調其餘核發建造時併同交付參考，以廣宣傳。」，惟本人在申請房屋建造執照時，並未收到上述之書面聲明，因而未辦理營業登記。基於稅捐稽徵機關輔導應重於處罰之原則，貴處率爾處以本人以按所漏稅額三倍罰鍰，實非妥適。

二、稅務法令變動極大，本人為一家庭主婦，對稅務本為陌生，為能瞭解稅務法令變動情形，貴處既未善盡輔導之責，寄望本人辦理登記，豈非強人所難！參酌司法院大法官會議釋字第二七五號解釋：「人民違反法律上之義務而應受行政罰之行為，法律無特別規定時，雖不以出於故意為必要，仍須以過失為其責任條件」之要旨，課以納稅人行政罰，自應以納稅人有過失為準，本人既不諳稅務法令變更在先，貴處復未盡輔導之責在後，要無由本人負完全過失責任之理，且本次違章事件之起因，主要在於不知法令規定所致，絕非有意觸犯，再者稅捐稽徵法第四十八條之二亦有授權財政部，對情節輕微案件從輕處罰之規定，尚祈貴處能體察實情，衡情度理，按該法規定從輕裁量，不宜從重科處三倍罰鍰。

復查決定理由：

一、按「在中華民國境內銷售貨物或勞務，及進口貨物，均應依本法規定課徵營業稅。」、「將貨物之所有權移轉與他人，以取得代價者，為銷售貨物。」、「營業人之總機構及其他固定營業場所，應於開始營業前，分別向主管稽徵機關申請營業登記。」、「納稅人有左列情形之

一者，除追繳稅款外，按所漏稅額處一倍至十倍罰鍰，並得停止營業：一、未依規定申請登記而營業者。」分別為營業稅法第一條、第三條第一項、第二十八條及第五十一條第一款所明定，次按「依本法或稅法規定應處罰鍰之行為，其情節輕微，或漏稅在一定金額以下者，得減輕或免予處罰。前項情節輕微，金額及減免標準，由財政部擬訂，報請行政院核定後發布之。」為稅捐稽徵法第四十八條之二所明定。次按「建屋出售核屬營業稅法規定應課徵營業稅之範圍，自本函發布日起，經建築主管機關核發建築執照者，除土地所有權人以持有一年以上之自用住宅用地，拆除改建房屋出售者外，均應依法辦理營業登記，課徵營業稅及營利事業所得稅。」則為財政部81.1.31台財稅地81165796號函所明釋。

二、卷查申請人未辦營業登記，即於八十五年間於○市○段○○○號土地興建房屋，並於同年○月出售其中一戶，案經本處查獲銷售額共計50,000,000元，以違反加值及加值型營業稅法第二十八條規定，核已構成違章，此有房屋使用執照申請書影本及談話筆錄等資料附案可稽，違章事證明確。本處遂於○○年○月○○日以○稅法字第○○○○號函輔導申請人補繳所漏稅款及出具承認違章事實之書面聲明，罰鍰可適用較低倍數，即二倍處罰，惟申請人於期限內並未繳納所漏稅款，亦未以書面承認違章事實。據此，本處乃依加值及加值型營業稅法第五十一條第一款規定除追繳逃漏之營業稅額外，並按所漏稅額裁處三倍罰鍰計7,500,000元，揆諸首揭稅法規定，洵無不當。

三、申請人訴稱稅務法令變動頻繁，其為一家庭主婦，不諳稅法規定，本處復未依財政部81.4.13台財稅第811663182號函規定盡輔導之責，要其辦理營業登記，豈非強人所難，又司法院大法官會議釋字第二七五號解釋：「人民違反法律上之義務而應受行政罰之行為，法律無特別規定時，雖不以出於故意為必要，仍須以過失為其責任條件」之要旨，課以納稅人行政罰，自應以納稅人有過失為準，本處無視案情輕重，概以三倍處罰，殊難令人甘服云云。然依加值及非加值型營業稅法第一條及第三條規定第一項之規定，本案申請人建屋出售，係

屬在我國境內銷售貨物之營業行為，自應依前揭稅法規定辦理營業登記並報繳營業稅，其既違反規定，違章事實洵堪認定。雖本處未依財政部前開函示規定，於申請人向建管單位請領建造執照時，交付建屋出售應辦登記之書面說明予其參考，然本處經常藉由諸如報章、電台及有線電視等各項媒體等其他管道，廣為宣導相關租稅法令，要難謂未善盡輔導之責。況依加值及非加值型營業稅法第四十五條及第五十一條第一款規定，凡屬未依規定申請營業登記而營業者，即應裁處罰鍰，該等法條並無應予輔導之規定，稽徵機關事先辦理輔導事宜，純係基於愛心辦稅及便民服務之考量，而非係稅法規定之必要條件，是事先輔導之有無，並無礙違章事實之成立。再查申請人原於○○年即已規劃於系爭土地興建房屋，並於○○年○月○○日設立「○○建設有限公司」，且辦妥營業登記，申請人尚且出任董事長。嗣後該公司雖因故辦理停業，然該情事足顯申請人所稱其為家庭主婦，不諳稅務法令變更，致未辦營業登記，均與事實不符，本案申請人既違反其應作為義務，復未能舉證證明自己無過失，反而藉詞卸責，殊無可採。

四、另申請人以其不知法令規定，非惡意逃漏稅款，請求從輕裁量乙節。查稅捐稽徵法第四十八條之二，對情節輕微，或漏稅在一定金額以下之應處罰鍰案件，固有授權財政部訂定減免處罰標準，惟財政部訂定之「稅務違章案件裁罰金額或倍數參考表」，關於營業稅未依規定申請營業登記而營業者之處罰，須違章人逾裁罰處分核定前已補辦營業登記，並已補繳稅款及以書面承認違章事實者，始有從輕裁處之適用。揆諸本案本處於○○年○月○○日，即裁罰處分前已通知申請人，如於限期內補繳所漏稅款及以書面承認違章事實者，使得改處二倍罰鍰，否則應按所漏稅額處三倍罰鍰，惟申請人遲至○○年○月○○日始補繳所漏稅額，即無前述規定改處二倍罰鍰之適用。再衡其違章情節，亦難謂輕微，至其所稱不諳法令規定，業如前述，非屬事實，是原處分依「稅務違章案件裁罰金額或倍數參考表」營業稅法第五十一條第一款違章情形一，按所漏稅額裁處三倍罰鍰，並無不合，應予維持。

　　基上論結，本案申請複查為無理由，爰依稅捐稽徵法第三十五條及同法第五十條之二規定決定如主文。

　　處長　○　○　○

　　中　華　民　國　　　　九十一年　　　　五月　　　　十七日

　　本案申請人如有不服，應於收受本決定書次日起三十日內，繕具訴願書檢同原處分書、本決定書影本及有關證明文件，送交本處轉陳訴願管轄機關－財政部提起訴願。

　　四、訴願書

　　訴願之提起為要式行為，須具備訴願書格式，以口頭提出雖非為法之所許，惟依台灣地區司法院院解字第三六一○號解釋：「言詞聲明不服，雖與法定程式不合，嗣後如依規定提起訴願，則其程式之欠缺業已補正。」訴願書之格式，台灣地區訴願法第五十六條訂有明文，目前各訴願機關為方便訴願人提起訴願，通常均備有訴願書表格，供訴願人運用，惟訴願人提起訴願，其訴願書之內容只要符合該法所規定之要項即為已足，並非定要應用政府機關提供之訴願書格式或購用狀紙不可①。至其訴願書之撰寫，應先瞭解原處分或原決定之認事用法有無違誤，現行行政程序法及訴願法准許訴願人調閱或查抄原處分或原決定之案卷，訴願人可向原處分機關或原決定機關調閱，以研究原決定或原處分有無違誤或失當，再將原處分或原決定機關認事用法違誤之處，在訴願書中一一加以駁述，並詳述自己主張之事實與證據，其為法令適用問題者，並應影印相關法令資料附案，俾便受理訴願機關審查。為便於說明，茲參照台北市政府訴願委員會所提供之訴願書，製作訴願書格式如文書格式六，並舉前例應用於後：

　　(一)格式

---

　①　台灣省政府訴願審議委員會，認識訴願，台灣省政府印刷廠，1997年月，頁69。

文書格式六　訴願書

訴 願 書					
訴願人	姓名	出生年月日	職業	住所或居居所及電話	
代表人		住所或居所			
		電　話			
代理人		事　務　所			
		電　話			
原行政處分機關		行政處分書發文日期及文號		訴願人收受或知悉行政處分之年月日	
訴願請求					
證據	☐ ☐ ☐		附　件	☐ 復查決定書 ☐ 處分通知書 ☐ 委任書	
事實					
理由					

　謹　狀

○○縣稅捐稽徵處　轉陳

○○縣（市）政府

　　　　　　　　　　　　　　　　訴願人

　　　　　　　　　　　　　　　　代表人

簽名蓋章

　　　　　　　　　　　　　　　　代理人

中　　華　　民　　國　　　年　　　月　　　日

(二)案例

訴　願　書						
訴願人	姓名	出生年月日	職業	住所或居居所及電話		
	張○○	○年○月○日○日	商	○○市建國路十九號　電話：○○○○○○		
代表人			住所或居所			
			電　　話			
代理人			事　務　所			
			電　　話			
原行政處分機關	○○縣稅捐稽徵處		行政處分書發文日期及文號	○年○月○○日字第○○號	訴願人收受或知悉行政處分之年月日	○年○月○日
訴願請求	請求撤銷○○縣稅捐稽徵處○○年○月○○日稅法字第○○○號裁罰處分及九十一年五月十七日○稅法字第○○○號所為之復查決定，或發回原處分機關另為適法決定					
證據	□ □ □		附　件	一、復查決定書 二、處分通知書 三、九十一年一月十八日○稅法字第○○○號函影本一份。 四、營業稅違章繳款書影本份。 五、財政部 81.4.13 台財稅的 8116631182 號函影本一份。 六、司法院大法官會議釋字第二七五號解釋影本一份。 七、稅務違章案件裁罰金額或倍數參考表使用須知函影本一份。 八、違章案件罰鍰繳款書一份。		
事實						
緣訴願人於八十六年五月二十七日在○○市○○路○○號建屋一棟，並於八十七年七月間出售，原處分機關以訴願人未依規定申請營業登記為由，裁處訴原人新台幣 7,500,000 元罰鍰，並補徵營業稅 2.500.000 申請復查，未獲變更，爰於法定期限內提出本訴願。						

申請復查，未獲變更，爰於法定期限內提起本訴願。

理由

一、按稅捐法令之目標，在使國家應得之稅收確實入庫，對於逃漏稅捐之處罰，則在逃漏行為之預防，是其罰則之解釋適用，應使產生預防之效果。

對因過失致漏稅者課罰，應考慮其對納稅人應注意之要求，是否符合社會生活之常態。納稅義務人對納稅義務雖有意誠實申報，惟因稅務事務繁雜，難免處理錯誤，雖稽徵機關亦不能免，然而稅捐機關有錯誤者，多僅於事後更正即可，稅捐機關之錯誤既非絕不容許，則對納稅人殊不能無視疏失之情節而概為論處。故稅捐稽徵法第四十八條之二授權稅務主管機關，視納稅人違章情節之輕重，而為不同之處置。

二、觀諸有關建屋出售之稅務法令，從財政部65.9.6台財稅第36032號函：「個人建屋出租或出售……不必責令辦理營利事業登記，並免課徵營業稅及營利事業所得稅。」，至81.1.31台財稅第811657956號函：「建屋出售核屬營業稅法規定應課徵營業稅之範圍，自本函發布日起，經建築主管機關核發建造執照者，除土地所有權人持有一年以上之自用住宅用地，拆除改建房屋出售者外，均應依法辦理營業登記，課徵營業稅及營利事業所得稅。」變動極大，本人為一家庭主婦，對稅務本為陌生，焉能瞭解稅務法令變動情形，貴處既未善盡輔導之責，寄望本人辦理登記，豈非強人所難！

原復查決定以訴願人原於○○年即已規劃於系爭土地興建房屋，並於○○年○月○○日設立「○○建設有限公司」，且辦妥營業登記，申請人尚且出任董事長為由，認定訴願人不諳稅務法令變更為與事實不符。惟按營業登記可委由他人代辦，董事長職位僅為公司對外之名義代表，並未參與實際業務經營，況該公司已因經營不善而停業多年，訴願人擔任公司董事長，與是否具備稅務專業知識為分屬二事，豈可混為一談。

三、再按財政部八十一年四月十三日台財稅第八一一六六三一八二號函所附「『檢討查緝營業人假借（利用）個人名義建屋出售逃漏稅作業執行績效及會商第二階段應繼續加強辦理事宜』會議記錄(四)3請稽徵機關印妥建屋出售應辦理營業登記之規定書面說明，逐洽所在地建築主管機關，協調其於核發建造執照時併同交付參考，以廣宣傳。」，原復查決定以加

值及非加值型營業稅法第四十五條及第五十一條並無輔導之規定，稽徵機關事先辦理輔導事宜，純係基於愛心辦稅及便民服務之考量，而非係稅法規定之必要條件，其事先輔導之有無，並無礙違章事實之成立資為抗辯。設若此說能成立，則上開函釋豈不形同具文？

四、參酌司法院大法官會議釋字第二七五號解釋：「人民違反法律上之義務而應受行政罰之行為，法律無特別規定時，雖不以出於故意為必要，仍須以過失為其責任條件」之要旨，課以納稅人行政罰，自應以納稅人有過失為準，訴願人既不諳稅務法令變更在先，原處分機關復未盡輔導之責在後，要無由訴願人負完全過失責任之理，原處分機關無視本案情節輕重，概以三倍罰鍰論處，殊難令人甘服。本次違章事件之起因，主要在於不知法令規定所致，絕非有意觸犯，再者稅捐稽徵法第四十八條之二亦有授權財政部，對情節輕微案件從輕處罰之規定，訴願人乃陳請原處分機關能體察實情，衡情度理，按該法規定從輕裁量，不宜從重科處三倍罰鍰。原處分機關不通達情理，主張訴願人須限期內補繳所漏稅款及以書面承認違章事實者，始有改處二倍罰鍰之適用，執意要科處訴願人三倍罰鍰，實令人難以甘服。

　　　謹　　狀
○○縣稅捐稽徵處　轉陳
　財政部

　　　　　　　　　　　　　　　　訴願人　張○○
　　　　　　　　　　　　　　　　代表人

簽名蓋章

　　　　　　　　　　　　　　　　代理人

中　華　民　國　九十一　年　六　月　十一　日

　　四、答辯書

　　由處分機關根據訴願人申請之內容進行答辯，文書格式七爲原台灣省稅務局所編印之「台灣省各縣市稅捐稽徵處功能編組作業手冊－法務」中之答辯書格式，其內容可分爲事實及證據與理由及法令依據，而理由及法令依據，又以程序、實體、結論分段敘述，並列示檢附之案卷，該列示應檢附之案卷爲一般答辯所應檢附之案卷，以條列式列出，堪稱簡便。另外，按照台灣地區訴願法第五十八條規定，訴願人繕具之訴願書，應經由原處分機關向訴願管轄機關提起，但亦有訴願人誤直接向受理訴願機關提起者，似此情形因係由訴願機關轉送，則其答辯書在理由及法令依據部分之第四項檢陳案卷後，加列第五項說明依據之來函文號應較爲完備。

　　(一)格式

文書格式七　答辯書
(稽徵機關全銜)　答　辯　書　中華民國○○年○月○○日○稅法字第○○○號
訴願人：　　　　　　　　　　　　　　住址：
代表人：　　　　　　　　　　　　　　住址：

訴願代理人：　　　　　　　　　　住址：

原處分機關：　　　　　　　　　　法定代理人：

　　右訴願人因　　　　　　　事件不服本處　　　　字第號
所為之處分提起訴願乙案，謹依法答辯如次：

事實及證據

理由及法令依據

一、程序部分：

二、實體部分：

三、結論：

　　四、檢陳案卷：

　　(1)處分書送達憑證(2)原查及復查報告暨復查委員會議決情形(3)談
話筆錄(4)查獲機關移案書(5)有關證據文件。請於核處後發還。

　　　　　　　　　　　　　　　　謹　　　陳

○　　○　　○　　○　　○

（受理訴願機關全銜）

　　　　　　　　　　　　　　　　　答辯機關：

　　　　　　　　　　　　　　　　　法定代理人：

中　　　華　　　民　　　國　○　年　○　月　○　日

(二)案例

　　○○縣稅捐稽徵處答辯書　　中華民國九十一年六月二十一日○稅
法字第○○○號

訴願人：張○○住址：○○市建國路十九號

代表人：　　　　　　　　　　　　住址：

訴願代理人：　　　　　　　　　　住址：

答辯機關：○○縣（市）稅捐稽徵處　　法定代理人：○○○

　　右訴願人因違反加值及非加值型營業稅法科處罰鍰事件不服本處○○年○月○○日○稅法字第○○○號所為之處分提起訴願乙案，謹依法答辯如次：

事實及證據

　　緣訴願人未依規定申請營業登記，即於八十六年間於座落○○市○○段○○號土地建屋出售，案經本處查獲銷售額共計新台幣（以下同）50,000,000元，已違反加值及非加值型營業稅法第二十八條規定，核有違章，乃依加值及非加值型營業稅法第五十一條規定除追繳所漏營業稅額2,500,000元外，並按所漏稅額裁處三倍罰鍰計7,500,000元，訴願人對補徵營業稅額並未爭執，惟對裁處罰鍰不服，提出本復查，未獲變更，乃提起本訴願。

理由及法令依據

一、程序部分：

　　本件復查決定書係於九十一年五月二十日郵寄送達訴願人，此有雙掛號回執聯附卷可稽，訴願人於九十一年六月十七日（本處收受訴願書副本之日期）提起訴願，程序核與訴願法第九條規定，尚無不合。

二、實體部分：

　　(一)按「在中華民國境內銷售貨物或勞務，及進口貨物，均應依本法規定課徵營業稅。」、「將貨物之所有權移轉與他人，以取得代價者，為銷售貨物。」、「營業人之總機構及其他固定營業場所，應於開始營業前，分別向主管稽徵機關申請營業登記。」、「納稅義務人，有左列情形之一者，除追繳稅款外，按所漏稅額處一倍至十倍罰鍰，並得停止營業；一、未依規定申請營業登記而營業者。……」分別為加值及非加值型營業稅法第一條、第三條第一項、第二十八條及第五十一條第一款所明定，次按「依本法或稅法規定應處罰鍰之行為，其情節輕微，或漏稅在一定金額以下者，得減輕或免予處罰。前項情節輕微、金額及減免標準，由財政部擬訂，報請行政院核定後發布之。」為稅捐稽徵法第四十八條之二所明定。再按「建屋出售核屬營業稅法

規定應課徵營業稅之範圍，自本函發布日起，經建築主管機關核發建造執照者，除土地所有權人以持有一年以上之自用住宅用地，拆除改建房屋出售者外，均應依法辦理營業登記，課徵營業稅及營利事業所得稅。」則為財政部八十一年一月三十一日台財稅第八一一六五七九五六號函所明示。

(二)卷查訴願人未辦營業登記即於○○年間於○○市○○段○○號等土地興建房屋，並於同年○月出售其中一戶，業經本處查獲銷售額計50,000,000元，以違反加值及加值型營業稅法第二十八條規定，核已構成違章，本處遂於○○年○月○○日以○稅法字第○○○○號函輔導申請人補繳所漏稅款及出具承認違章事實之書面聲明，罰鍰可適用較低倍數，即二倍處罰，惟申請人於期限內並未繳納所漏稅款，亦未以書面承認違章事實。據此，本處乃依加值及加值型營業稅法第五十一條第一款規定除追繳逃漏之營業稅額外，並按所漏稅額裁處三倍罰鍰計7,500,000元，揆諸首揭稅法規定，洵無不當，此有房屋使用執照申請書、談話筆錄及雙掛號郵件回執等資料附案可稽。

(三)訴願人訴稱稅務法令變動頻繁，其為一家庭主婦，不諳稅法規定，本處復未依財政部八十一年四月十三日台財稅第八一一六六三一八二號函規定善盡輔導之責，要其辦理營業登記，豈非強人所難。然查上開部函所附「『檢討查緝營業人假借（利用）個人名義建屋出售逃漏稅作業執行績效及會商第二階段應繼續加強辦理事宜』會議記錄(四)請稽徵機關印妥建屋出售應辦理營業登記之規定書面說明，逕洽所在地建築主管機關，協調其於核發建造執照時併同交付參考，以廣宣傳。」，係針對該部八十一年一月三十一日台財稅第八一一六五七九五六號函所訂第二階段查核計劃其中之宣導事項。其宣導目的純係基於愛心辦稅及便民服務之考量，而非係稅法規定之必要條件，且本案違章行為為○○年，距該宣導期間業隔多年，是事先輔導之有無，並無礙違章事實之成立。況自該函釋迄今，本處藉由諸如報章、電台及有線電視等各項媒體等其他管道，廣為宣導相關租稅法令之措施，已不勝枚舉，要難謂未善盡輔導之責。再查訴願人於申請復查時，其為家

庭主婦，不諳稅法規定，經本處於復查決定時指出，其原於○○年即已規劃於系爭土地興建房屋，並於○○年○月○○日設立「○○建設有限公司」，且辦妥營業登記，訴願人尚且出任董事長。申請人復以營業登記可委由他人代辦，董事長職位僅為公司對外之名義代表，並未參與實際業務經營，況該公司已因經營不善而停業多年，訴願人擔任公司董事長，與是否具備稅務專業知識為分屬二事，豈可混為一談資為抗辯。惟申請人身為公司董事長，依公司法規定為該公司之法定代表人，對外代理公司處理事務，即表示其有單獨處理或辨別事物之能力，嗣後該公司雖因故辦理停業，然該情事足顯訴願人所稱其為家庭主婦，不諳稅務法令變更，致未辦營業登記，均與事實不符。本案訴願人既違反其應作為義務，復未能舉證證明自己無過失，反而藉詞卸責，殊無可採。

(四)至訴願人申稱司法院大法官會議釋字第二七五號解釋：「人民違反法律上之義務而應受行政罰之行為，法律無特別規定時，雖不以出於故意為必要，仍須以過失為其責任條件」，課以納稅人行政罰，自應以納稅人有過失為準，尚且稅捐稽徵法第四十八條之二亦有減輕或免予處罰之規定。其未辦營業登記，係因不知法令規定，並非出於惡意逃漏，請求從輕裁罰乙節。查上開解釋雖採過失責任主義，惟其後段亦有但書解釋「但應受行政罰之行為，僅須違反禁止規定或作為義務，而不以發生損害或危險為其要件者，推定為有過失，於行為人不能舉證證明自己無過失時，即應受處罰。」訴願人既有違前應作為義務之事實，復不能舉證證明自己無過失，自應受罰。另稅捐稽徵法第四十八條之二，對情節輕微，或漏稅在一定金額以下之應處罰鍰案件，固有授權財政部訂定減免處罰標準，惟財政部訂定之「稅務違章案件裁罰金額或倍數參考表」，關於營業稅未依規定申請營業登記而營業者之處罰，須違章人逾裁罰處分核定前已補辦營業登記，並已補繳稅款及以書面承認違章事實者，始有從輕裁罰之適用。揆諸本案本處於○○年○月○○日，即裁罰處分前已通知申請人，如於限期內補繳所漏稅款及以書面承認違章事實者，使得改處二倍罰鍰，否則應按所

漏稅額處三倍罰鍰，惟申請人遲至○○年○月○○日始補繳所漏稅額，即無前述規定改處二倍罰鍰之適用。再衡其違章情節亦難謂輕微，至其所稱不諳法令規定，業如前述，非屬事實，是訴願人主張殊無足採，原處分依「稅務違章案件裁罰金額或倍數參考表」營業稅法第五十一條第一款違章情形一，按所漏稅額裁處三倍罰鍰，並無不合。

三、結論：

綜上所陳，訴願人所訴無理由，謹請依法予以駁回，以維稅政。

四、檢陳案卷：

(1)處分書送達憑證(2)原查及復查報告暨復查委員會議決情形(3)談話筆錄(4)○○稅捐稽徵處處分書等各項關係文件乙宗，請於核處後發還。

謹陳

財政部

答辯機關：○○縣稅捐稽徵處

法定代表人：○○○

中　華　民　國　九　十　一　年　六　月　二　十　一　日

第四節　本章結語

　　觀諸台灣地區之稅務訴願制度，有復查先行程序之設計，為其特色，復查程序已提供原處分機關自我重新審查機會。在訴願階段，新訴願法規定，訴願之提起，申請人應繕具訴願書，經由原處分機關轉送訴願管轄機關，由原處分機關先行重新審查是否合法妥當，如認為有理由，得自行撤銷原處分，併陳報訴願管轄機關，若認為無理由，則應附具答辯書，並將必要之關係文件，送訴願管轄機關審理，等於重複再自我審查一次，有無必要，著實引發不少爭議。然此次經過大肆翻修之訴願法，亦不少創新的做法，譬如擴大訴願範圍，強化參與制度，改進訴願程序，增列再審制度等等，均為進步做法，已使台灣地區之訴願制度，對人民權益之保障大為完備，值得稱許。

第 三 章

大陸地區稅務行政復議制度

第一節　稅務行政復議之目的與標的

壹、稅務行政復議之目的

大陸地區制定稅務行政復議之目的，依照其稅務行政復議規則（試行）第一條規定，是為了防止和糾正違法或不當之具體行政行為，保護納稅人及其他稅務當事人的合法權益，保障和監督稅務機關依法行使職權，似採「法規維持」與「權利保護」兩說併存觀點，與台灣地區訴願法規要旨似無差異。其制定稅務行政復議之目的具有三層意義：

一、防止和糾正違法或不當之具體行政行為

違法之具體行政行為，是因稅務機關無權決定而做決定，或其決定超出法定範圍，不遵守法規程序，具體行政行為所認定之事實錯誤或不清楚等等各項原因。而行政之違法行為之形成當然有其主體與客體要素，其主體為具有行為能力之組織與個人，然就行政復議而言，行政違法之主體概指能獨立行使行政行為之行政機關，而行使具體行政行為之行政主體是否違法，要觀其行政主體是否有權作出該具體行政行為，蓋一機關都有其職權範圍，

其行使之職權，若超出其該當之範圍，或是以權謀私、武斷專橫，即違反職能管轄原則或級別管轄原則；其客體則爲違法行爲本身及其所侵害之對象，行政違法性之成立，必須要有主體之違法行爲事實，也就是行政主體爲某項具體行政行爲，該行爲爲法律所禁止的或不允許的。如違反法律、行政法規之規定，擅自作出稅收之開徵、停徵或減稅、免稅、退稅、補稅以及其他同稅收法律相牴觸之決定者，除依照該法規定撤銷其擅自作出之決定外，補徵應補徵未徵稅款，退還不應收而徵收之稅款，並由上級機關追究其直接之主管人員與其他直接責任人員之行政責任；構成犯罪者，依法追究刑事責任[1]，即爲顯例。除此，程序亦不能違反，稅務機關之對納稅人所做出之具體行政行爲，有告知納稅義務人之義務，俾納稅人能採取適當之行動。例如其稅收徵管法第三十八條規定，稅務機關對納稅人有明顯之移轉、隱匿其應納稅之商品、貨物以及其他財產或應納稅之跡象者，稅務機關要採取保全措施，應先責由納稅人提供納稅擔保，納稅人若不提供，經縣以上之稅務局(分局)局長批准之程序才行，否則，即爲違法之行政行爲。

　　另外，稅務機關之行政行爲，具有一定之裁量權，其裁量權之行使，是否合目的性、公平性或比例原則，都必須加以思量。但隨著現代國家管理職能之擴大，自由裁量權也隨之增加，一行政行爲之合法性或適當性，往往界限模糊，不容易審查，因此，判斷具體行政行爲之合法性與適當性，顯得十分重要。判斷具體行政行爲之適當性，大陸學者[2]認爲應從下面幾個方面進行：

　　(一)具體行政行爲之目的是否合理

　　行政機關在行使自由裁量權時，應最大限度的尊重相對人之

---

[1]　　大陸之稅收徵收管理法第八十四條規定。

[2]　　宋雅芳主編，前揭書，頁43~44。

權利和自由，而不能隨心所欲處置相對人之基本權利；應儘可能地考慮行政相對人一方之便利，採用尊重當事人權利之方式與程式，以最小之剝奪權利或科以義務之方式達到立法之目的，防止行政機關濫用權利。

(二)具體行政行為之動機是否合理

如行政機關進行罰款之動機，非為制裁違法行為，而係為增加財政收入、改善工作人員之福利待遇，即為不正當之動機。動機正當要求行政機關不能以執行法律之名義，將自己之偏見、歧視、惡意和私慾等強加行政相對人。

(三)具體行政行為考慮之相關因素是否合理

一項行政行為之作出往往涉及到多種因素，合理之行政行為應考慮到相關因素，避免與行政行為無關之因素。如因政治因素而吊銷某個體戶之營業執照，即考慮了不相關因素。

(四)具體行政行為是否符合公正法則

如同等情況應同等對待，比例法例、慣例、行政行為的運用應前後一致等。

據此，行政機關之行政行為，若違背合理性原則即為不當，例如對條件相同之隔鄰房屋，課以不同之稅額，或保全超出必要程度，皆非合理，屬不當之行政行為。此違法或不當之行政行為，希望透過復議程序加以防止和糾正，即為設置行政復議之目的。

二、保護納稅人及其他稅務當事人之合法權益

稅務行政復議為屬事後救濟，就「權利保護說」觀點，行政復議之目的在保護納稅義務人及其他當事人之合法權益，納稅義務人及其他當事人之合法權益遭受行政機關之侵害時，得透過行政復議尋求保護自身權益，行政復議若不能達保護納稅義務人權

益之目的，行政復議將失卻意義。而稅務案件量大且複雜，稅務機關處理稅務案件，難免有思慮不周，侵害納稅人權益之情事，例如對該減免之稅而不減免，不應課征之稅而課征，都影響到納稅人之權益，故有必要透過稅務行政程序來保護納稅人之合法權益。然稅務機關之行政行為所侵害之對象，非僅納稅人，其他納稅關係人亦有受侵害之可能，若不加以保護，對行政行為相對人之權益保護恐為不周，因此，大陸之稅務行政復議規則，將其權益保護之對象擴及於其他相關之稅務當事人。保護之對象不僅是納稅人，其他扣繳義務人或納稅擔保人等其他稅務當事人之合法權益，亦為保護之列，以達到全面保護行政相對人之目的。

三、保障和監督稅務機關依法行使職權

依法行政為近代民主法治國家必然要遵守之原則，依法行政強調行政機關行使職權不得違背法令規定，大陸地區之稅務行政復議既強調依法行政，必要強力監督稅務機關依法行使職權，也就是我們所強調之「租稅法律主義」；法律無規定的，稅務機關不能要求人民負擔，對於稅務機關不依法行使職權，其上級機關本可基於監督權作用責令其改善，然稅務行政浩繁，上級機關之監督難期周全，故允許相對人提起行政復議，以促使上級機關發揮監督權作用，俾保障稅務機關依法行使職權。

行政復議雖提供行政機關自我監督機制，然由於行政復議機關仍屬行政機關，受制於行政體系之限制，難免會受到主、客觀因素之影響，尚難令人相信能獨立超然判斷行使職權，因此，行政復議除了內部監督機制外，更建立了系統外之監督機制：即允許申請人對行政復議之決定不服，可以再提起行政訴訟，藉由司法機關之審查，以進一步強化監督機能，並充分保障稅務機關依法行使職權。

貳、稅務行政復議之標的

一、一般復議標的之構成要件

(一)具體行政行為

台灣地區訴願法第一條規定，「人民對於中央或地方機關之行政處分，認為違法或不當，致損害其權利或利益者，得依本法提起訴願」。中央或地方機關之行政處分，為我國訴願之標的，此一「行政處分」之概念，與大陸地區有別。大陸地區之行政處分概念，為對公務員之懲戒，係行政機關對有過失違法失職之公務人員所為之制裁。大陸地區之一般行政復議標的，規定在其行政復議法第二條：「公民、法人或者其他組織認為具體行政行為侵害其合法權益，向行政機關提出行政復議申請，行政機關受理行政復議申請、作出行政復議決定，適用本法」。其稅務行政復議規則（試行）第七條復規定：「復議機關受理申請人對下列稅務具體行政行為不服提出的行政復議申請」。因此，得為稅務行政復議之標的者，應為稅務機關之具體行政行為；亦即，除須申請人認為其合法權益有受侵害情形外，尚須為稅務機關之具體行政行為。具體行政行為，係稅務機關根據稅法規定，對特定之人所採取之直接或間接影響其權利義務之行為；也就是行政機關和其他行政主體依法行使行政權，直接或間接產生法律效果之行為，其行為本身必須為具體外，且須為行政機關之職權行為[1]，非其職權之事實行為，則非其範圍。例如稅務機關對納稅人所為之課稅行為，或免除納稅義務，皆為其職權範圍內之具體行政行為，如採購辦公物品等非職權行為，則非屬稅務機關之行政行

---

[1]　邵華澤、靳德行主編，**中國國情總覽**，山西：山西教育出版社，1993年3月一版，頁354。

為，不能為稅務行政復議之標的。

具體行政行為據大陸地區學者譚珩之看法，其有二個特點：
(一)其係針對某一特定納稅人或納稅事項，對其他之人或事項不
具有約束力。(二)除個別之具體行政行為外，通常並不能重覆發
生效力[1]。另依照大陸地區最高人民法院於一九九一年五月二十
九日發布關於貫徹執行「中華人民共和國行政訴訟法」若干問題
的意見（試行）第一點規定之解釋則：「是指國家行政機關和行
政機關工作人員，法律法規授權的組織、行政機關委託的組織或
者個人在行政管理活動中行使行政職權，針對特定的公民、法人
或者其他組織，就特定的具體事項，作出有關該公民、法人或者
其他組織權利義務的單方行為」。

(二)申請人認為侵害其合法權益

大陸地區稅務行政復議之標的構成要件，須申請人認為其合
法權益有受侵害情形。申請人對稅務案件之復議，其國務院頒有
「稅務行政復議規則」以為規範。根據該規則第二條規定：「納
稅人和其他稅務當事人認為稅務機關之具體行政行為侵犯其合法
權益，可依法向稅務行政復議機關申請復議」。因此，得提起稅
務行政復議之標的，必須申請人認為其合法權益有受侵害情形。
申請人應受保護之對象應為其合法權益，非法權益為法律所不
許，自非稅務行政復議之標的。而所謂「認為」，係申請人主觀
認定，其權益受侵害，縱事後經復議機關復議決定無損害之情
形，亦無損其復議之主張，復議機關僅能做維持原具體行政行為
之決定。至所謂「侵害」，則指因稅務機關之具體行政行為作為
或不作為而受損害之人，未適當行使裁量權以及逾越裁量界限或
行使裁量方式未符合裁量之目的等，而作出不利於相對人之具體

---

[1] 楊勤活主編，**財稅金融法律百科全書**，北京：中國政法大學出版
社，1994年3月，頁742。

行政行為之決定時，亦構成侵犯[1]。

(三)須對稅務機關之決定有不服之表示

稅務行政復議之被申請人，必為稅務機關，稅務機關做為被申請人，具有恆定性，其地位不能與申請人互換，為其與民事訴訟之不同特性。因此，得為稅務行政復議之標的者，必為稅務機關所為之行政行為。而所謂稅務機關，依照大陸之稅收徵收管理法實施細則第四條規定，係指國務院稅務主管部門，包括財政部、國家稅務總局及其分支機構。另外，申請人雖認為稅務機關之具體行政行為侵犯其合法權益，然其為主觀上之認定，申請人若認為可以忍受，而服從了稅務機關之決定，即無所謂爭議之問題，也就不需要進行復議，因此，得為稅務行政復議之標的者，必以申請人對稅務機關之具體行政行為，有不服之表示為前提。

二、抽象行政行為

具體之行政行為，不論為准許某項行為之積極處分，或不許為一定行為之消極處分皆屬之，此之行政行為皆屬對特定人產生法律效果，此與行政機關對不特定人頒布具有普遍約束力之行政命令之抽象行政行為之概念，自屬有別。抽象行政行為係行政機關基於職權，或委任或特別授權所從事之行政立法活動，其在學理上的概念，係指行政機關針對非特定主體，所制定具有及於未來效力，及反覆適用力之規範性文件[2]。若發生行政機關之行政行為係針對特定事項而非特定人時，到底如何確定其歸屬？屬於抽象行政行為，抑或具體行政行為？似乎還不容易判斷。其實，

---

[1]　　王瓊林，「大陸租稅行政救濟制度之研究」，台灣地區國立中山大學碩士論文，頁45。

[2]　　馬懷德，「將抽象行政行為納入行政復議的範圍」，北京：中國法學1998年第2期，頁39、42。

要判定行政機關之行政行爲究爲抽象行政行爲，抑或具體行政行爲，我們不妨從三個面向來觀察：(一)該行爲之約束對象是否爲特定。(二)能否直接產生法律效果。(三)行爲能否重覆適用。大抵凡是行政機關針對不特定對象所做出的不直接發生法律效果，並可反覆適用的行爲，屬抽象行政行爲[1]。因此，對象特定與否？要非所問。

大陸地區原「行政復議條例」規定之復議範圍，亦僅限於具體行政行爲。此次制定之「行政復議法」，則將行政復議標的所依據之法規納入行政復議範圍。稅務行政復議規則亦有相同之規定，該規則第八條規定：納稅人和其他稅務當事人認爲，稅務機關的具體行政行爲所依據之法律包括：(一)國家稅務總局和國務院其他部門。(二)其他各級稅務機關的規定。(三)縣級以上地方各級人民政府及其工作部門。(四)鄉、鎮人民政府的規定不合法，可以在提起行政復議時，一併提出申請對該規定審查，以加強對行政機關之行政活動之監督機能。但納稅人和其他稅務當事人，認爲稅務機關的具體行政行爲所依據之規定不合法，雖然於提出申請覆議時，可以一併提出對該規定審查，然而國務院各部、委員會與地方人民政府所制定的規章，以及國家稅務總局制定的具有規章效力的規範性文件，因係根據法律和國務院之行政法規所制定，因而，該等規章之審查，應依照法律、行政法規辦理。此一規定在其行政復議發展史上，堪稱爲創新作法，十分獨特。

其實，抽象行政行爲應否列入行政復議範圍，在行政復議法之立法過程中，有過不少的爭議，贊成者認爲：由於一些地方、部門受到利益驅動，亂發文件，違法規定審批、發證、罰款、收

---

[1] 李溫，「論行政復議的受案範圍」，北京：**公安大學學報**2000年第1期，頁51、52。

費，問題不少，群眾反映強烈，需要高度重視，認眞加以解決。反對列入行政復議範圍者認爲：按照憲法和有關法律之規定，縣級以上各級人民政府有權撤銷所屬部門和下級人民政府不適當之決定、命令；國務院和各省、自治區、直轄市且就行政機關發布之決定、命令等規範性文件的審查制度作了具體規定。只要縣級以上人民政府嚴格履行職責，抽象行政行爲存在之問題是可以解決的。同時，解決抽象行政行爲存在的問題，權限、程序與法律後果同解決具體行政行爲存在的問題大不一樣，很難適用行政復議制度[①]。經過一番討論後，最後選擇將一般規範性文件列入行政復議範圍。

　　當然，大陸地區會將行政機關之抽象行政行爲中一般規範性文件納入行政復議範圍，可能與其法制並非十分健全有關。蓋大陸之憲法及有關組織法規定，大陸地區之國務院、各部委、省級人民政府與省、自治區人民政府所在地之市及國務院批准較大之市之人民政府，均擁有一定之立法權，因此，其法規體系龐雜，不同機關各自立法，缺乏協調，成千上萬之法規又乏統一法典爲之規範，各級政府所制定之法規，極易互相衝突、矛盾[②]。加之大陸長久以來對此類文件之監督明顯不足，導致若干地方和部門充斥亂收費、亂罰款、亂集資、亂灘派及亂審批、亂發證、亂許可等現象[③]。雖然其國務院於一九八七年及一九九○年分別發布「行政法規制定程序暫行條例」、「法規規章備案規定」、「立法

[①]　參見大陸地區國務院法制辦公室主任楊景宇，在關於「中華人民共和國行政復議法(草案)中的說明。

[②]　劉國福主編，最高人民法院、最高人民檢察院司法案例評解大全，北京：中國政法大學出版社，1994年8月一刷，頁1565。

[③]　請參見睿文，「大陸行政復議制度簡析（下）」，http://www.sef.org.tw/www/html/economic/eco96/edispute.htm。

法」，以資規範，但法規互相衝突、矛盾之情況仍難避免。將抽象之行政行為納入稅務行政復議範圍，正可以人民之力量，來監督行政機關之規範性法規之合法性，達到全民監督之作用，同時透過行政救濟之清理整頓，亦可以廢除不合時宜之法規。總的來說，抽象行政行為之所以納入行政復議範圍，其目的是在建立自動監督機制，當事人只能對具體行政行為不服時，一併提出申請，不能單獨就抽象行政行為申請行政復議[1]。

三、稅務行政復議範圍

大陸地區之稅務行政復議範圍，採列舉兼概括主義，在其規則第七條有明文規定，即：

(一)稅務機關作出的徵稅行為

稅務之稽徵具專業性，應專設機關統攝其事，其稅收徵收管理法第二十九條「除稅務機關、稅務人員以及經稅務機關依照法律或行政法規委託之單位和人員外，任何單位和個人不得進行稅款徵收活動。」規定稅務之稽徵，為稅務機關之專屬權利，以防止其他單位或個人，藉機任意徵收稅款，影響人民之正常經濟活動。

稅務機關雖獲有稅收稽徵之專屬權，但是有關稅收之開徵、停徵以及減徵、免稅、退稅、補稅，仍應依照法律之規定執行；法律授權國務院規定者，應依照國務院之行政法規之規定執行。任何機關、單位和個人違反法律、行政法規之規定，所擅自作出之稅收開徵、停徵以及減稅、免稅、退稅、補稅和其他與稅收法律、行政法規相牴觸之決定無效。人民對該未依照法律或行政法規之規定所為之稽徵行為，有權加以拒絕。而所謂法律，依照大陸之「立法法」規定，是指由其全國人民代表大會及其常務委員

---

[1] 李溫，前揭文，頁52。

會制定之法律。該「立法法」第八條第八項有關稅收之基本制度，僅能以法律定之，但尚未制定者，全國人民代表大會及其常務委員會可視實際需要授權國務院，就其中部分事項先行制定行政法規，待經過檢驗，制定法律之條件成熟時，再由全國人民代表大會及其常務委員會制定法律。

　因此，除稅務機關可爲行使稅務稽徵權以外，任何機關、單位和個人擅自作出稅收開徵、停徵以及減稅、免稅、退稅、補稅和其他同稅收法律、行政法規相抵觸的決定[1]，皆屬違法行爲。同時各地國家稅務局和地方稅務局亦應按照國務院規定之稅收徵收管理範圍，分別進行徵收管理[2]，秉公執法、盡忠職守，並接受各方面之監督，包括人民之監督。納稅人對稅務機關基於稽徵權所爲之稽徵行爲，包括對納稅人所爲租稅核課或加徵滯納金之行爲不服，皆可提行政復議。另外扣繳義務人、受稅務機關委託徵收的單位作出的代扣代繳、代收代繳行爲。其行爲係受稅務機關之委託代爲行使稽徵權，應視同稅務機關之行爲，納稅人對之不服，非對受託人提行政救濟，而應向稅務機關申請。

　(二)稅務機關作出的責令納稅人提供納稅擔保行爲

　納稅擔保主要是由於納稅人有應納之稅款未繳，而又有隱匿或移轉其財產之跡象，稅務機關爲避免將來稅收無法徵起，先責令納稅人提供包括人或財產之擔保。財產之擔保可提供保證金，也可以提供相當應納稅額之實物，並定期進行結算，逾期未結算者，可以出售實物抵繳稅款。納稅義務人同意爲納稅擔保者，應填寫納稅擔保書，寫明擔保對象、擔保範圍、擔保期限與擔保責任以及其他有關事項，經納稅義務人、納稅擔保人、稅務機關簽

---

[1]　大陸地區稅收徵收管理法第三條第二款。
[2]　大陸地區稅收徵收管理法第五條第一款。

名蓋章後方為有效[1]。稅務機關要求納稅人提供擔保，並非以納稅人之應納稅款有逾期未繳之情形為必要，縱在限期內未繳，只要稅務機關發現有移轉或隱匿財產之情形，即可要求納稅人提供擔保，觀其「稅收徵收管理法」第二十六條規定自明。其有無必要責令納稅人提供擔保，常基於稅務機關之主觀判斷，難免會有誤判之情形。因此，為使納稅人有救濟機會，其稅務行政復議規則將其納入行政復議範圍。

(三)稅務機關作出的稅收保全措施

稅務機關基於賦稅稽徵權之行使，得向納稅人徵收其法定之應納稅負，納稅人自不得拒絕，若為拒絕者，得運用國家公權力，對納稅人之財產為強制執行，因此，納稅人之財產可謂為應納稅負之總擔保，惟賦稅之核課，應經一定程序，查課可謂費時，往往在查課程序完成前，或稅務機關以完成稽徵程序而未屆徵期，納稅已將其名下財產移轉、隱匿或設定他項權利，因此，有必要採取保全措施。大陸地區之財產保全，其民事訴訟法規定有查封、扣押與凍結等三種方法，而對稅收之保全措施，其「稅收徵收管理法」規定為稅務機關之專屬權利，其他之個人或單位不得代為行使。而其之行使亦須依照法定權限和法定程序，例如須先責令繳納或提供納稅擔保，或應經縣以上之稅務機關首長批准等等，同時亦不得查封、扣押納稅人個人及其所扶養家屬為維持生活所必須之住房和用品。由於大陸擁有較台灣地區為大之執行權，其可逕為進行保全措施之範圍廣及下列各項：

1. 扣押商品或貨物

納稅人不繳納稅款者，稅務機關可以扣押其價值相當於應納稅款之商品、貨物。納稅人之範圍包括未取得營業執照之單位或個人，或已取得營業執照，但未按照規定辦理稅務登記之從事生

---

[1]　馬原主編，前揭書，頁241。

產、經營之納稅人及臨時從事經營之納稅人。

　　為避免稅務機關執行過當，其「稅收徵收管理法」第三十七條限定扣押之商品與貨物之價值應相當於應納稅額。商品或貨物經稅務機關扣押後，納稅人仍不繳納稅款者，扣押之機關可經縣以上之稅務局(分局)局長批准，依法進行拍賣或變賣，拍賣應經有拍賣權之拍賣機關，依一定程序將拍賣品給出價最高者拍定；變賣則由扣押之稅務機關依合理價格逕行出售。不過，扣押之商品或貨物有時為鮮活之農產品，或易腐敗或失效之商品或貨物，此時為爭取時效，可容許稅務機關可在保鮮期內先行拍賣、抵繳稅款，其抵繳之款項若有膽餘再退還納稅人。

　　2. 凍結銀行存款

　　凍結納稅人之銀行存款，為其「稅收徵收管理法」第三十八條第一款第一項所規定，其規定之程序為：稅務機關有根據認為從事生產、經營之納稅人有逃避納稅義務行為者，在納稅徵收期前，先責令納稅人限期繳納應納稅款，納稅人在該限繳期內有明顯移轉或隱匿其應納稅之商品或貨物，以及其他財產或應納稅之收入之跡象者，在責成納稅人提供擔保，納稅人若仍不提供擔保者，經縣以上稅務局(分局)局長批准才採取之保全措施。

　　凍結納稅人之銀行存款，為透過銀行進行之保全措施，銀行有義務要加以配合，若不加以配合，致造成稅款流失者，依其「稅收徵收管理法」第七十三條規定，會被處以十萬元以上五十萬元以下之罰款，其直接負責之主管人員和其他直接責任人員亦會被處以一千元以上一萬元以下之罰款。納稅人之銀行存款被凍結後，若已在限繳期內繳納稅款者，稅務機關須立即解除保全措施，以保障納稅人之權益；但若在限繳期內仍未繳納稅款者，則可經縣以上稅務局(分局)局長批准，通知凍結存款之銀行從其凍結之存款中扣繳稅款。

3. 扣押、查封、拍賣財產

對於納稅人之欠稅，其保全之範圍，除納稅人之商品、貨物外，其他有價值之財產，舉凡動產、不動產皆為可扣押或查封之對象，其扣押或查封之財產皆如商品、貨物般，納稅人若仍不繳納其應納之稅款，可交由拍賣機構進行拍賣，將其所得抵繳應納稅款。

4. 限制出境

大陸之「稅收徵收管理法」第四十四條規定：「欠繳稅款的納稅人或者他的法定代表人需要出境的，應當在出境前向稅務機關結清應納稅款、滯納金或者提供擔保。未結清稅款、滯納金，又不提供擔保的，稅務機關可以通知出境管理機關阻止其出境。」是為限制欠稅人或其負責人出境之規定，以防止欠稅人或其負責人藉出國離境而逃避納稅義務。因此，其限制出境之要件為：

(1) 須納稅人有欠繳應納稅款或滯納金之情況

限制欠稅人或其負責人出境，須以納稅人有欠繳應納稅款或滯納金為前提，其欠繳之金額多寡並無限制，只要有欠繳之情況，即構成限制出境之要件，但欠繳罰款是否為限制出境之列，該法條並無明文規定，似可解為免予限制出境。

(2) 須納稅人不提供擔保

納稅人欠繳稅款或滯納金，若能提供擔保，可免除被限制出境，但納稅人既未繳清欠稅，復未提供擔保，才會被限制出境。至其擔保標的並非定要納稅人之財產作保不可，其他具有經濟能力之人亦可以其人格，或由其提供擔保品作為擔保。

(3) 須稅務機關通知出境管理機關阻止其出境

納稅人之出入境管理，由出境管理機關主管，稅務機關若不為通知，出境管理機關自無從知悉，縱為知悉礙於權限，亦不便

辦理限制出境，因此，要限制欠稅人或其負責人出境，須由稅務
機關通知出境管理機關才行。

5. 代位行使債權

關於稅務機關代為行使債權，其「稅收徵收管理法」第五十
條第一款規定：「欠繳稅款的納稅人因怠於行使到期債權，或者
放棄到期債權，或者無償轉讓財產，或者以明顯不合理的低價轉
讓財產而受讓人知道該情形，對國家造成損害的，稅務機關可以
依照合同法第七十三條、第七十四條第規定行使代位權、撤銷
權。」第二款「稅務機關依照前款規定行使代位權、撤銷權的，
不免除欠繳稅款的納稅人尚未履行的納稅義務和應承擔的法律責
任」。此條文係援引其合同法第七十三、七十四條之規定而來。
根據該法條規定之要旨，欠稅人怠於行使其對第三人之債權，而
損及稅務機關之課稅稽徵權時，稅務機關不能逕自為之，應向人
民法院請求以稅務機關之名義代位行使欠稅人之債權，以保護國
家稅收，但稅務機關行使此項權利，應以非專屬於欠稅人自身之
權利為限。由此可見所謂代位行使債權，應指債權人怠於行使其
對第三人應享有之權利而損及債權人之債權，而以自己名義代位
行使債務人對第三人的權利，俾以保全其債權之謂。

另外，還有所謂之「撤銷權」。「撤銷權」係因欠稅人放棄
其到期債權或無償轉讓財產，或以明顯不合理之低價轉讓其財產
者，其效果與欠稅人怠於行使對第三人之債權等同，亦會損及稅
務機關之課稅權，稅務機關自是有權要求人民法院撤銷欠稅人所
作之非法行為，但其撤銷權之行使，為保護善意第三人，以受讓
人不知該情形，且以欠稅人之債權為限，不得逾越其範圍。稅務
機關行使代位權、撤銷權，並不能免除欠稅人尚未履行之納稅與
應承擔之法律責任，包括罰款與刑事責任等，而其所產生之費
用，由欠稅人負擔。

　　稅收保全之目的旨在保證稅收之徵起，但上述稅務機關所爲之保全措施，無異於對人民財產權之侵害，故其之行使，法律上仍施加諸多限制，不得違反，以保障納稅人之權益，若爲違法或不當，應許被侵害人提出申請行政復議，因此，大陸之稅務行政規則將其納入行政復議範圍。

　　(四)稅務機關未及時解除稅收保全措施，使納稅人等合法權益遭受損失之行爲

　　稅務機關採取保全措施後，納稅人已將欠稅繳清，或其應納稅額業經稅務機關撤銷或變更，其課稅標的已然變更或消失，已無實施租稅保全必要，稅務機關若仍未及時解除，顯屬濫權違法，將會造成納稅人之財產或精神上損失，其稅收徵收管理法第三十九條規定，稅務機關應當承擔賠償責任，受保全人爲保護其合法權益，亦可據以提出行政復議，其行政人員之違法行爲，遭致納稅人之財產損失，亦可要求稅務機關給予賠償。

　　(五)稅務機關作出的稅收強制執行措施

　　大陸地區稅務稽徵制度比較特別的是，稅務機關擁有強制執行權，可直接對納稅人之財產加以執行，其「稅收徵收管理法」第四十條第一款規定，從事生產、經營之納稅人、扣繳義務人未按規定期限繳納或解繳稅款，納稅擔保人未按規定期限繳納所擔保之稅款者，稅務機關可經縣以上稅務局（分局）局長批准，以書面通知納稅人開戶銀行或其他金融機構從其暫停支付之存款中扣繳稅款，或拍賣所扣押、查封之商品、貨物或其他財產，以拍賣所得抵繳稅款。但爲保護納稅人之權益，該法對欠稅人之強制執行仍設有若干限制，即其拍賣，應由依法成立之拍賣機構，以當時市場合理價格進行，並將拍賣所得扣除稅款、滯納金後退還當事人。

　　此外，爲防止其他行政機關侵犯稽徵權，該法第四十條第三

款及第四十一至四十二並明文規定，欠稅之強制執行須由稅務機關依法定權限與法定程序爲之，同時不得對被執行人之個人及其所扶養家屬，爲維持生活必需之住房和用品進行強制執行，此項稅收強制執行措施，受執行人若認爲違法或不當，可依法提起行政復議。

(六)稅務機關作出的稅務行政處罰行爲

稅務行政處罰係對納稅主體不履行納稅義務所爲之制裁措施，包括有金錢與非金錢之處罰，其目的在促使納稅人依行政規範履行義務的一種手段。稅務行政處罰僅能按法律、法規或規章設定。大陸之規章可以設定警告和罰款，但罰款之幅度不得超過其國務院國發【1993】13號文件所規定之標準。省及省以下不得以任何形式設定行政處罰，但可在法律、法規、規章規定給予處罰之種類與幅度之範圍內做出具體規定，超出是項規定，即屬非法行爲。一九九六年三月十七日頒布之「行政處罰法」則規定，國務院或經國務院授權之省、自治區、直轄市人民政府可決定行政處罰權，但限制人身自由之行政處罰專屬由公安機關行使。行政機關不得託其他組織或個人實施行政處罰，但可以在其法定職權範圍內委託符合條件之其他組織，以委託機關之名義實施行政處罰，委託行政機關對受委託之組織應負監督之責；受委託機關不得再委託其他組織或個人實施行政處罰。至前述所稱符合條件之受託組織，係指1.依法成立的管理公共事務的事業組織；2.具有熟悉有關法律、法規、規章與業務之工作人員；3.對違法行爲需要進行技術檢查或技術鑑定者，應當有條件組織進行相應的技術檢查或技術鑑定[①]。

大陸地區之「稅務行政復議規則」對稅務機關作出的稅務行政處罰行爲，包括1.罰款；2.沒收非法所得；3.停止出口退稅

---

① 　參照大陸地區行政處罰法第十六條至第十九條規定。

權。罰款為財產罰，與法院對刑事犯行為所科處之罰金有別，其係課以納稅人給付金錢之處罰，迫使納稅人在一定期限內盡納稅義務的一種處罰形式，主要係規定在其稅收徵收管理法第五章，包括未辦登記、未設帳簿或保管憑證、不接受稅務機關之檢查、不繳或少繳稅款、騙稅或偷稅行為之處罰；沒收非法所得，主要為「發票管理辦法」第六章之規定，該規定為對未按規定印製、購領、開立、取得、保管發票，或非法印製、倒賣倒買發票，或非法攜帶、郵寄、運輸或存放空白發票者，甚至於對違反發票管理法規，導致其他單位或個人未繳、少繳或騙取稅款之非法所得，給予沒收之處罰，沒收非法所得應當開給收據，以明責任。此一經濟犯罪之非法所得沒入，大陸將之列入稅務機關之權責範圍，倒是很特別的做法。另外，停止出口退稅權，為取消納稅人之權利待遇，按照大陸學界之看法，屬於能力罰。納稅人之所以有退稅權，係由於大陸地區為鼓勵生產事業出口貨物，故對其出口產品已繳納之稅款給予退稅，例如大陸之增值稅法規定之零稅率，即為適用出口退稅之對象。稅務機關對納稅人應享受之退稅待遇，若出於稅務機關之非法而予取消，即屬對納稅人權益之侵犯，自為納稅人得提起行政復議之範圍。

(七)稅務機關不予依法辦理或答復的行為

　　稅務機關不作為之行為得列為行政復議範圍者有1. 不予審批減免稅或出口退稅；2. 不予抵扣稅款；3. 不予退還稅款； 4. 不予頒發稅務登記證、發售發票； 5. 不予開具完稅憑證和出具票據；6. 不予認定為增值稅一般納稅人；7. 不予核准延期申報、批准延期繳納稅款。稅務機關之不作為，有基於職權發生者，有基於納稅義務人之申請而發生者，其違法性以稅務機關有法定之作為義務，而怠於履行或不為履行為，致損害納稅義務人及其他稅務當事人之權益為前提。稅務機關之積極行為侵害到納

稅人之權益，固然可提起行政復議，但稅務機關之消極不作爲，亦會影響到納稅人之合法權益，故大陸地區之稅務行政復議規則仍允許其提起行政復議。

　　行政機關不作爲違法案件納入行政復議範圍，按大陸地區之行政復議法第六條第八項至第十項規定，係爲申請行政機關頒發許可證、執照、資質證、資格證；或申請行政機關審批、登記有關事項；或申請行政機關履行保護人身權、財產權、受教育權的法定職責；或申請依法發放撫恤金、社會保險金或最低生活保障費，行政機關不履行或不作爲者。皆爲行政機關對行政相對人之申請而不作爲之事項，因此，有人質疑其行政復議範圍對不作爲之違法案件，僅限於行政相對人申請之事項，並不包括行政機關基於職權應主動作爲而不作爲，亦即未經行政相對人申請，而行政機關不作爲之案件[①]。惟觀諸同法條第十一項規定採概括性之法律規定，行政復議之範圍應非僅限申請而不作爲之案件。大陸地區之稅務案件申請復議範圍，其稅務行政復議規則第七條規定之文字則較爲明確，未有「申請」之字樣，可避免有「申請」或「未申請」之疑慮，另其亦有概括性之規定，因此，非申請而不作爲之案件列入行政復議範圍，應不成問題。

　　(八)稅務機關作出之取消增值稅一般納稅人資格的行爲

　　按大陸地區之增值稅，係對在生產流轉環節之增值額所徵收之一種流轉稅[②]，其課稅型態係採生產型增值稅，即對納稅人購入之固定資產，不許任何扣除。其增值稅暫行條例規定課征之對象，可分爲小規模納稅人與一般納稅人。根據其國家稅務局一九

[①]　劉鐵紅、張德學、劉萍，「遏制行政不作爲違法的途徑」，行政論壇2001年9月總字第47期，頁49。

[②]　徐孟州主編，稅法，北京：中國人民大學出版社，2000年11月第二次印刷，頁111。

九三年十一月十八日【1993】國稅明電052號所發布之「增值稅一般納稅人申請認定辦法」規定，新開業之符合一般納稅人條件之企業，應在辦理稅務登記之同時申請辦理一般納稅人臨時認定手續。稅務機關對其預計年應稅銷售額超過小規模納稅人標準者，可暫認定為一般納稅人。待開業滿一年後，納稅人再根據其實際年應稅銷售額申請辦理一般納稅人正式認定手續。其開業之實際年銷售額若未超過小規模之納稅標準者，則應取消其一般納稅人資格。至其已開業之小規模企業，若其年應稅銷售額超過小規模納稅人之認定標準者，應在次年一月底以前申請辦理一般納稅人認定手續。而大陸地區之一般納稅人與小規模納稅人之劃分標準為：

　　1. 從事生產貨物或提供勞務之納稅人，及以生產貨物或提供應稅勞務，並兼營貨物批發或零售之納稅人[①]，年應徵增值稅銷售額超過一○○萬元以上者。

　　2. 年銷售額超過一八○萬元以上之商業企業。設有總分支機構，且由總機構統一核算納稅額之納稅人，其總機構之年應稅銷售額超過小規模納稅人標準，但其分支機構之年應稅銷售額未超過小規模納稅人之認定標準者，其分支機構亦可申請認定為一般納稅人。

　　此外，被核定為小規模之納稅人，若有下列情形者，亦可變更為一般納稅人[②]：

　　1. 商業企業以外，以從事貨物生產或提供勞務為主，並兼營

　[①]　所謂兼營貨物批發或零售之納稅人，係指納稅人之營業項目，以從事貨物生產或提供應稅勞務為主，全年銷售額中之應稅貨物或勞務所佔比例超過50%以上，或者是批發或零售之銷售額未達50%者而言。

　[②]　劉心一，**中國涉外稅務手冊**，北京：經濟管理出版社，2000年5月第1版，頁21、22。

貨物批發或零售之企業、企業性單位，及以從事貨物生產或提供應稅勞務為主，並兼營貨物批發或零售之企業、企業性單位，年銷售額在一〇〇萬元以下，三〇萬元以上且其財務健全者。

2. 商業企業在一九九七年之年營業額未達一八〇萬元，但其前三年平均銷售額超過一八〇萬元者。若其經營不足三年者，亦可以二年之平均數計算。

3. 一九九八年六月三十日以前具有一般納稅人資格之商業企業，1997年度應稅銷售額或前三年度之平均年銷售額雖未超過一八〇萬元，但具有下列情形之一者，亦可不必轉換為小規模營業人：

(1)一九九八年一月至一九九八年六月應稅銷售額超過一八〇萬元。

(2)具有進出口經營權。

(3)持有鹽業批發許可證並從事鹽業批發。

達前述標準之年銷售額在一八〇萬元以下之小規模商業企業、企業性單位，以及從事貨物批發或零售為主，並兼營貨物生產或提供應稅勞務之企業、企業性單位，在一九九八年七月一日以前未轉換為一般納稅人者，其後無論財務核算是否健全，皆不得再認定為一般納稅人。

大陸地區增值稅之一般納稅人認定核准權，為縣級以上之稅務機關，該稅務機關對於納稅人為申請認定為一般納稅人資格，所填報之「增值稅一般納稅人申請認定表」，應於收到之日起三十日內審核完畢。一般納稅人與小規模納稅人之差別，為小規模納稅人之進項稅額不得扣抵應納稅額，一般納稅人則採銷貨淨額課稅，即其進項稅額可扣抵銷項稅額，出口貨物亦可適用零稅率，稅務機關取消增值稅一般納稅人資格，對一般納稅人之權益不無影響，故允許其提稅務行政復議。

(九)稅務機關作出之通知出境管理機關阻止出境行為

依照大陸地區之「稅收徵收管理法」第四十四條規定：「欠
繳稅款的納稅人需要出境的，應當在出境前向稅務機關結清應納
稅款或者提供擔保，未結清稅款，又不提供擔保的，稅務機關可
以通知出境管理機關阻止其出境」。阻止出境行為係對租稅之保
全措施，納稅人欠稅未繳，又不提供擔保，由稅務機關通知出境
管理機關阻止欠稅人出境，為對人身自由之限制，此項行為若為
違法或不當，亦屬侵害納稅人之權益。因此，大陸地區之稅務行
政復議制度將其納入行政復議範圍。

(十)稅務機關作出之其他稅務具體行政行為

此為概括性之規定，大陸地區之行政復議範圍，原則上採列
舉主義，將納稅人可以申請復議之範圍逐項列舉，但列舉方式並
一定能鉅細靡遺的涵括所有項目，尤以稅務工作繁雜，與時俱
增，社會工商環境之變遷亦為快速，今日不可能發生的事，也許
明日就發生，從而其法令要隨之而更張，是故行政復議範圍雖已
列舉碁詳，終究無法納盡。稅務行政復議之範圍加列其他具體行
政行為，究其目的，為補列舉不足於萬一，故例外兼採概括規
定，俾資周延。並可保留彈性空間，視社會發展情況隨時擴張稅
務行政復議範圍，以充分保障納稅人之權益。

大陸地區由其國務院制定之「行政復議條例」，所規定之行
政復議範圍，原僅限於法律、法規規定之涉及人身權與財產權方
面之具體行政行為。新的「行政復議法」，一改過去「行政復議
條例」的受案範圍，從「保底條款」為「兜底條款」，大大的擴
大了行政復議範圍[①]，舉凡行政機關之具體行政行為，無論是作
為、不作為，包括人身權、財產權或是其他權利之具體行政行

[①]　余辛文，「行政復議不作為的司法監督範圍與方式」，北京：人民司
法2000年3月，頁46。

圖二 大陸地區稅務訴願流程圖

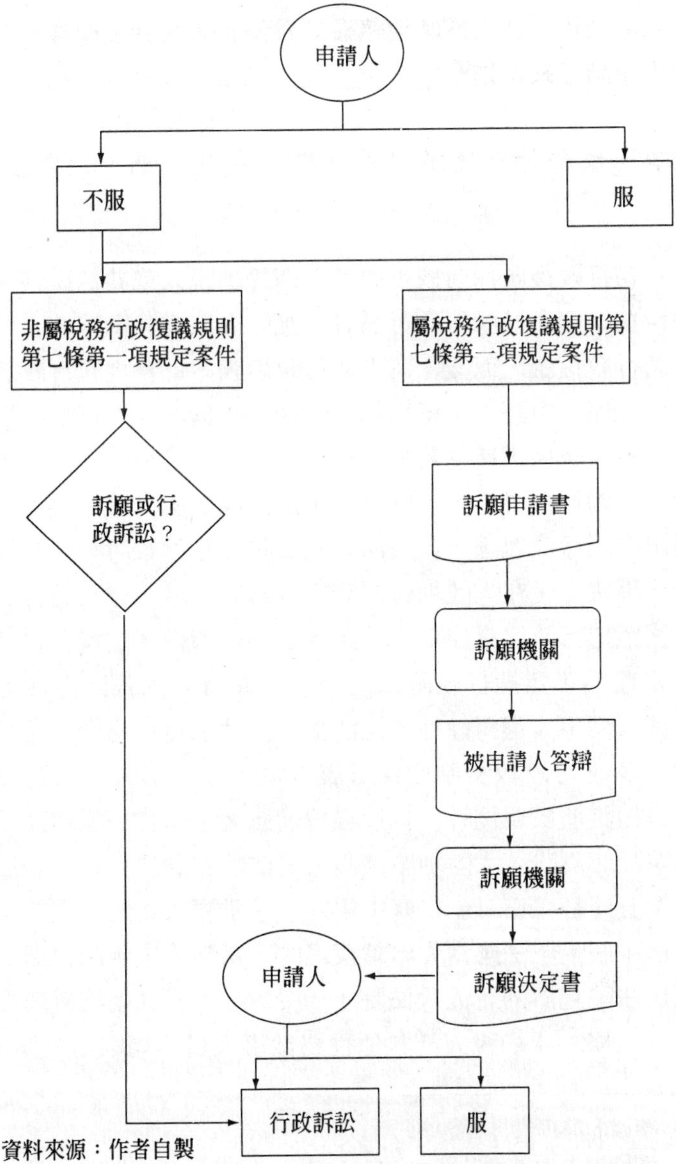

資料來源：作者自製

為，甚至於具體行政行為所依據之規章以下之規範性文件不合法，只要公民、法人或其他組織認為侵犯了其合法權益，皆可一併提出申請行政復議[1]。

四、稅務行政復議以採選擇主義為原則，前置主義為例外

稅務行政復議採前置主義者，即係納稅人或其他稅務當事人不服稅務機關之具體行政行為者，應先向原處分機關之上一級機關申請行政復議，而後才可提起行政訴訟，此為提起行政訴訟前之必備程序，申請人不得逾越，否則，受理法院即可加以拒絕；稅務行政復議採選擇主義者，納稅人或其他稅務當事人不服稅務機關之具體行政行為者，則可自由選擇向原處分機關之上一級機關提出申請行政復議，或逕向人民法院提起行政訴訟，其情形如圖一。事實上，在大陸地區制定行政訴訟法時，曾有過論戰，有人主張應把行政復議作為行政訴訟之必經階段，這樣可以發揮行政復議優點，彌補行政訴訟之不足。亦有人主張應由當事人選擇，俾資當事人選擇餘地，比法律作硬性規定更易令人接受。最後，大陸之行政救濟制度採折衷方案，以當事人自由選擇為原則，以復議前置為例外。以復議為前置者，未經復議程序，不能向法院提起訴訟。大陸地區最高人民法院在關於行政訴訟法第一百一十五條解釋第三十二條中規定：「當事人對行政機關具體行政行為不服，依法應當先申請復議的，當事人未申請復議把直接向人民法院起訴的，人民法院不予受理」[2]。其稅務行政復議規則第十三條：「納稅人及其他稅務當事人對本規則第七條第(一)

---

[1] 李溫，前揭文，頁50。

[2] 劉國福主編，前揭書，頁1561。

項行為不服，應當先向復議機關申請行政復議，對復議決定不服，再向人民法院起訴。」同規則第十四條復規定：「申請人對本規則第七條第(一)項以外的其他稅務具體行政行為不服，可以申請行政復議，也可以直接向人民法院提起行政訴訟。」即明示其意。據此，足認大陸之行政復議制度，原則上採取復議前置主義，但亦兼採選擇主義。

大陸地區之行政復議範圍，除了前述第七條規定具體行政行為外，第八條所規定抽象之行政行為，亦為其行政復議之範圍，前已提及，茲不再贅述。

第二節　稅務行政復議之程序

壹、稅務行政復議之提起

一、提起之方式

行政復議僅能由申請人發動，受理復議機關不能主動提起，其提起方式，原行政復議條例第三十二條規定，僅能書面申請，修正後之行政復議法第十一條及規則第十六條規定，則可以書面申請，亦可以口頭申請；書面申請為要式行為，有特定之格式，申請人為自然人者，應載明申請人之姓名、姓別、年齡、職業、住址；為法人或其他組織者，應載明組織之名稱、地址、法定代理人之姓名；同時並應書明原作出具體行政行為之稅務機關及其上一級機關之名稱、地址；申請復議之理由與請求、時間等。若為口頭申請，復議機關應當場紀錄申請人之基本情況、行政復議請求、申請復議之主要事實、理由與時間。

二、提起之時間

申請人申請行政復議，必須先在限繳期內，繳清稅務機關根據法律、行政法規所確定的稅額、或解繳稅款及滯納金，然後在收到稅務機關填發的繳款憑證之日起，或得知稅務機關作出具體行政行為之日起，六十日內提出行政復議申請，此為法定不變期間，申請人超過期限提出申請，程序即為不合，其權利即歸於消滅。但因遭遇如天災事變等不可抗力事件，或被申請人設置障礙阻礙其提出申請等其他正當理由而耽誤法定申請期限時，其申請期限則可以自障礙消除之日起繼續計算①。

納稅義務人申請行政復議，應先繳清稅款為申請行政復議之必備條件，納稅義務人未在限繳期內，繳清稅款及滯納金，迨限繳期後經稅務機關採取強制執行措施時，始繳清稅款及滯納金者，申請行政復議則非法之所許，惟納稅義務人收到稅務機關所發之納稅決定書後，未在限繳期內繳清稅款及滯納金，而向稅務機關申請並經核准延期繳納者，稅務機關對該核准之行政行為為一新的具體行政行為，納稅義務人在該延展期內提出之行政復議申請，行政復議機關應予受理②。

另外，對應當先向復議機關申請行政復議，對行政復議決定不服再向人民法院提起行政訴訟的具體行政行為，復議機關決定不予受理或者受理後超過復議期限不作答覆的，納稅人和其他稅務當事人可以自收到不予受理決定書之日起或者行政復議期滿之日起十五日內，依法向人民法院提起行政訴訟，前項超過復議期限不作答覆的案件，復議機關若依照本規則第三十四條規定延長

① 　大陸地區稅務行政復議規則第十三、十五條。
② 　參照大陸地區國家稅務總局1997年8月4日國稅發【1997】125號「關於納稅復議條件問題的批復」之規定。

行政復議期限者，其行政復議期滿起算日之計算，以延長後之時間爲準[1]。

三、重複提起之禁止

行政復議制度若採復議前置主義，申請人必須先向行政復議機關提出行政復議申請，對其決定不服後，方可再向人民法院提起行政訴訟，申請人鮮有同時向行政復議機關及人民法院提起救濟。然大陸地區之稅務行政復議制度，因兼採選擇主義，除稅務行政復議規則第七條第(一)項規定外，申請人可自由選擇向原處分機關之上一級機關提出申請行政復議，或逕向人民法院提起行政訴訟，申請人自常有可能同時向該二機關提出申請。爲防止申請人同時向稅務行政復議機關及人民法院提起行政救濟，造成審理困擾，同規則第十九條規定：「申請人向復議機關申請行政復議，復議機關已經受理的，在法定行政復議期限內申請人不得再向人民法院起訴；申請人向人民法院提起行政訴訟，人民法院已經依法受理的，不得申請行政復議。」以避免當事人重覆提出申請。

依上開規定，申請人不能同時向二機關提起，然而，實務上，申請人有可能以同一事實與理由，同時既向人民法院提起行政訴訟，又復向復議機關申請行政復議者，此種情形，通常應以先決定受理之機關爲申請人選擇之機關[2]。另外，值得推敲的是，申請人先向行政機關提出復議申請後又撤回，改向人民法院提起行政訴訟，或先向人民法院提起行政訴訟後又撤訴，改向行政機關提起行政復議，是否准許？此應視其再次提出復議或行政訴訟之日期是否逾期，若未逾法定期限且符合其他法定要件者，

---

[1]　大陸地區稅務行政復議規則第二十二條。
[2]　宋雅芳主編，前揭書，頁117、118。

其受理機關應會准予受理。除此，申請人有可能不了解稅法，同時或先後向兩個以上行政機關提出行政復議申請，而該兩個以上之行政機關對同一行政復議申請，都有受理權者，如稅務行政復議規則第十條後段：「對省級地方稅務機關作出的具體行政行爲不服的，向國家稅務總局或省級人民政府申請復議。」此時應選定級別較高之一方作爲行政復議受理機關；若行政復議機關既有政府又有主管部門者，則選定政府爲行政復議機關[1]。

貳、稅務行政復議之當事人

一、申請人

(一)納稅人、扣繳義務人

　　大陸地區之稅務行政復議規則第十七條第一款[2]規定：「依法提起行政復議的納稅人或其他稅務當事人爲稅務行政復議申請人，具體是指納稅義務人、扣繳義務人、納稅擔保人和其他稅務當事人。」而所謂納稅義務人，係指法律、行政法規規定負有納稅義務的單位與個人；扣繳義務人則指依法律、行政法規規定負有代扣代繳、代收代繳稅款義務之單位與個人[3]。因此，扣繳義務人又可分爲代扣代繳義務人與代收代繳義務人，代扣代繳義務人係從持有納稅人之所得中，扣除應納稅款代爲繳入國庫之單位或個人，其主要爲向納稅人支付收入之單位或爲納稅人辦理匯款之單位；代收代繳義務人係藉經濟往來關係，向納稅人收取應納

---

[1]　方軍，行政復議法律制度實施問題解答，北京：中國物價出版社，2001年1月第1版，頁65、71。

[2]　按大陸地區之「行政法規制定程序暫行條例」第八條規定，其行政法規之順序爲條、款、項、目。

[3]　大陸地區稅收徵收管理法第四條。

稅款並代為繳入國庫之單位或個人，其主要為受託加工與商業批發單位[1]。前者如營業稅之以個人為演出經紀人者，其扣繳義務人即為辦理演出業務之售票人；在大陸境外單位或個人在大陸境內發生應稅行為，而在大陸境內未設有分支機構者，其扣繳義務人即為其在大陸境內之代理人。後者如消費稅中之委託加工之應稅消費品，即由受託方向所在地主管稅務機關解繳消費稅款。

扣繳義務人與納稅義務人之分別，其個人所得稅法第八條亦有作如是之規定：「個人所得稅，以所得人為納稅義務人，以支付所得的單位或者個人為扣繳義務人」。要而言之，扣繳義務人原非納稅義務人，祇因法律或行政法規賦予其代為扣繳稅款義務，故對扣繳稅款發生爭議時，自可依法提出稅務行政復議。台灣地區之稅捐稽徵法第三十五條雖未明訂扣繳義務人可申請復查，但可準用同法第五十條規定辦理[2]。

扣繳義務人與納稅義務人，大陸地區之稅收徵收管理法第八條賦予其得享受下列權利：

1. 瞭解稅務資訊權

扣繳義務人與納稅義務人有權向稅務機關瞭解國家稅收法律、行政法規的規定以及與納稅有關之情況，因此，其稅收徵收管理法第七條復要求稅務機關稅務資訊公開化，應廣泛宣傳稅收法律、行政法規，普及納稅知識，無償地為納稅人提供稅務資訊服務，經由對稅務資訊之瞭解，納稅人可正確報繳稅款，避免犯錯。

2. 要求課稅資料保密權

---

[1]　李穩定主編，前揭書，頁10。

[2]　台灣地區稅捐稽徵法第五十條規定，該法有關納稅義務人之規定，除第四十一條規定外，於扣繳義務人、代徵人及其他依該法負繳納稅捐義務之人準用之。

稅務機關為達課稅目的，平時就握有納稅人之財產或所得資料，同時又可以到納稅人之營業場所，或向有關單位調查納稅人之收入或營業狀況，其中可能涉及到納稅人之商業機密或其他各項不便公開之資料，這些資料萬一洩漏出去，對納稅人不免造成不利影響，故有權要求稅務機關保守秘密。

3. 申請減、免、退稅權

課稅權之行使，除為滿足財政收入需要外，通常也負有促進經濟成長任務，在經濟蕭條時期，可針對某項租稅採取減免措施，以擴大民間需求，進而促進經濟成長；在經濟繁榮時期，則可採取擴大稅基政策，縮減各項租稅優惠政策，以避免經濟過熱，故一國之租稅減免政策，通常都有其針對性與目的性。大陸為達某項政策目標，也定有各項租稅減免規定，這些租稅減免為納稅人依法享有之權利，納稅人自可提出申請，要求享有。至退稅權之行使，係請求退還不應繳而多繳之稅款，其發生原因，有已繳稅款，因事後經核准減免稅額而溢繳者，或因納稅人錯誤而多繳者，稅務機關對這些稅款之取得，屬不當得利，納稅人具有返還請求權。

4. 陳述權、申辯權、行政復議權、行政訴訟權、請求國家賠償權

西諺：「有權利，即有救濟」。納稅義務人、扣繳義務人對稅務機關之行政行為認為不當或違法者，可提救濟。這些救濟有陳述、申辯、行政復議、行政訴訟、國家賠償權等，為屬廣義之救濟範圍。陳述、申辯為行政救濟中之程序，但也可為行政救濟外之程序。例如納稅人對稅務機關之某項行政行為不服，可以一般陳情案件，陳述自己的意見，或為自己之行為辯護，此種申辯為單方面之理由說明或意見表達，要非行政訴訟程序上之系爭雙方交叉辯論[1]（見下頁）。另其國家賠償權，係因稅務機關之行

為不當或違法，而造成納稅義務人、扣繳義務人之損失，所為之賠償，如稅收徵收管理法第四十三條對濫用職權違法或不當採取稅收保全措施、強制執行措施，造成損害之賠償責任所為之規定，納稅人即因而取得賠償請求權。

5. 控告、檢舉權

控告、檢舉權亦為人民對國家機關及其工作人員進行監督的一環，藉由人民之檢舉、控告，廣泛監督國家之行政行為，避免國家工作人員違法濫權，損及人民之合法權益，大陸地區憲法第四十一條明文規定，對於任何國家機關和國家工作人員之違法失職行為，有向有關國家機關提出申訴、控告或檢舉的權利，為落實其精神，其稅收徵收管理法亦規定納稅義務人、扣繳義務人，有權控告稅務機關、稅務人員之違法違紀行為，此亦為納稅義務人、扣繳義務人可享之權利。

納稅義務人、扣繳義務人依其主體又可分為自然人與法人：

1. 自然人

申請稅務行政復議之人，必須對其行為有辨別和承擔責任能力，因此，應為具有完全行為能力之人，而完全行為能力人，根據大陸地區之「民法通則」第十一至十三條所做之定義，應為年滿十八周歲且精神正常之成年人，或十六周歲以上不滿十八周歲，能以自己之勞動收入為主要生活來源之人；年滿十周歲不滿十八周歲之未成年人及不能完全辨認自己行為之精神病人，為限制行為能力人；不滿十周歲之未成年人及不能完全辨認自己行為之精神病人，或有嚴重生理缺陷之人，則為無行為能力人。限制行為能力人或無行為能力人申請稅務行政復議，應由其法定代理

---

① 　大陸地區之「行政訴訟法」第九條規定，當事人在行政訴訟中有權進行辯論，但其「行政復議法」或「稅務行政復議規則」則僅有意見陳述權，而無要求辯論權。

人為之。至其法定代理人為何？其「民法通則」第十四條又有明文規定：「無民事行為能力人、限制民事行為能力人的監護人是他的法定代理人」。

大陸地區之「民法通則」上之監護人，在其「民法通則」第十六條規定，以父母為未成年人之監護人。未成年人之父母若已死亡或無監護能力，則由祖父母、外祖父母、兄、姐中有監護能力之人擔任。此外，關係密切之其他親屬、朋友有監護能力且願意承擔監護責任者，經未成年人之父母所在單位或未成年人住所地之居民委員會、村民委員會同意者，亦可擔任監護人。對擔任監護之人有爭議者，由未成年人之父母所在單位或未成年人住所地之居民委員會、村民委員會在近親屬中指定。對指定不服提起訴訟者，由人民法院裁決。若無上述之監護人時，由未成年人之父母所在單位或未成年人住所地之居民委員會、村民委員會或民政部門擔任監護人。

其「民法通則」第十七條復規定，無行為能力人或限制行為能力之精神病人，由配偶、父母、成年子女、其他近親屬擔任監護人；關係密切之其他親屬、朋友願意承擔監護責任，經精神病人所在單位或住所地之居民委員會、村民委員會同意者，亦可擔任監護人。對擔任監護之人有爭議者，由精神病人所在單位或住所地之居民委員會、村民委員會在近親屬中指定。對指定不服提起訴訟者，由人民法院裁決。若無上述之監護人時，由精神病人所在單位或住所地之居民委員會、村民委員會或民政部門擔任監護人。

申請稅務復議之人，若為自然人，而其本人若已死亡者，其近親屬可以申請行政復議；申請人若為無行為能力人或者限制行為能力人，則由其法定代理人代理申請[①]。上述之「近親屬」，

---

① 　大陸地區稅務行政復議規則十七條第二款。

依照大陸最高人民法院關於貫徹執行「中華人民共和國行政訴訟法」若干問題的意見第十二點規定，包括有配偶、父母、子女、兄弟姊妹、祖父母、外祖父母、孫子女、外孫子女。

2. 法人

依照大陸地區之民法通則第三十六條規定，法人具有權利能力與行為能力，其權利能力與行為能力，自成立之日起，至終止之日消滅。其終止原因依照同法第四十五條規定，有(1)依法被撤銷；(2)解散；(3)依法宣告破產；(4)其他原因。其成立亦有其要件，大陸地區民法通則第三十七條規定，成為法人，必須具備下列條件：

(1)依法成立

法人應依照法律規定，並由主管機關核准始能成立，如設立中外合作經營企業，應由對外貿易經濟合作部或國務院授權之部門與地方人民政府審查批准[1]。

(2)有必要之財產或者經費

如有限公司之股東出資額必須達法定資本最低限額；股份有限公司必須發起人認繳和社會公開募集之股本達法定資本最低限額[2]，未達該限額，則不能成立。

(3)有自己的名稱、組織機構和場所

法人名稱為與他法人組織之識別，法人為保證其商品之質量與維護其商譽，並可依大陸地區商標法規定，向國務院工商行政管理部門商標局申請註冊商標專用權，其之商標亦為法人組織之重要識別。法人除有自己之名稱外，亦應有機構和場所，僅有名稱而無場所，亦不構成法人要件。

(4)能夠獨立承擔民事責任

---

[1]　大陸地區中外合作經營企業法實施細則第六條第一款。

[2]　大陸地區公司法第十九、三十七條。

　　法人為具權利義務之主體，權利義務本係相對待，無獨立承擔民事責任能力，其得享受之權利亦無從行使，故法人必須要有能獨立承擔民事責任之能力。大陸地區民法通則之民事責任，主要係指其第六章之規定，至其承擔之方式主要有：A.停止侵害；B.排除妨礙；C.消除危險；D.返還財產；E.恢復原狀；F.修理、重作、更換；G.賠償損失；H.支付違約金；I.消除影響、恢復名譽；J.賠償道歉[①]。

　　大陸地區將私法人劃分為企業法人與機關、事業單位和社會團體法人，企業法人又可分為全民所有企業、集體所有制企業、中外合資企業、中外合作經營企業、外資企業。企業法人通常以其所有之財產承擔民事責任，但其法定代表人為對外執行業務之人，因此，有下列情形之一者，除法人承擔責任外，其法定代表人亦得給予行政處分、罰款，構成犯罪者，並應依法追究刑事責任：(1)超出登記機關核准登記之經營範圍從事非法經營者；(2)向登記機關、稅務機關隱瞞真實情況、弄虛作假者；(3)抽逃資金、隱匿財產逃避債務者；(4)解散、被撤銷、被宣告破產後，擅自處理財產者；(5)變更、終止時不及時申請辦理登記和公告，使利害關係人遭受重大損失者；(6)從事法律禁止之其他活動，損害國家利益或社會公共利益者[②]。

　　申請稅務行政復議之人若為法人，而有與其他組織發生合併、分立或終止者，可以由其承受權利的法人或其他組織申請行政復議[③]。法人雖具有法律所擬制之獨立人格，但其行使權利履行義務，仍要由自然人為之，因此，有法定代表人[①]（見下頁）之設。企業之法定代表人，大陸地區將其納入登記管理，其法律

[①]　大陸地區民法通則第一百三十四條。
[②]　大陸地區民法通則第四十九條。
[③]　大陸地區稅務行政復議規則十七條第三款。

有較嚴格之規範，要擔任法定代表人，須具一定法定資格條件限制。根據大陸地區國家工商行政管理局一九九九年六月二十三日第九十號令所發布之「企業法人法定代表人登記管理規定」第四條規定，具有下列情況之人，不得擔任法定代表人，企業登記機關應不予核准登記：(一)無民事行為能力或限制民事行為人。(二)正在被執行刑罰或正在被執行刑事強制措施者。(三)正在被公安機關或國家安全機關通緝者。(四)因犯有貪污賄賂罪、侵犯財產罪或破壞社會主義市場經濟秩序罪，被判處刑罰，執行期滿未逾五年者；因犯有其他罪，被判處刑罰，執行期滿未逾三年者；或因犯罪被剝奪政治權利，執行期滿未逾五年者。(五)擔任因經營不善破產清算之企業之法定代表人或董事、經理，並對該企業之破產負有個人責任，自該企業破產清算完結之日起未逾三年者。(六)擔任因違法被吊銷營業執照之企業法定代表人，並對該企業違法行為負有個人責任。(七)個人負債數額較大，到期未清償者。(八)有法律或國務院規定不得擔任法定代表人之其他情形者。

　　(二)納稅擔保人

　　依照大陸地區於二〇〇一年四月二十八日經其全國人民代表大會常務委員會修訂通過，並訂於同年五月一日起實施之「稅收徵收管理法」第三十八、四十四條規定，稅務機關發現納稅人有明顯的轉移、隱匿其應納稅之商品、貨物及財產或應納稅收入之跡象；或納稅人欠繳稅款被限制出境，而後需要出境者，可以責成納稅人先提供擔保。納稅人提供之擔保標的，除了物之擔保外，原「稅收徵收管理法」實施細則第四十四條尚規定有「人」之擔保，此之所謂之「人」，係為納稅擔保人，此為構成納稅擔

---

①　按大陸地區之法律將法人之負責人或代表人稱之為法定代表人，非為我們所理解之法定代理人。

保人之原因；而納稅擔保人，係指在大陸境內具有納稅擔保能力之公民、法人或其他經濟組織。大陸地區之擔保法第七條亦規定：「具有代爲清償債務能力的法人、其他組織或者公民，可以做保證人」。因此，不僅公民得爲擔保人，法人或其他經濟組織亦可爲納稅擔保人。

　　公民爲擔保人，自以有行爲能力者爲要件，且以有償債能力者爲妥。但是法人得否爲稅務擔保人，亦有不少爭議。企業法人之分支機構、職能部門，以及具有公法人身份之公法人－國家機關，固不得爲擔保人[1]，除此之外，大陸地區之「擔保法」似無禁止法人得爲擔保之規定。但同爲法人之公司組織，其公司法第二百一十四條第三款即規定：「董事、經理違反本法規定，以公司資產爲本公司之股東或者其他個人債務提供擔保的，責令取消擔保，並依法承擔賠償責任，將違法提供擔保取得收入歸公司所有。情節嚴重的，由公司給予處分」。又意謂公司不得爲股東或其他個人債務提供保證，因此，學者張曉軍[2]認爲公司不得爲擔保人，其所持之理由爲：一、公司在法律上屬抽象組織，須以其負責人爲代表各項行爲，而負責人與公司之財產獨立，公司之財產損失最終會落到股東身上。二、公司屬營利法人，保證屬無償行爲，有違公司本質，且以公司充當保證人，亦可能出現負責人損公司而自肥的情形。三、公司財產有限，若對保證不作限制，可能令公司承擔無限債務。四、保證只會增加保證人風險，可能損及公司股東及債權人利益。五、其他國家地區均有此方面之限

---

[1]　大陸地區擔保法第八、十條規定該等組織不得爲擔保人，但國家機關若經國務院批准爲使用外國政府或國際經濟組織貸款進行轉貸者，或企業法人之分支機構有經法人書面授權者，可以爲擔保人。

[2]　張曉軍，「保證責任研究」，收錄於越中孚主編，**民商法理論研究**（第一輯），北京：中國人民大學出版社，1999年9月一版一刷，頁95。

制。

　　事實上，爲穩定公司財務，避免公司負責人假公司之名自肥，而損及公司權益，禁止公司爲擔保行爲幾爲各國通例，台灣地區公司法第十六條亦規定：「公司除依其他法律或公司章程規定得爲保證者外，不得爲任何保證人」。是故「擔保法」與「公司法」矛盾情形，似應以公司法之規定，解爲不許爲擔保人較妥。至於擔保形式，一般而言，有所謂的「口頭」擔保與「書面」擔保，惟「口頭」擔保無文字記載，將來一旦發生糾紛，很難解決，大陸地區最高人民法院關於民法通則的適用意見認爲：公民間之口頭保證，有兩個以上無利害關係人證明者，視爲保證合同成立。此項規定對保證人較無保障，至爲不妥[1]。不過，因大陸地區「擔保法」第十三條有：「保證人與債權人應當以書面形式訂立保證合同」之規定，就法之位階而言，自以「擔保法」之規定爲先，故最高人民法院規定之杆格，在實務運作上，應不致造成問題。基此，大陸地區之稅務擔保亦有較嚴格的規定，須爲要式行爲，應塡寫擔保書，寫明擔保對象、擔保範圍、擔保期限與擔保責任以及其他事項，並須經納稅人、納稅擔保人和稅務機關簽字蓋章，方爲有效[2]。納稅擔保人既負有代納稅人履行納稅之義務，其認爲稅務機關對其行政行爲侵犯其合法權益，自得依法提出申請復議，此時納稅擔保人即爲稅務行政復議之申請人。

　　(三)第三人

　　大陸地區之行政復議第三人制度之概念，來自於民事訴訟法，在建立此制度之前，其內部曾有過爭議，持否定態度的人認爲，具體行政行爲只對特定人作出，對其他人不會產生侵害，因而不會存在第三人。持肯定態度者，則認爲具體行政行爲可能涉

---

[1]　張曉軍，前揭書，頁85。

[2]　大陸地區原稅收徵收管理法實施細則四十五條規定。

及到第三人之利益，故有必要建立第三人制度[①]。然而，第三人能否參加行政復議，基本上，視行政機關之復議結果是否會影響到第三人之權益而定，若行政復議之結果會侵害到第三人之利益，為維護其合法權益，自應許第三人參加行政復議。要而言之，第三人為與行政復議申請人為具有利害關係之人，此種利害關係，依照大陸地區最高人民法院關於行政訴訟法第一百一十五條之解釋，係指與被訴具體行政行為有法律上權利義務關係，此與參加行政復議但與行政復議申請人無利害關係之證人、鑑定人、翻譯人或行政復議代理人有別。第三人參加行政復議，並不限定為公民，法人或其他組織亦可參加，其行政復議法第十條第二款及稅務行政復議規則第十七條第四款：「與申請行政復議的具體行政行為有利害關係的其他公民、法人或者其他組織，可以作為第三人參加行政復議」之規定。足可參照。

第三人作為利害關係人參加行政復議，基本上有兩種形式：一為主動向復議機關提出申請，經其准許後參加。二為行政復議機關依職權通知其參加復議。大陸地區之行政復議法第十條及稅務行政復議規則第十七條，雖都有第三人可以參加行政復議之規定，惟對復議機關之非終局復議決定，第三人對之不服，可否提起行政訴訟則未規定[②]，此無異剝奪第三人提起行政訴訟之權利，是其缺點。

(四)稅務行政復議代理人

稅務行政救濟准予申請人委託代理人代為處理，幾為各國之通例，大陸地區之稅務行政復議亦不例外，其行政復議法第十條及稅務行政復議規則第十七條規定，申請人或第三人可以委託代

[①] 劉國福主編，前揭書，頁1562。

[②] 劉玲，「《行政復議法》立法缺陷淺析」，遼寧：遼寧青年管理幹部學院學報2000年第1期，頁48。

理人代爲參加行政復議；但被申請人不得委託代理人代爲參加行
政復議。被申請人不得委託代理人代爲參加行政復議，一方面係
因行政復議法僅規定申請人、第三人可以委託代理人，並無規定
被申請人得委託代理人代爲參加行政復議。另一方面具體之行政
行爲係由被申請人作出，其所依據之材料、證據，被申請人知之
最稔，若由他人代爲答辯，恐爲不周，且行政復議目的之一亦爲
提供被申請人自我再次審查機會，是故不宜委由他人代理。

　　就大陸民法通則之規定而言，其民事之代理，可分爲委託代
理、法定代理與指定代理。法定代理與指定代理通常爲法律強行
規定或在訴訟過程中由有權機關指定，如未成年人之法定代理
人，爲其民法通則之強行規定，其人選非當事人意志能左右，因
此，此處所稱之代理爲委託代理；委託之代理，係被代理人基於
自由意志委託他人，以本人名義代爲處理事務，直接對本人產生
法律效果之行爲。代理之形式，在民事上雖用書面或口頭形式皆
可，但稅務行政復議關係當事人之權益至大，應用書面形式，書
寫清楚委託及受委託人之姓名或名稱、代辦事項，代理權限與期
間，並經委託人簽名或蓋章。代理人取得代理權之後，在代理權
限範圍內，代委託人參加稅務行政復議，其所產生之法律效果，
當由委託人承擔，自不待言。

　　代理人應爲被代理人之利益，在代理期間行使代理權限，其
若因故需要轉由他人代理者，除爲保護被代理人之利益而必要採
取之緊急之措施外，應徵求被代理人同意，事先未取得代理人之
同意者，應在事後及時告知被代理人，若被代理人不同意，由代
理人對其轉託之行爲負其民事責任[1]。其次，代理爲雙方當事人
所意定，大陸之「民法通則」第六十九條規定，其代理權限因下
列情形而終止：1.代理期間屆滿或代理事務完成；2.被代理人取

---

[1]　參見大陸地區「民法通則」第六十八條規定。

消委託或代理人辭去委託；3.代理人死亡；4.代理人喪失民事行
為能力；5.作為被代理人或代理人之法人終止。代理人之代理權
限被終止者，無權代理申請人為行政復議行為，應否向受理行政
復議機關申明，大陸之「行政復議法」、「稅務行政復議規則」
並無明文規定。

(五)外國之人或組織

外國之人或組織得否申請行政復議，依照大陸地區之行政復
議法第四十一條規定，得為申請稅務行政復議之人，並不限本國
人，外國人、無國籍之人、外國組織在中華人民共和國境內者，
均可以申請行政復議。外國人為非大陸國籍之自然人，自不待
言。然而外國之組織為何？外國組織為在大陸地區境外註冊登記
之組織，外國組織雖未在中國境內註冊登記，但大陸地區之行政
訴訟法第七十一條仍賦予同中華人民共和國之人民與組織同等訴
訟權利與義務。不過，基於對等原則，該法第二條復規定，以外
國法院對大陸地區之公民、組織之行政訴訟權給予同等待遇為
限，若加以限制，則外國人、外國組織仍不得申請行政救濟。台
商一向被視為外國人，比照外國人身份提行政救濟，但自「台灣
同胞投資保護法實施細則」於一九九九年十二月五日發布後，則
可依該法第二十八條規定，申請行政復議或提起行政訴訟。

二、相對人

行政復議之相對人，依照大陸之行政復議法第十二條第一款
之規定，對縣級以上之地方各級人民政府工作部門之具體行政行
為不服者，可以由申請人選擇向該部門之本級人民政府，也可以
向其上一級之主管部門申請行政復議。因為其政府工作部門，是
代表政府具體管理某一專門事務之機關，其在行政上既受本級人
民政府之領導，在業務上復受其上級主管部門之指導，其可以說

是受本級人民政府與上級主管部門之雙重領導，是人民對政府工作部門之具體行政行為不服，所引起之行政復議，本級人民政府可以管轄，上級人民政府亦可以管轄[1]。然由於大陸之稅務機關係實行垂直領導，故同法條第二款規定，只能向其上一級主管部門申請行政復議。

　　而大陸地區之稅務行政組織，在一九五〇年時原採統一稽徵制；即於其財政部底下，設稅務總局，總局以下各級局、所，除受其直屬上級稅務機關垂直領導外，區管理局並受財政部之指揮。至一九八八年五月，稅務總局升格為國家稅務局，直屬國務院領導，復於一九九三年六月，將國家稅務局改稱為國家稅務總局後，旋於翌年即一九九四年，將稅務行政體系改為雙軌制[2]，即實行中央與地方分稅稽徵，因此，其受理復議機關乃有兩套系統。為配合其行政復議法第十二條第二款：「國稅、外匯管理等實行垂直領導的行政機關和國家安全機關的具體行政行為不服的，向上一級主管部門申請行政復議」之規定，稅務行政復議規則規定受理復議機關為：

　　(一)對省級以下各級國家稅務局作出的稅務具體行政行為不服的，向其上一級機關申請行政復議；對省級國家稅務局作出的具體行政行為不服的，向國家稅務總局申請行政復議[3]。

　　(二)對省級以下各級地方稅務局作出的稅務具體行政行為不服的，向上一級機關申請復議；對省級地方稅務局作出的具體行政行為不服的，向國家稅務總局或省級人民政府申請復議[4]。

　　(三)對國家稅務總局作出的具體行政行為不服的，向國家稅

[1]　皮純協主編，前揭書，頁326。
[2]　郭建中，前揭書，頁60、72、73。
[3]　大陸地區稅務行政復議規則第九條。
[4]　大陸地區稅務行政復議規則第十條。

務總局申請行政復議。對行政復議決定不服的，申請人可以向人民法院提起行政訴訟；也可以向國務院申請裁決，國務院的裁決為終局裁決[1]。

(四)對本規則第九條、第十條、第十一條規定以外的其他機關、組織等作出的稅務具體行政行為不服的，按照下列規定申請行政復議[2]：

1. 對稅務機關依法設立的派出機構，依照法律、法規或者規章的規定，以自己名義作出的稅務具體行政行為不服的，向設立該派出機構的稅務機關申請行政復議。

2. 對扣繳義務人作出的扣繳稅款行為不服的，向主管該扣繳義務人的稅務機關的上一級稅務機關申請復議；對受稅務機關委託的單位作出的代徵稅款行為不服的，向委託稅務機關的上一級稅務機關申請復議。

3. 對國家稅務局和地方稅務局共同作出的具體行政行為不服的，向國家稅務總局申請復議；對稅務機關與其他機關共同作出的具體行政行為不服的，向其共同上一級行政機關申請復議。

4. 對被撤銷的稅務機關在撤銷前所作出的具體行政行為不服的，向繼續行使其職權的稅務機關的上一級稅務機關申請行政復議。

對國家稅務總局作出之具體行政行為不服者，按照向上一級行政機關申請行政復議之原則，本應向其國務院提出申請行政復議，但考慮到國務院為其國家最高權力機關之執行機關，為最高國家行政機關，其任務主要在制定方針政策，從全局上處理處理行政事務，難以處理大量之具體行政事務，且也涉及到最高行政機關之行政權與司法權之關係，從法理上與實踐上都會產生很大

---

[1] 大陸地區稅務行政復議規則第十一條。
[2] 大陸地區稅務行政復議規則第十二條。

之爭議，不宜由其受理復議申請，作出復議決定。故在行政復議法草案之擬定時，決定不服國務院部門或省、自治區、直轄市人民之具體行政行為，向作出該具體行政行為之國務院部門或省、自治區、直轄市人民政府申請復議[①]。另外，由於大陸之稅務機關，只有國稅實行垂直領導體制，地方稅則由上級行政主管部門與本級人民政府雙重領導，而行政復議法第十二條第二款規定向上一級主管部門申請行政復議者，僅為國稅，並未提到地方稅，而其國務院對此也未作明確規定，因此，納稅人對地方稅不服，可以向本級人民政府申請行政復議，也可以選擇向上級主管部門申請行政復議，有些省級政府打算決定在省以下實行地方稅部門之垂直領導體制[②]。

參、稅務行政復議之審理

一、審理程序

大陸地區之稅務行政復議，自復議機關法制工作機構收到之日起即為受理[③]。似採到達主義，此與台灣地區之稅務訴願制度相同，不過，台灣地區之訴願法第十六條有扣除在途期間之規定，大陸地區行政復議法及稅務行政復議規則並無是項規定，其行政復議決定書之送達，依照其稅務行政復議規則第四十條規定，應依照民事訴訟法關於期間、送達之規定執行，而其民事訴訟法第七十五條規定，期間之計算，不包括在途期間，送達文書在期滿前交郵者，不算過期。稅務行政機關受理申請人之稅務行

---

① 　參見大陸地區國務院法制室主任楊景宇，在關於「中華人民共和國行政復議法(草案)」中的說明。
② 　方軍，前揭書，頁50。
③ 　大陸地區稅務行政復議規則第二十一條。

政復議後，應書面告知申請人，並應當在五日內[1]進行審查，審查後不論決定受理或不受理，均應以書面告知申請人。對於非屬本機關受理之申請，亦應同時告知申請人向有關行政復議機關提出申請，以善盡指引之責。若不為答覆申請人，申請人可以自復議期滿之日起十五日內，依法向人民法院提起行政訴訟[2]。或應該受理而無正當理由不予受理，且申請人又未向人民法院提起行政訴訟者，上級稅務機關應責令其受理；上級稅務機關認為有必要時，亦可直接受理[3]。

行政復議機關無正當理由不予受理之情形，據大陸學者[4]指出有：一、申請人提出之復議申請符合法定要件，復議機關拒絕受理者；二、因復議機關之工作人員過失，耽誤申請人法定申請期限，致復議機關不予受理者；三、因復議機關發生意外情況，而耽誤申請人復議申請法定期限，致使復議機關不予受理者；四、復議機關故意設置障礙，而使申請人超過法定期限者。申請人對行政復議之申請，復議機關無正當理由不予受理，申請人本可在收到不予受理決定書之日起，或行政復議期滿之日起十五日內，依法向人民法院提起行政訴訟。但申請人若未循此管道，提起行政訴訟，為充分保護申請人之權益，有必要由行政機關依行政監督系統，責令復議機關受理。責令受理後，受理機關應直接進入實體審查，不得再對程序審查[5]，以節省處理時效。對不予受理之案件，除責令復議機關受理外，必要時上級機關亦可直接受理。而所謂「必要」，屬上級稅務機關之行政裁量權，上級稅

---

[1] 大陸地區稅務行政復議規則第四十條第二款規定，關於稅務行政復議期間有關五日、七日之規定係指工作日，並不含節假日。

[2] 大陸地區稅務行政復議規則第二十二條。

[3] 大陸地區稅務行政復議規則第二十三條。

[4] 宋雅芳主編，前揭書，頁119。

[5] 方軍，前揭書，頁74。

務機關應審酌之情形，適當爲之，非表下級機關不予受理之案件，皆由上級機關受理。例如本應由下級機關受理之案件，申請人誤向上級機關提出申請，此時上級機關應書面告知申請人向應受理之下級機關提出申請，而非由上級機關逕予受理；若應受理之機關有利益應迴避之情事，則可由上級機關受理。

另外，再值得探討者，行政復議機關所作之不予受理之復議決定，雖非原具體行政行爲，然就行政法理而言，終究爲一具體行政行爲，此一具體行政行爲，申請人可否對其再另提起行政復議？基本上，行政復議制度，就行政機關而言，行政復議爲外部監督程序，行政復議機關藉申請人之發動，糾正被申請人之不當或違法之具體行政行爲，以保障和監督行政機關依法行使職權。就申請人而言，是要維護其合法權益，其申請之標的爲被申請人之具體行政行爲，就是受理機關作成維持原具體行政行爲之決定，申請人向人民法院提起行政訴訟之標的，仍爲被申請人之原具體行政行爲，而非行政復議機關之決定，因此，不宜對行政復議機關作成之不予受理之行政復議決定爲救濟標的，單獨另再對之提起行政復議。否則，行政救濟將反反復復，了無寧日，非但未能解決原具體行政行爲問題，亦不符行政復議之「上一級管轄」原則[1]，此一問題，只能要求有關監督機關解決，例如其上級機關、人民檢查院等等。

因大陸地區之行政復議制度，除可對被申請人之具體行政行爲提出行政復議外，尚可一併對具體行政行爲所依據之規定，亦即抽象之行政行爲要求審查。因此，復議機關對此方面之要求，如有權加以處理的，應當在三十日內依法處理；無權處理者，則應當在七日內按法定程序轉送有權處理之行政機關依法處理，有權處理之行政機關應當在六十日內依法處理。處理期間應中止對

---

[1]　方軍，前揭書，頁74。

具體行政行為之審查。此外，受理復議機關審查時，若發現被申
請人做出之具體行政行為所依據之法規不合法，雖申請人未就此
方面提行政復議，行政復議機關亦應循此程序自行依法處理，或
轉送有權處理之行政機關依法辦理[1]。

二、審理特色

大陸地區稅務行政復議之審理，受理復議機關除應依上述各
點辦理外，其並具有下列特色：

(一)獨立審理

德國 Klaus Louven 曾謂：「有獨立法官處，始有公理正義在」
[2]。稅務行政復議程序為準司法行為，本具有行政司法性質，其
審理獨立本屬應然，而獨立審理之目的，為免受外界干擾，俾執
行法官能客觀超然的辦案。但是由於在過去，大陸地區有不少行
政復議機關，沒有設立行政復議機構和配備專職復議人員，不僅
往往出現無人受理或互相推諉之情況，給復議申請人帶來不便，
同時不能在法定期限內完成，影響辦案質量[3]。大陸地區為解決
是項問題及凸顯其行政復議機關獨立審案地位，故而規定在復議
機關底下特設稅收法制工作機構，受理稅務行政復議案件，該機
構依照一九九三年十一月六日「國家稅務總局」國稅發【一九九
三】一一九號發布之「稅務行政復議規則」第四章規定，是指由
縣級及其以上之稅務局或分局設立之稅務行政復議委員會及其復
議辦公室。稅務行政復議委員會由主任委員、副主任委員及委員
五人以上組成；主任委員、副主任委員由稅務局或分局之領導當

---

[1]　大陸地區稅務行政復議規則第三十、三十一條。

[2]　轉引自鄭正忠，前揭書，頁23。

[3]　方昕主編，**行政復議指南**，北京：法律出版社，1991年2月一版，頁33。

然兼任，委員則由局屬各業務部門領導或有關人員擔任。該機構代復議機關審理稅務案件採合議制進行，只要過半數委員參與審理，即可做成決議①，因此，其復議審理可以說是採委員會獨立審理制。其審理原則是根據所獲證據，獨立判斷事實是否屬實，有無不當或違法情事，然後再加以裁決。

大陸地區復議機關之負責稅收法制工作機構，為處理行政復議工作之專責機構，依照其稅務行政復議規則第四條規定具有下列職責：(一)受理行政復議申請；(二)向有關組織和人員調查取證，查閱文件和資料；(三)審查申請行政復議的具體行政行為是否合法與適當，擬定行政復議決定；(四)處理或者轉送對本規則第八條所列有關規定的審查申請；(五)對被申請人違反行政復議法及本規則規定的行為，依照規定的權限和程序提出處理建議；(六)辦理因不服行政復議決定提起行政訴訟的應訴事項；(七)對下級稅務機關的行政復議工作進行檢查和監督；(八)辦理行政復議案件的賠償事項；(九)辦理行政復議、訴訟、賠償等案件的統計、報告工作。

(二)以書面審理為原則，言詞陳述為例外

行政復議機關審理稅務行政復議案件，依照大陸地區之稅務行政復議規則第二十五條規定，原則上應採用書面審查，但申請人提出要求或法制工作機構認為有必要時，應當聽取申請人、被申請人和第三人之意見。因此，行政復議以書面審理為原則，言詞陳述非絕對必要，只有應申請人要求或法制工作機構認為有必要時，才採言詞陳述方式。行政復議採書面審查，簡單易行，參加當事人可免因公開審理而往返奔波之苦，是其優點。但行政復議案情若為複雜，事實不明，採書面審理，不予參加人當面陳述

①　袁台龍，「大陸新的行政復議法有關稅務行政的更正與改進」，http://www.sef.org.tw/www/html/economic/eco96/etax..htm。

或辯論機會，做出之結論恐流於偏頗，故大陸之行政復議雖原則上採書面審查，但申請人若要求陳述意見，則應准許，以兼顧言詞陳述之優點。

三、審理內容

行政復議機關為防止和糾正違法或不當之具體行政行為，保護納稅義務人之合法權益，並保障與監督行政機關依法行使職權，對稅務行政復議案件應遵循合法、公正、公開、及時、便民之原則，堅持有錯必糾之態度審理[①]，其審理之內容大致如下：

(一)具體行政行為之證據

大陸之行政復議規定，被申請人對其所做之行政行為應負舉證責任，因此，具體行政行為之事實證據，應由被申請人提供，稅務行政復議機關在審查被申請人所提供之事實證據時，應審查其證據是否確鑿合法，真實性如何？有無虛假捏造？其取證過程是否合乎法定程序，有無「先裁決後取證」？具體行行為所依據之規範性文件，包括法律、行政法規、地方性法規、行政規章等有無變更、消滅或不合法情形？

(二)申請人之資格

大陸地區之稅務行政復議規則規定，納稅人及其他稅務當事人認為稅務機關侵犯其合法權益，可提起行政復議，亦即合法權益遭受稅務機關侵犯之納稅人及其他稅務當事人，才是稅務行政復議之申請人。然有行政復議權能，未有行為能力或限制行為能力者，亦不能提起行政復議。無行為能力或限制行為能力者，應由法定代理人或監護人為之，此係就自然人而言，至於法人，在法律上雖具有擬制之人格，但其行使行政復議亦要由自然人為之。行政復議在審查行政復議案件時，應注意當事人是否適格。

[①] 參照大陸地區行政復議法第一條、第三條規定。

(三)案件之時效

當事人申請行政復議，其有應納稅款者，應先在限繳期限內繳清稅款及滯納金，而後在收到稅務機關填發之繳款憑證之日起，或得知稅務機關做出具體行政行為之日起，六十日內提出申請行政復議。而當事人有無在該期限內行使，若超出該期限，有無遭遇如天災事變等不可抗力事件，或被申請人設置障礙，妨礙其提出申請，得為延期提出申請之正當理由。此外，被申請人做出具體行政行為之決定，有無在法定期限內做出，作出後有無在法定期限內送達，皆為審查之對象。

(四)具體行政行為之合法性與合理性

由於稅務案件之行政復議機關，除為國家稅務總局所作出之具體行政行為，應向其提出申請行政復議外，均為被申請人之上級稅務機關，上級稅務機關對下級稅務機關本具有行政監督權，而稅務行政復議規則及行政復議法更賦予行政復議機關，對行政復議案件之合理性與合法性之審查權。對具體行政行為之合法性審查，應注意行政機關之設立是否合法，其具體行政行為之行使，有無超出法定職權，或侵犯其他機關之職權，適用法律是否正確，其所依據之規範性文件是否合法。至其合理性之審查，通常皆因行政機關擁有自由裁量權，但自由裁量權並非無限制，其自由裁量權有無不當行使，甚至於運用合法手段達到非法目的與意圖，或其行為未超出法定職權範圍，但顯失公正，或其行為所採取之手段與目的間不成比例，而致侵害納稅義務人之權益者，行政復議機關在審查時，皆應加以糾正。

(五)行政執法程序之審查

稅務機關行使職權，通常都要經一定之程序，如稅務違章案件，執法人員當場作出行政處罰決定者，應向當事人出示執法身分證件，填寫預定格式、編有號碼之行政處罰決定書當場交付當

事人收執；執法人員在調查或進行檢查時，至少不得少於二人；因證據可能滅失或難以取得，經行政機關負責人之批准，其取得之證據可以先行登記保存，但應在七日內即時作出處理決定，在該期間內，當事人或有關人員不得銷毀或轉移證據[1]等各項程序，執法人員皆應遵守，若有違反，將構成具體行政行為撤銷之原因，就此皆為行政復議應審查之內容，行政復議機關在審查時，不應加以忽略。

肆、稅務行政復議之撤回

申請人申請行政復議後，若認為申請復議之原因或理由已消失，沒有再由復議機關復議之必要，可以根據稅務行政復議規則第二十九條規定，在受理行政復議機關做出復議決定前，向該機關說明理由，撤回行政復議之申請。撤回復議之申請為申請人之權利，但其應否准許之決定權在受理復議機關，復議機關在接獲申請人之復議撤回申請後，應依法嚴格審查，不應輕易准許。蓋因行政復議之任務，即在防止和糾正違法或不當之具體行為，保護公民、法人與其他組織之合法權益，保障法律、法規得以遵守與執行，如果任由申請人自由撤回，則意味著可能是違法之行政行為依然有效[2]。撤回復議申請，既影響原行政行為之正確性，故應慎重為之。

稅務行政復議案件，經復議機關審查後同意申請人撤回，行政復議程序即行終止，申請人不得再以同一事實和理由，再申請行政復議，復議機關也不能再行受理。申請人撤回復議申請後又反悔，雖不能以同一事實和理由再次申請行政復議，但可以依照

---

[1] 參照大陸地區行政處罰法第34條、第37條規定。

[2] 方昕主編，前揭書，頁133。

申訴程序，向檢查機關或有關行政機關提出申訴；如果撤回案件非屬稅務行政復議規則第七條第(一)項之以復議為先行程序之案件，而又未超過起訴期限者，仍可以根據相關法律規定向人民法院提起行政訴訟。

　　稅務行政復議之申請，經行政復議機關受理後，在受理機關未作成決定前，申請人得請求撤回，但被申請人得否要求撤回，另再作成新的具體行政行為？通常不允許被申請人撤回，另再作成新的具體行政行為，因為申請人申請行政復議之目的，一方面在維護其合法權益，一方面對被申請人已造成其合法權益損害之事實，請求行政賠償。申請人若僅在避免被申請人侵害其合法權益，且被申請人侵害程度還未造成申請人若何損失者，撤銷原具體行政行為已達申請人目的，或可考慮被申請人之請求，問題是原具體行政行為若已造成申請人損失者，准許被申請人撤回，無異在抹煞原具體行政行為造成損害之事實[①]，申請人之損害賠償請求，失所附麗，無法確實保護申請人之合法權益，違背設立行政復議制度之宗旨，且意味行政機關可輕易作出侵害納稅人之非法或不當行為，而不受任何監督，是故其行政復議制度，除申請人也同意其撤回外，並不允許被申請人撤回，再另作新的具體行政行為。

伍、稅務行政復議之決定

一、稅務行政復議決定之類型

　　復議機關之法制工作機構，對被申請人作出之具體行政行為進行合法性與適當性審查，審查之案件若為重大、疑難之復議申請案件，應集體討論決定，以防止復議機關之法制工作機構專斷

[①]　方軍，前揭書，頁80、81。

恣爲。至其重大、疑難復議申請之標準，則授權由各復議機關自行決定。稅務行政復議案件經復議機關審查後，提出意見，經復議機關負責人同意，依法做出下列各項復議決定[1]：

(一)維持原具體行政行爲

復議機關之稅務行政復議委員會，經過合法性與正當性審查後，認爲被申請人所做出之具體行政行爲認定清楚，證據確鑿，所適用依據之法規正確，程序合法，內容適當的，則應作出維持原具體行政行爲。

(二)限定被申請人履行法定職責

稅務機關之消極不作爲，對於納稅人申請租稅減免，不予答覆，或應解除出境限制而不予履行。這些法律、法規規定稅務機關應予履行，而拒絕履行者，復議機關查明事實，稅務機關有應履行而不履行情形，可以做成決定稅務機關在一定期限內履行。

(三)撤銷或變更原具體行政行爲

復議案件經過審查後，發現原具體行政行爲有下列情形之一者，復議機關應做出撤銷、變更或確認該具體行政行爲爲違法之決定；經復議機關決定撤銷或確認該具體行政行爲爲違法，而責令被申請人在一定期限內重新作出具體行政行爲者，被申請人不得以同一之事實與理由，作出與原具體行政行爲相同或基本相同之具體行政行爲：

1. 事實不清，證據不足

行政行爲之事實依據，可分爲主要事實依據與次要事實依據。主要事實依據係指足以影響行政行爲之性質、變更或決定之關鍵事實，主要事實不清必然導致案件事實之眞實性無法得到確認，進而導致法律適用上之錯誤，其重要性不言可喻，因此，不少國家都在行政程序法中規定，行政行爲應說明主要事實與法律

---

[1]　大陸地區稅務行政復議規則第三十二條。

上之理由。行政主體向行政行為之相對人說明行政行為之理由越多，越能受到相對人之信賴。但是基於行政效率考量，在行政程序中，要求行政主體將與行政案件有關之事實全部查證屬實，勢非可能，這也是為什麼行政主體在作成行政行為時，只能將主要事實依據向行政相對人說明之原因。然而「主要事實不清」之定義如何，大陸地區之行政與司法界，似乎還沒有作出明確之界定，以致在辦案時出現不少困擾①。

　　證據為行政復議勝敗關鍵，被申請人所做出之具體行政行為要有事實根據，並能舉證證明所作之主張為真實，其所做出之具體行政行為，才能被認為合法，若事實不清，或缺乏根據，則非法之所許。

2. 適用依據錯誤

　　按大陸之立法體系在縱的方面，可分為中央立法與地方立法兩大層級。中央立法又包括全國人民代表大會和人民代表大會常委會立法、國務院立法(制定行政法規)、國務院各部委立法(制定行政規章)三個層次；地方立法又包括省、自治區、直轄市之人民代表大會與人民代表大會常委會、省、自治區政府所在地的市

---

①　詳見章劍生，行政行為說明理由判解，湖北：武漢大學出板社，2000年11月第1次印刷，頁74-81。氏著說明大陸有不少之行政救濟案件，在判案時「主要事實不清」之內涵，並沒有被完全理解，造成與法律上要求作為法律適用基礎的法律事實確定性相違背之情事，並舉例指出越明生、楊倫書控訴巴縣雙新鄉人民政府案，與王秀英控訴上海市公安局普陀分局宜川派出所案中，原處分即因未理解主要事實之意涵，而作出錯誤的判斷，受理救濟機關也未加以正視，或解釋清楚，率爾以「主要事實不清」而加以撤銷。因此，氏著建議應根據「立法法」所規定之程序進行立法解釋，以指導行政主體之行政執法，及由最高人民法院公布典型案例，以個案確定「主要事實不清」之內涵與外延，以指導下級人民法院之行政審判。

與國務院批准之較大的市之人民代表大會與人民代表大會常委會立法(制定地方性法規)，民族自治地方之人民代表大會立法(制定自治條例與單行條例)、省、自治區、直轄市政府、省、自治區政府所在地政府以及國務院批准之較大的市政府立法(制定規章)；在橫的方面，可分為權力機關立法(人民代表機關立法)與行政立法(行政機關立法)。權力機關立法系統包括全國人民代表大會與人民代表大會常委會之立法、省、自治區、直轄市人民大表大會與人民代表大會常委會之立法、自治區人民代表大會立法、省、自治區政府所在地的市與國務院批准的較大的市人民代表大會與人民代表大會常委會之立法、自治州與自治縣人民代表大會之立法；行政立法系統包括國務院之立法、國務院各部委之立法、省、自治區、直轄市政府之立法、省、自治區政府所在地的市與國務院批准的較大的市政府之立法[1]。大陸地區採多層次立法體制，除全國人民代表及其常務委員會擁有立法權外，國務院亦擁有廣泛之立法權，除此地方政府及地方人民代表大會亦可行使地方立法權，其立法方式極為混亂，但立法體制似仍以行政立法為中心[2]，其原以國務院制定之「行政法規制定程序暫行條例」及「法規、規章備案規定」為規範立法體制。但由於仍存在著「有些法規、規章規定的內容超越了權限；有些法規、規章的規定同法律相牴觸或者法規之間、規章之間、法規與規章之間存在著相互矛盾、衝突的現象；有的質量不高，在起草、制定過程中，有的部門、地方存在不從國家整體利益考慮而為部門、地方爭局部利益的傾向。這些問題在一定程度上損害了國家法治的統

---

[1] 姜明安、胡錦光，行政法，台北：月旦出版社股份有限公司，1993年12月，頁84、85。

[2] 劉鶴田，大陸經濟立法與改革開放，台中：蓮燈雜誌社，1994年12月一版，頁26。

一和尊嚴，也給執法造成困難」[1]等等現象。

　　故為完善立法體制，大陸復於二〇〇〇年三月十五日經其全國人民代表大會第三次會議通過制定「中華人民共和國立法法」，並訂於同年七月一日起實施。根據該法之規定，其立法種類可分為法律、行政法規、地方性法規、自治條例和單行條例、規章。為配合該法之頒布實施，大陸地區之國務院復於二〇〇一年十一月公佈「行政法規制定程序條例」（第三二一號令）、「規章制定程序條例」（第三二二號令），並同時廢止於一九九七年發布之「行政法規制定程序暫行條例」。於同年十二月又頒布了「法規規章備案條例」（第三三七號令），以取代併廢止一九九〇年發布之「法規、規章備案規定」，上開三種條例均自二〇〇二年一月一日起施行，至有關稅務部門之規章制定，其國家稅務總局於二〇〇二年二月一日根據立法法及規章制定程序條例，以第一號令制定了「稅務部門規章制定實施辦法」，計十九條條文，自二〇〇二年三月一日起施行。「稅務部門規章制定實施辦法」主要在規範國家稅務總局在其職權範圍內所制定，效力及於全國範圍內對稅務機關、納稅人、扣繳義務人及其他稅務當事人具有普遍約束力之稅收規範性文件，其之制定具有完善稅務規章制度之功能，使大陸地區之租稅立法制度與程序邁向更新的里程碑[2]。

　　「行政復議法」所謂之「依據」，若依照原「行政復議條例」第四十一條規定，除了上述「立法法」所規定包括規章等各類外，尚有上級行政機關依法制定頒發之具有普遍約束力之決定、命令，但由於此一規定與行政訴訟法規定範圍不同，極易導致行

----

[1]　大陸地區關於《中華人民共和國立法法（草案）》的說明

[2]　羅能清，「中共頒布稅務部門規章制定實施辦法」，台北：中國稅務旬刊第1822期，2002年五月十日，頁28。

政復議決定與行政訴訟之判決矛盾，新的「行政復議法」爲迴避
此一問題，故未直接規定行政復議時之法律依據，但規定不明
確，非但不能解決原來之矛盾，反而衍生新的問題。觀其行政復
議法第四條規定：「行政復議機關履行行政復議職責，應當遵循
合法、公正、公開及時、便民的原則，堅持有錯必糾，保障法
律、法規的正確實施」。似乎不包括「規章」在內，但從該法第
七條規定看，申請人要求行政復議機關對行政機關所作出具體行
政行爲之依據一併加以審查時，卻又提到了「規章」，同時該法
第十五條第二項規定復表明，規章同法律、法規一樣是派出機構
獲得職權之法律依據。因此，「行政復議法」所指之「依據」，
是否包括「規章」，不免令人質疑。然從現實面看，「規章」在
大陸地區目前之法律體系中已佔有一席之地，在日常行政管理活
動中正發揮著重要作用[1]，不容忽視。因此，本條所謂之「依
據」，應包括「規章」，以及上級行政機關之決定與命令等等，茲
個別說明如下：

(1)法律

此處所指稱之法律，爲全國人民代表大會及其常務委員會所
制定之規範性文件。全國人民代表大會與其常務委員會均擁有立
法權，其立法是採分工；根據大陸之「立法法」第七條規定，常
務委員會行使「制定和修改除應當由全國人民代表大會制定的法
律以外的其他法律」和「在全國人民代表大會閉會期間，對全國
人民代表大會制定的法律進行部分補充和修改，但是不得同該法
律的基本原則相抵觸」。因此，全國人民代表大會所制定之法
律，爲刑事、民事以及國家機構和其他基本法律，其常委會則制

---

[1] 邱寶華、李金剛，「簡析《行政復議法》之缺陷」，北京：**理論法學**
1999年第10期，頁15。

定基本法律以外之其他法律[1]。全國人民代表大會與其常務委員會所制定之法律位階低於憲法，但高於行政法規及其他規範性文件，法律是其他規範性法律文件制定之依據，與之牴觸無效[2]。

　　至其限定應由法律制定之事項，在「立法法」第八條中有明確規定：1. 國家主權的事項；2. 各級人民代表大會、人民政府、人民法院和人民檢察院的產生、組織和職權；3. 民族區域自治制度、特別行政區制度、基層群眾自治制度；4. 犯罪和刑罰；5. 對公民政治權利的剝奪、限制人身自由的強制措施和處罰；6. 對非國有財產的徵收；7. 民事基本制度；8. 基本經濟制度以及財政、稅收、海關、金融和外貿的基本制度；9. 訴訟和仲裁制度；10. 必須由全國人民代表大會及其常務委員會制定法律的其他事項。稅收法律制度應經人民代表大會制定通過，符合先進國家之「租稅法定主義」精神。而其法律規定有需要進一步明確具體含義，或法律制定後出現新的情況，需要明確適用法律依據者，其解釋權依同法第四十二條規定屬全國人民代表大會常務委員會。

　　(2)行政法規

　　行政法規為大陸國務院所制定，其依據為憲法第八十九條規定，國務院有權根據憲法和法律，規定行政措施，制定行政法規，發布決定和命令。為了與地方所制定之規章相區隔，以免混淆，大陸地區「立法法」第五十六條規定，國務院根據憲法和法律，制定行政法規。其制定之事項除了1. 為執行法律的規定需要制定行政法規的事項；2. 憲法第八十九條規定的國務院行政管理職權的事項以外，其他應由全國人民代表大會及其常務委員會制定法律的事項，亦可以由全國人民代表大會及其常務委員會

---

[1]　劉鶴田，前揭書，頁26、27。
[2]　方昕主編，前揭書，頁135。

先行以行政法規制定，俟經過實踐檢驗，制定法律之條件成熟時，再由國務院提請全國人民代表大會及其常務委員會制定法律。行政法規之效力位階，在憲法與法律之下，地方性法規、自治法規及規章之上。

(3)地方性法規

地方性法規依照大陸之「法規規章備案規定」第二條第二款規定，係指省、自治區、直轄市及省、自治區人民政府所在地的市，經濟特區所在地的市和經國務院批准的較大的市的人民代表大會及其常務委員會根據本行政區域的具體情況和實際需要，在不與憲法、法律、行政法規相牴觸的前提下，按法定程序所制定的地方性法規的總稱。因為，其係根據「本行政區域的具體情況和實際需要」所制定，所以，不得與憲法、法律以及行政法規牴觸。

(4)自治條例、單行條例

自治條例、單行條例是由民族自治地方之人民代表大會依照當地民族之政治、經濟與文化之特點所制定的地方規範性法律文件，以及民族自治地方國家權力機關對法律所作之補充或變通規定[1]。但其變通規定，不得違背法律或行政法規之基本原則，不得對憲法和民族區域自治法之規定以及其他有關法律、行政法規專門就民族自治地方所做之規定做出變通規定[2]。

(5)規章

所謂規章，概指部門規章與地方人民政府規章，部門規章係國務院各部、委員會、中國人民銀行、審計署和具有行政管理職能的直屬機構，在本部門的權限範圍內，根據法律和國務院的行政法規、決定、命令，所制定之規範性文件。其所規定之事項，

---

[1] 方昕主編，前揭書，頁136。

[2] 大陸地區「立法法」第六十六條第二款規定。

為在執行法律或國務院所制定之行政法規、決定、命令①；地方性人民政府規章係法規，省、自治區、直轄市及省、自治區人民政府所在地的市，經濟特區所在地的市和經國務院批准的較大的市之人民政府，根據法律、行政法規和本省、自治區、直轄市的地方性法規，所制定之規範性文件。地方政府規章所做之規定，係屬本行政區域之具體行政管理，及為執行法律、行政法規、地方性法規之規定需要制定之事項②。

　　從廣義上而言，規章也是規範性文件之一種，但它又與通常所稱之「一般規範性文件」有別。一般規範性文件係指法律、法規和規章以外之規範性文件，規章與規範性文件兩者定義，常易令人混淆。而事實上，規章與規範性文件若從下列幾個面向來觀察，即不難加以理解：一從內容上看，凡是法律、法規規定以規章形式規定之事項，應當制定規章；但是一般規範性文件，則主要用於部署工作、通知特定事項、重申具體問題。二從形式上看，凡是以「令」之形式發布者，皆為規章；不以「令」之形式發布，而以通知、函等形式下發者，則為一般規範性文件。三從結構上看，規章通常採取章、節、條款之結構，組織比較嚴謹，一般規範性文件則比較鬆散，通常不具結構要求。四是規章要報國務院備案，規範性文件則無須報國務院規範。基此，值得探討者，國務院所發布屬於一般規範性文件之命令或決定之效力，是否高於規章？按國務院為大陸之最高行政機關依照其憲法或立法法及有關組織法之規定，可以制定行政法規，亦可以發布具有普遍約束力之決定與命令，因此，這些規範性文件，無論以國務院名義或國務院辦公廳名義下發，其效力皆高於規章③。

---

① 　大陸地區「立法法」第七十一條規定。
② 　大陸地區「立法法」第七十三條規定。
③ 　方軍，前揭書，頁28-30。

(6)上級行政機關之決定與命令

上級行政機關所發布之決定與命令，可作為下級機關做出具體行政行為之依據，係由於行政活動之統一性原則所決定。因此，下級機關有義務遵守上級機關所發布之決定與命令，若下級行政機關之決定或命令與法律、行政法規和規章相牴觸，復議機關於行政復議時發現，亦僅能向上級機關反映，無權否定其效力① 。

被申請人做出具體行政行為所依據之法規，若已失效或尚未生效，例如修正之個人所得稅法於一九九九年八月三十日才經大陸之全國人民代表大會通過，但於一九九九年八月三十日以前發生之個人儲蓄存款利息所得，卻引用該法之規定課徵；或與其上位階之法律、行政法規或地方性法規相牴觸，或適用法條錯誤；交通運輸、金融保險業要課征營業稅，卻引用增值稅法規定。凡此皆屬於適用依據錯誤，復議機關作成復議決定前，若發現被申請人做出之具體行政行為有上述情形，應做撤銷、變更或確認該具體行政行為為違法。

3. 違反法定程序

租稅之課征，除應符合實體法之規定外，程序法之規定亦應顧及；如納稅人之納稅通知書，應經「稅收徵收管理法實施細則」之規定程序完成送達，且納稅人未在限繳期內完成清繳或提供擔保，才可執行，若未依此程序辦理，即對納稅人強制執行；或未屆限繳期，且納稅人未有明顯轉移、隱匿財產而逃避納稅義務之跡象者，即行辦理保全措施，則違反法定程序，皆屬違法行為。

4. 超越或濫用職權

超越職權為超越法定範圍之職權，行政機關超越職權之行為，雖未必為非正當之行為，但其所作之具體行政行為，既超越

---

① 方昕主編，前揭書，頁136、137。

其職權範圍外，例如：甲區之稅務機關課征乙區所轄之財產稅，即屬違法行為。而濫用職權則為行政機關做出之具體行政行為，本屬其法定範圍內之職權，但其行為卻出於不正當性之理由與目的，如對欠稅金額微小之剛逾期未繳案件，卻施以追究刑責，欠稅人可以行政機關濫用職權之理由，要求復議機關做出撤銷被申請人所作之該具體行政行為，復議機關審查屬實，亦應做出撤銷或變更原具體行政行為之決定。

5. 具體行政行為明顯不當

行政機關基於法律授權，有其行政自由裁量權限，在自由裁量權限範圍內，所為之行政行為，並不違法，但其作出之行政決定，若顯失公平，損及納稅人之合法權益，則屬失當。例如對欠稅一五○元稅款，卻查封變賣欠稅人價值一百萬元之財產，顯屬明顯不當。具體行政行為若屬明顯不當，亦為復議機關法定撤銷或變更理由。

行政復議機關查明確認被申請人之具體行政行為，有不適當或違法情形，應做成決定撤銷或責令被申請人在一定期限內，重新作出具體行政行為，被申請人不得再以同一事實和理由，做出與原具體行政行為相同或基本相同的具體行政行為。惟其「同一事實和理由」，以被申請人重新作出之具體行政行為，與原作出之具體行政行為相同為限，若其重新作出之具體行政行為之事實與理由，已作部份之改變，則已非屬同一事實與理由。又其被撤銷之理由為程序不合，被申請人補足應作之程序，縱以相同之事實與理由，重新作出具體行政行為，亦無本條規定之違反。如稅務機關對納稅義務人之處罰，行政復議機關以未經聽證程序為理由撤銷原具體行政行為，被申請人補辦聽證程序後，復以相同之事實與理由，作出同樣之具體行政行為，則為法之所許[1]。

---

[1]　皮純協主編，前揭書，頁49。

本條所謂之「明顯不當」，與前述「濫用職權」，大陸地區之稅收徵收管理法第四十三條有稅務機關「濫用職權」違法採取稅收保全措施、強制執行措施，又復有採取稅收保全措施、強制執行措施「不當」，納稅人、扣繳義務人、納稅擔保人受有損失者，應賠償其損失之規定，在字義上，究竟為兩種不同行為，抑或同一違法行為，不無令人混淆之處。對此大陸地區之學界本有不少討論，經過多年論證之後，觀點已漸趨一致，即認為「顯失不當」與「濫用職權」間係從屬關係或等同關係，是對同一問題從不同視角的審視，亦即前者係從行為之客觀結果著眼，後者是從行政權力行使者主觀方面判斷。因此，其非併列之兩種情形，實係屬同一種違法行政行為[①]。而事實上，「濫用職權」行為，雖屬其職權範圍內之職權，但亦有可能違反行政法上之一般原理原則，而被以違法論，台灣地區之行政訴訟法第四條第二項：「逾越權限或濫用權力之行政處分，以違法論。」即為例證。是故，兩者仍有差別。

(四)不予受理復議之決定

不予受理復議之決定，主要是行政復議法第十七條及稅務行政復議規則第二十條之規定，復議機關受理申請人之行政復議申請，經審查後，對不符合規定之申請決定不予受理者，應以書面告知申請人，本項規定旨在符合行政復議公開化之要求，便於申請人了解行政復議機關對其申請之處理情況。對復議機關之不予受理決定，若其不予受理之理由非正當，而申請人又未向人民法院提起行政訴訟者，其上級稅務機關可以主動責令復議機關受理；必要時，亦可以自己直接受理[①]（見下頁）。

(五)對被申請人不依限答辯之撤銷

復議機關受理行政復議案件後，應調閱相關文件查明申請人

[①] 邱寶華、李金剛，前揭書，頁16。

所主張之事實真偽，其法務工作機構應於受理之日起七日內，將
申請復議申請書副本或行政復議申請書筆錄複印件發送被申請
人。被申請人應於收到上述文件之日起十日內，提出書面答覆，
並提交當初做出具體行政行為之證據、依據和其他材料[2]。被申
請人怠為或不為提出書面答覆，並提交相關之證據、依據或材
料，復議機關可將該具體行政行為視為沒有證據、依據，而加以
撤銷。值得檢討的是，被申請人答覆期限未有例外之設，若遇天
災事變等不可抗力事件，被申請人很難依限處理，顯為立法疏
失，惟其最高人民法院於二二年六月四日發布「關於行政訴訟證
據若干問題的規定」第一條第二款則有關證據之提供，被告有因
不可抗力或客觀上不能控制之其他事由，不能在規定期限內提供
者，可以向人民提出書面申請延期提供，經准許者，可以在正當
事由消除後十日內提供之規定。因大陸之行政復議法及稅務行政
復議規則未有證據專章之設，有關證據之運用，皆援用行政訴訟
法或民事訴訟法之相關規定，最高人民法院「關於行政訴訟證據
若干問題的規定」，正可以補行政復議法及稅務行政復議規則規
定之不足。

(六)行政賠償決定

損害賠償為大陸地區本次修正行政復議法及稅務行政復議規
則之新增規定，其行政復議法第二十九條及稅務行政復議規則第

---

① 　參照大陸地區行政復議法第二十條及稅務行政復議規則第二十三條
規定。本項稅務行政復議規則規定上級稅務機關責令行政復議機關應予受
理之要件為，行政復議機關無正當之理由不予受理，且申請人未提行政訴
訟者，行政復議法僅規定行政復議機關無正當理由者，其稅務機關即應責
令其受理或自行受理，顯稅務行政規則之規定較為完備且實際，因申請人
對行政復議機關不予受理之決定，若已提起行政訴訟者，其上級稅務機關
自不必再責令復議機關予以受理。

② 　大陸地區稅務行政復議規則第二十六條。

三十三條第一款規定，申請人在申請行政復議時可以一併提出行政賠償請求，復議機關對符合國家賠償法有關規定的申請案件，應當給予賠償者，在決定撤銷、變更具體行政行為或確認具體行政行為違法時，應當同時做出依法給予賠償之決定。足見大陸之行政賠償制度，係採違法責任主義，其行政損害賠償之前提，以有國家賠償法應予賠償之規定，同時該具體行政行為必須具有違法性，並從而造成納稅人合法權益之損害，是項條件缺一不可。若不具違法性，則縱因此而造成納稅人合法權益受損，並不符合給予行政賠償之要件。

行政賠償是行政侵權行為之法律後果，為行政工作人員所引起，因而被申請人賠償申請人之損失後，對負有故意或重大過失之行政人員有追償權，亦即可要求犯有故意或重大過失之行政人員負擔部分或全部賠償費用，其前提是行政人員之侵權行為需具有可歸責性，此舉有助於加強行政人員之責任心，促其依法行政。然則申請人對是項權利，並非都能了解，因此，稅務行政復議規則第三十三條第二款規定，申請人申請行政復議時，若未提出行政賠償，行政復議機關在依法決定撤銷或變更原具體行政行為所確定之稅款、滯納金、罰款及對財產的扣押、查封等強制措施時，亦可主動決定被申請人賠償相應的價款，以保護納稅人受賠償之權利。

不過，主動損害賠償之規定，有大陸學者，認為缺乏理論依據，同時造成程序上之障礙，因為行政復議為具有司法性質之行政活動，主動賠償將違反「不告不理」原則，也是公權力對私權力之過度干預，另外亦造成賠償程序上之障礙。若申請人對行政復議決定之其他內容均無異議，但對復議機關就賠償部分的處理不服而產生之爭議，在立法中就缺少相應之解決程序。若依行政訴訟法之規定，以復議機關為被告，賠償義務終究要落實到被申

請人身上，若被申請人在訴訟中之地位未能體現，則法院無從判決，且此一規定可能導致復議機關盡量不對賠償問題進行處理，以免增加訴累。其次，申請人若依國家賠償法之規定，以賠償義務機關（被申請人）爲被告向法院起訴，一但法院判決之賠償內容與復議決定內容不一致時，就會同時存在兩份都具有法律效力之文件，在訴訟中，復議決定很可能會成爲被告之抗辯理由[①]。

上述各項復議決定，復議機關應當自受理申請之日起六十日內作出行政復議決定書，並加蓋復議機關印章，送達申請人和被申請人。情況複雜，不能在規定期限內作出行政復議決定者，經復議機關負責人批准，可以適當延長，並告知申請人和被申請人；但是延長期限最多以不超過三十日[②]。

二、稅務行政復議決定之效力

(一)拘束力

行政復議一經行政復議機關作成復議決定並經送達，即發生法律效力[③]。亦即，行政復議發生效力與否，除業經行政復議機關作成復議決定外，其決定書尚應合法送達；苟復議決定書尚未送達，當事人無法知悉其內容，自不發生效力問題。但送達並非定要直接送交當事人手中不可，當事人若拒絕收受，或直接送達有困難，可以用其他方式送達；包括公示送達、留置送達等等。行政復議發生效力，各關係人包括行政復議當事人、利害關係人及行政復議機關即應受其拘束。因此，申請人逾期不起訴又不履行行政復議決定者，稅務機關可以逕自依法強制執行，或申請人

[①] 朱芒、鄒榮、王春明，「《行政復議法》的若干問題」，北京：理論法學 1999 年第 10 期，頁 14。
[②] 大陸地區稅務行政復議規則第三十四條。
[③] 大陸地區稅務行政復議規則第三十四條第三項。

民法院強制執行；被申請人不履行或無正當理由拖延履行行政復議決定者，復議機關或有關上級行政機關應當責令其限期履行，並追究其相關人員之行政法律責任，情節嚴重的還會被處以刑責。

(二)確定力

行政行為之確定力，有形式確定力與實質確定力之分，而所謂形式確定力，即為不可變更力或不可爭力，係指對於行政或司法機關之行為決定，相對人不可隨意請求加以變更或撤銷；所謂實質確定力，又稱為不可變更力或一事不再理，係指行政主體不可任意加以變更、撤銷或廢止其所作之行政行為。行政行為之確定力是相對的，而非絕對的，就形式確定力而言，法律允許行政相對人在法定期限內請求有關機關予以審查，經審查確認行政行為之正當或合法有效與否，非法或不當者，可以改變；合法或正當則予維持。就實質確定力而言，亦非絕對，若行政行為確屬違法或已不符新情勢需要，繼續存在有損公共利益與個人利益，即應按法定程序予以變更或撤銷[1]。

行政復議經復議機關作成復議決定後，是否具有確定力？因行政復議機關所作成之行政復議決定，為行政司法行為，具有公定力，應不容置疑。惟其復議決定，除為終局裁決外，因並非終審決定，經申請人提起行政訴訟後，要非不得變更或撤銷，故在提起行政訴訟或請求裁決[2]之期限未截止前，申請人仍可提起行政訴訟或請求裁決，行政復議之決定，仍未有確定力，即使是過

---

[1] 周佑勇，「行政行為的效力研究」，**法學評論**（雙月刊），1998年第3期（總第89期），頁62。

[2] 大陸地區稅務行政復議規則第十一條規定，當事人對國家稅務總局之復議決定不服者，可向人民法院提起行政訴訟，亦可以向國務院申請裁決，惟國務院之裁決為終局裁決。

救濟期限，對違反法律、法規之行政復議決定，當事人尚可透過行政監督機制，由人民檢查院或司法機關予以糾正，是其僅具有形式確定力，而無實質確定力。

(三)執行力

大陸地區之行政復議規則第二十四條規定：「行政復議期間稅務具體行政行為不停止執行；但是，有下列情形之一的，可以停止執行：(一)被申請人認為需要停止執行的；(二)復議機關認為需要停止執行的；(三)申請人申請停止執行，復議機關認為其要求合理，決定停止執行的；(四)法律、規定停止執行的。」亦即除非有但書之例外情形，稅務具體行政行為，不因相對人提出申請復議而停止執行。申請人提出行政復議後，稅務機關之稽徵行為，未經原做出具體行政行為之機關或復議機關變更或撤銷前，必須繼續執行，幾為世界各國之通例。按照大陸地區學者方昕等人[①]之觀點，是植基於行政行為之效力先定性，行政行為一經行政機關做出，就假定其為合法，對行政機關及行政相對人均具有拘束力，任何人不能以自己意志力否定行政行為之拘束力。其立論基礎有：1. 行政行為是依據國家行政權做出，為國家意志行為，具有權威性，應當得到承認與執行。2. 行政管理行為涉及社會生活之各個面向，具連續性、公共性與穩定性特點。若申請人申請行政復議後，可以隨意拒絕履行，則行政法律秩序將處於不穩定狀態，使社會管理陷於癱瘓。3. 有些行政行為之對象，具有一定之社會危害性，若因行政行為不符而停止執行，而使具有特殊時效性之違法行為得以繼續，就可能對社會造成更大之傷害。

稅務機關之課稅行為，若不立即執行，或許對社會還不至於造成重大傷害。但納稅人若有意逃避執行，而隱匿或移轉財產，

---

① 　方昕主編，前揭書，頁17、18。

稅務機關若不即時辦理保全，或加以執行，則對納稅人之課稅行為將處於落空，對其他守法納稅人失卻公平，亦無法維持稅務機關之課稅權威性，所以，有必要繼續執行。然經行政復議後之執行效力如何？經復議機關做成之復議決定，當然同樣具有執行力，稅務機關之具體行政行為，經復議機關復議決定後，被申請人應當按復議決定內容履行，不履行或無正當理由拖延履行者，復議機關或有關行政機關應當責令其限期履行[1]。其應履行之內容有：

1. 恢復原狀

恢復原狀為經執行後之補救措施，係因原具體行政行為業經執行後，據以執行之復議決定被撤銷或其他原因，又由執行機關採取措施，恢復到原執行前之狀態之謂。恢復原狀在於糾正原具體行政行為之違法或不當而導致之執行錯誤，維護當事人之合法權益，係行政執行之補救措施，其發生之主要原因為：(1)原具體行政行為經復議機關撤銷；(2)原具體行政行為已經被申請人執行[2]。恢復原狀之情形，如依大陸地區稅收徵收管理法第三十七條對未辦稅務登記之納稅人經核定應納稅額後，仍不繳納，扣押其商品或貨物之返還；或依同法第三十八條凍結納稅人之銀行存款之解除。

2. 履行法定義務

行政復議機關應申請人之請求，作成要被申請人履行之法定義務者，通常為稅務機關之消極不作為，如稅務行政復議規則所規定稅務機關不予依法辦理或答覆之行為有：(1)不予審批減免稅或出口退稅；(2)不予抵扣稅款；(3)不予退還稅款；(4)不予頒發稅務登記證、發售發票；(5)不予開具完稅憑證和出具票據；

---

[1]　大陸地區稅務行政復議規則第三十五條。
[2]　宋雅芳主編，前揭書，頁195。

(6)不予認定爲增值稅一般納稅人；(7)不予核准延期申報、批准延期繳納稅款等各項不作爲行爲，行政復議機關決定要履行者，被申請人應按復議決定意旨履行。

3. 重新作出具體行政行爲

稅務行政復議規則第三十二條第一款第一項，原具體行政行爲決定撤銷、變更或確認該具體行政行爲違法；決定撤銷或確認該具體行政行爲違法者，可以責令被申請人在一定期間內重新作出具體行政行爲。因此，被申請人應依行政復議決定意旨，重新作出具體行政行爲，並向行政復議機關回報，但其在規定期限內，重新所作出之具體行政行爲之事實與理由，不得與原具體行政行爲相同或基本相同。

4. 行政賠償

行政賠償無論行政復議申請人在提出申請行政復議時有否要求，行政復議機關決定被申請人應賠償相應價款時，被申請人作爲賠償義務機關，應依照國家賠償法規定之程序辦理賠償事宜[1]。行政賠償，原則上，當然要由最初造成侵權行爲之行政機關爲賠償義務機關，但行政復議機關之復議決定，若有加重損害之情形者，復議機關對加重損害部分，應負賠償責任[2]。

至於申請人不履行政復議決定者，其執行機關應依下列方式處理：1. 維持具體行政行爲者，由作出具體行政行爲之行政機關依法強制執行，或申請人民法院強制執行；2. 變更具體行政行爲者，由復議機關依法強制執行，或申請人民法院強制執行[3]。

---

[1]　皮純協主編，前揭書，頁238、239。

[2]　方軍，前揭書，頁96。

[3]　大陸地區稅務行政復議規則第三十六條。

陸、復議決定書之送達

關於行政復議文書之送達，據大陸地區之稅務行政復議規則第四十條之規定，應依照民事訴訟法之規定執行，而該民事訴訟法有關文書之送達，係規定在第七十七條至第八十四條，另其「稅收徵收管理法實施細則」第七十二至七十八條亦有稅務文書送達之規定，歸納其類別大致可分爲直接送達、留置送達、委託送達、郵寄送達、公告送達：

一、直接送達

係指復議機關派專人將復議決定書直接送至申請人本人，由其在送達回證上註明收到日期，並簽名或蓋章，該收到日期即爲送達日期；本人不在時，交由其同居成年家屬簽收。受送達人爲法人或其他組織者，則由其法定代表人、主要負責人，或其負責收件之人簽收。受送達人有代理人者，亦可以向其代理人送達，其簽收日期亦爲送達日期。

二、留置送達

係受送達人拒絕簽收復議決定書時所爲之方式；受送達人拒絕簽收復議決定書者，送達人應該邀請有關基層組織或所在單位之代表到場，說明情況，在送達回證上記明拒收理由與日期，並由送達人與見證人簽名或蓋章，並將送達文書留置在受送達人之住所，即完成送達手續。

三、委託送達

係直接送達困難情況下，將復議決定書委託有關機關或其他

單位代為送達，受送達人為軍人者，由其所在部隊團以上單位之
政治機關轉交；為被監禁人者，由其所在監所或勞動改造單位轉
交，若為被勞動教養者，則由其勞動教養單位轉交。

四、郵寄送達

即交郵局將復議決定書，送至申請人手上，係因直接送達有
困難，才採用之送達方式，其送達日期以回執上之收件日期為
準。

五、公告送達

採用其他送達方式無法送達或應受送達人數眾多，可採用公
告方式送達，公告送達者，自公告之日起滿三十日，即視為送
達。

柒、稅務行政復議之法律責任

法律責任為違法主體因違法行為所應承擔之法律後果，其係
以違法為前提，也就是違法主體違反法律上規定之義務，所應承
擔之責任。其應承擔之責任，係與社會責任不同。依照大陸地區
學者祁彥斌[1]之看法，其差別為 1. 法律責任是法律上事先就有明
確規定的，而其他社會責任一般沒有明確規定。2. 法律責任之
追究，係以國家之名義對違法者進行制裁，而其他社會責任無須
由國家出面加以追究。3. 法律責任之承擔具有國家強制性，而
一般社會責任則無。大陸地區行政法之法律責任規定，相當於台
灣地區法律條文中之罰則，為行政法中之必要規定，行政法中缺
乏法律責任之規定，其所規定之權利、義務，就難以有效實現，

---

[1]　祁彥斌主編，前揭書，頁84。

將使該法規形同虛設。有關稅務行政復議之復議機關、復議機關工作人員及被申請人之法律責任,依稅務行政復議規則第三十七條規定,應按「行政復議法」第六章之規定辦理,其情形如下:

一、不受理或不轉送之處罰

行政復議機關違反本法規定,無正當理由不受理申請人依法提出之復議申請,或對抽象行政行為之審查,本機關無權處理,應轉送有權處理之機關依法處理者,而不予轉送,或不在法定期限內做出復議決定者,其直接負責之主管人員及其他直接責任人員,應予警告、記過、記大過之行政處分;經責令受理仍不受理或不按照規定轉送行政復議申請,因而造成嚴重後果者,應給予降級、撤職、開除之行政處分。

二、徇私舞弊之處罰

行政復議機關之工作人員在行政復議活動中,有徇私舞弊或其他瀆職、失職之行為者,依法給予警告、記過、記大過之行政處分;情節嚴重者,依法給予降級、撤職、開除之行政處分;若有構成犯罪者,並應依法追究刑事責任。

三、延遲履行復議決定之處罰

被申請人對行政復議機關之決定不履行或無正當理由拖延履行者,其直接負責之主管人員及其他直接責任人員,應予警告、記過、記大過之行政處分;經責令履行仍不履行者,應給予降級、撤職、開除之行政處分。

四、法制人員之舉發責任

行政復議機關之法制工作機構負責行政復議申請案件之審查，在審查過程中若發現沒有正當理由不予受理行政復議申請、不按照規定期限做出行政復議決定、徇私舞弊、對申請人打擊報復或不履行行政復議決定等各項情形，應當向有關之行政機關舉發，有關行政機關應當依照行政復議法及有關法律、行政法規之規定處理。至法制工作機構之應負責舉發人員，若不爲舉發，其後果如何？該法雖未另行規定，依吾人看法，爲屬失職行爲，依該法第三十五條之規定，至少應給予警告、記過、記大過之行政處分。

第三節　文書格式應用

大陸之行政復議，可以口頭申請，也可以書面申請。口頭申請由行政復議法制工作機構負責接待並代爲填寫或製作筆錄，倒是無多大問題，而書面申請，因大陸近些年來，雖然教育日漸普及，但仍有不少文盲，各類申請書內容形形色色，常詞不達意，就是復議機關所製作之答覆文件格式亦不一，著實給行政復議機關帶來不少困擾，同時也影響申請人之權益，爲此，其大陸國務院法制辦公室，「根據國務院貫徹實施『中華人民共和國行政復議法』的通知」要求，曾多次召集國務院有關部門以及部份省、自治區、直轄市和市縣等基層行政機關從事行政復議工作人員座談，並徵求各有關單位之意見，作成各類行政復議申請文書格式，並由其國務院辦公室於二〇〇〇年四月十七日以國法函

【2000】31號文件印發各單位翻印、使用，茲參照其國務院所規定之格式及所作之說明，介紹其各類行政復議製作文書格式如下[1]：

一、行政復議申請書
(一)格式
文書格式八　行政復議申請書

行　政　復　議　申　請　書

申請人：姓名_____年齡_____性別_____住址_____

_____。（法人或者其他組織名稱

_____住址_____

法定代表人或者主要負責人姓名_____）。

委託代理人：姓名_____住址_____。

被申請人：名稱_____住址_____。

行政復議請求：_____。

事實和理由：_____。

此致

_____（行政復議機關）

申請人：_____

　年　月　日

附件：

(二)說明

1. 標題。在首頁上方居中寫明「行政復議申請書」

2. 申請人之基本資料。申請人為自然人者，寫明姓名、年齡、性別、住址；申請人為法人或其他組織者，寫明單位名稱、住址、法定代表人或主要負責人之姓名。除此，可視申請人之意

---

[1]　方軍，前揭書，頁107~140。

願，加註申請人之職業、聯絡方法（如聯絡電話等）。

3. 委託代理人之基本資料。寫明委託代理人之姓名、住址。此外，亦可加註委託代理人單位、職業、聯繫電話等。

4. 被申請人之基本資料。寫明被申請人之名稱、地址。

5. 行政復議請求。寫明請求標的，如要求撤銷、變更原具體行政行爲，或確認原具體行政行爲違法，或要求責令被申請人作出何種具體行政行爲。或一併提出對抽象行政行爲之審查、何種賠償之請求等。

6. 行政復議之事實與理由。此部份爲申請書之重點，應寫明被申請人之名稱、作出具體行政行爲之時間、地點與內容等有關情況，以及支持請求之事實與法律依據等。

7. 行政復議機關。行政復議機關爲行政復議受理機關，亦爲行政復議申請書致送之機關，此處應注意者，勿將行政復議機關與其法制工作機構相混淆，因其法制工作機構並非受理機關。

8. 行政復議申請書應由申請人簽名，併書明申請之日期。其日期已公元紀年計算。

9. 檢附之附件應詳列明細，俾行政復議機關查對、核實。

10. 口頭申請者，申請人應出示身分證明文件；由他人代理者，代理人應提示委託代理書與代理人之身分證明文件。行政復議機關代爲填寫行政復議申請書，除應寫明上述內容外，還應註明申請人口頭申請之時間、地點；有代理人者，應記明代理人之姓名、性別、年齡、職業、住址，並由申請人確認該筆錄業已向其宣讀或交由其閱讀無誤後，由申請人與紀錄人在該筆錄上簽名按印。

11. 其國務院強調，行政復議申請書之法定格式，僅作爲申請人參考，並不硬性要求申請人定要照該格式申請，申請人提出之申請書內容若大致具備，行政復議機關即應予以受理。

二、不予受理決定書

(一)格式

文書格式九　不予受理決定書

不 予 受 理 決 定 書

_____[　　]號

　　申請人：姓名_____年齡_____性別_____住址_____。（法人或者其他組織名稱）

_____住址_____法定代表人或者主要負責人姓名　。

　　被申請人：名稱_____住址_____。

　　申請人對被申請人　(具體行政行爲)　不服提出的行政復議申請，經審查，本機關認爲_____。根據《中華人民共和國行政復議法》第十七條和第____條的規定，決定不予受理。

（法律、法規規定應當先向行政復議機關申請行政復議，對行政復議不服再向人民法院提起行政訴訟的，寫明：不服本決定，可以根據《中華人民共和國行政復議法》第十九條的規定字收到本決定書之日起15日內依法向人民法院提起行政訴訟。）

年　月　日

（行政復議機關印章或者行政復議專用章）

(二)說明

1. 行政復議不予受理之情形有：行政復議之申請非具體行政行爲；申請人與具體行政行爲無法律上之利害關係；已逾申請期限。行政復議機關對行政復議案件決定不予受理者，應依行政復議法第十七條規定，告知申請人，俾申請人了解行政復議機關審理情形。

2. 標題。首頁上方居中寫明「不予受理決定書」。

3. 申請人資料，按照行政復議申請書相應內容填寫。

4. 「本機關認為」後，寫明行政復議申請書不符合規定之具
體情形：如申請行政復議之標的非具體行政行為；提出行
政復議申請者，與具體行政行為無法律上之利害關係；超
過行政復議之法定申請期限等。

5. 製作本行政復議法律文書之年、月、日。

6. 加蓋行政復議機關印章或行政復議專用章。

三、行政復議告知書

(一)格式

文書格式十　行政復議告知書

行　政　復　議　告　知　書

_____[　　]號

（申請人）：

你（你單位）年_____月_____日_____對（被申請人的具體行政
行為）不服提出的行政復議申請，依法應當向（行政復議機關）提
出。

接到本告知書後請按照《中華人民共和國行政復議法》第九條規
定的行政復議申請期限，向（行政復議機關）申請行政復議（自提出
行政復議申請之日起至收到本告知書之日止的時間，不計入法定申請
期限）。

特此告知。

年　　月　　日

（行政復議機關印章或者行政復議專用章）

(二)說明

1. 其應用之對象，係行政復議之申請，雖符合法定要件，但
行政復議機關審查後，發現非屬其應受理之案件，告知申
請人應向有權機關提出申所製作之公文書。行政復議機關

在告知時，應發還原申請書所檢附之附件。

2. 標題。首頁上方居中寫明「行政復議告知書」。

3. 被告知人。即為提出行政復議之申請人。

4. 告知內容。主要在告知應受理之行政復議機關名稱。

5. 製作文書時間。寫明具體之年、月、日。

6. 加蓋行政復議專用章或法制工作機構印章。

四、申請轉送函

(一)格式

文書格式十一　　申請轉送函

申　請　轉　送　函

（供縣級人民政府用）

＿＿＿＿＿＿〔　　〕號

（接受轉送的行政復議機關）：

　　（申請人）不服（被申請人的具體行政行為），於＿＿＿＿年＿＿＿＿月＿＿＿＿日提出行政復議申請。根據《中華人民共和國行政復議法》第五十條、第十八條的規定，縣將該行政復議申請轉送你機關。

年　月　日

（行政復議機關印章或者行政復議專用章）

附：（行政復議申請書和相關材料）

抄送：（申請人）

(二)說明

1. 稅務案件在國稅方面，因實行垂直領導體制，其行政復議之申請，只能由作出具體行政行為之上級機關受理，可由本級人民政府受理者，主要為地方稅。本級人民政府受理後審查，發現非屬本機關受理，而屬於其他機關受理者，應依「行政復議法」第十八條規定，於受理之日起七日

　　內，轉送有權之行政復議機關處理，並告知申請人。

2. 標題。首頁上方居中寫明「申請轉送函」。

3. 正文內容寫明申請人之姓名或名稱，以及被申請人之名稱與具體行政行為之類別，以及申請人提出行政復議申請之日期。

4. 製作本行政復議法律文書之時間。

5. 加蓋行政復議專用章或法制工作機構印章。

6. 隨函附送之資料明細，在告知書之尾部寫明。

7. 註明本文書抄送申請人。

五、責令受理通知書

(一)格式

文書格式十二　責令受理通知書

責 令 受 理 通 知 書

　　　　　　　　　　　　　　　　　_____[　　]號

（被責令受理的機關）：

　　（申請人）不服（被申請人的具體行政行為）於＿＿＿＿年 ＿＿＿＿月＿＿＿＿日向你機關提出行政復議申請，你機關於＿＿＿＿年＿＿＿＿月＿＿＿＿＿＿日做出不予受理的決定。經審查，該行政復議申請符合《中華人民共和國行政復議法》的規定，應當予以受理。根據《中華人民共和國行政復議法》第二十條的規定，起撐機關自收到本通知之日起5日內受理行政復議申請。

　　特此通知。

　　　　　　　　　　　　　　　　　　　　年　月　日

　　　　　　　　　　　　（行政復議機關印章或者行政復議專用章）

　　抄送：（申請人）

(二)說明

1. 本件為上級機關糾正下級機關之公文書。行政復議機關對於行政復議案件，應受理而無正當理由不予受理者，應責令下級機關依法受理。若下級機關仍拒不予受理者，可依法追究其法律責任。

2. 標題。首頁上方居中寫明「責令受理通知書」。

3. 正文內容，寫明申請人與不服被申請人之具體行政行為的名稱，以及申請人申請之時間與不服決定之時間；寫明責令履行之明確意見與法律依據。

4. 製作本文書之日期。

5. 加蓋作出責令受理決定之行政機關印章，或該機關之行政復議專用章。

六、責令履行通知書

(一)格式

文書格式十三　責令履行通知書

責　令　履　行　通　知　書

＿＿＿＿＿[　　]號

（被責令履行的機關）：

　　（申請人）不服你機關的（具體行政行為）申請行政復議一案，本機關已做出行政復議決定（＿＿＿＿[　　]號），並於＿＿＿＿年＿＿＿＿月＿＿＿＿日送達你機關，你機關至今仍未履行。

　　根據《中華人民共和國行政復議法》第三十二條的規定，請你機關於＿＿＿＿年＿＿＿＿月＿＿＿＿日前履行該行政復議決定，並將履行結果書面報告本機關。

　　特此通知。

年　月　日

（行政復議機關印章或者行政復議專用章）

＿＿＿＿＿＿＿＿＿＿＿

　　抄送：（申請人）

　　(二)說明

1. 本件爲被申請人不履行或無正當理由拖延履行行政復議機關之行政復議決定，責令其限期履行之公文書。該公文書亦爲事後追究有關行政機關不履行決定時應承擔行政責任之憑證。

2. 標題。首頁上方居中寫明「責令履行通知書」。

3. 抬頭單位，寫明被責令履行之行政機關名稱。

4. 正文內容，寫明行政復議機關對哪位申請人，就何具體行政行爲，作出某一文號之行政復議決定的送達時間，以及受送達機關應履行而逾期未履行之情況；行政復議機關之責令內容與法律依據。

5. 製作本文書之日期。

6. 加蓋行政復議機關印章或行政復議專用章。

七、提出答覆通知書

　　(一)格式

文書格式十四　提出答覆通知書

提 出 答 覆 通 知 書

　　　　　　　　　　　　　　　＿＿＿＿＿[　　]號

　　（被申請人）：

　　（申請人）不服你機關的（具體行政行爲）提出的行政復議申請，我們依法以予受理。依照《中華人民共和國行政復議法》第二十三條的規定，現將行政復議申請書副本（口頭申請筆錄複印件）發送你機關，請你機關自收到申請書副本（口頭申請筆錄複印件）之日起10日內，對該行政復議申請提出書面答辯，並提交當初做出該具體行

政行為的證據、依據和其他有關材料。

　　特此通知。

　　　　　　　　　　　　　　　　　　　　　年　月　日

　　　　　　　　　　　（行政復議機關印章或者行政復議專用章）

　　(二)說明

　　1. 本件為行政復議關受理申請人之行政復議申請後，限令被
　　　申請人在法定期限內提出書面答辯，並提交當初作出具體
　　　行政行為之證據、依據與其他有關材料之通知書，該項通
　　　知書同時檢附申請人之行政復議申請書副本。

　　2. 標題。首頁上方居中寫明「提出答覆通知書」。

　　3. 正文內容寫明行政復議機關已受理申請人之行政復議申
　　　請，被申請人應履行之法定義務與法律依據。

　　4. 製作本文書之日期。

　　5. 本件通知書應加蓋行政復議機關印章或行政復議專用章。

　　八、停止執行通知書

　　(一)格式

文書格式十五　停止執行通知書

　　　　　　　　　停　止　執　行　通　知　書

　　　　　　　　　　　　　　　　　　　_____[　　]號

　　（被申請人）：

　　（申請人）不服你機關的（具體行政行為）提出的行政復議申

請，我們依法以予受理。_____（需要停止執行的事由）_____

_____

_____

_____。根

據《中華人民共和國行政復議法》第二十一條的規定，決定自_____年

_____月_____日起至作出行政復議決定之日前，停止該具體行政行為的執行。

特此通知。

年　月　日

（行政復議機關印章或者行政復議專用章）

抄送：（申請人）

(二)說明

1. 由於行政機關作出之具體行政行為，具有公定力，一經作出在未被有權機關撤銷或變更前具有法律效力，即對行政相對人產生執行力，行政相對人未履行時，即可對之強制執行，但是行政復議之案件，經行政復議機關審查後，有可能被撤銷或變更，在未經行政復議機關作出決定前，被申請人若仍繼續進行強制執行，對申請人有可能造成難以恢復之損害後果，為避免是項情況發生，稅務行政復議案件若有稅務行政復議規則第二十四條規定得予停止執行之情形者，稅務行政復議機關即應通知被申請人停止執行，本件即為稅務行政復議機關通知被申請人停止執行之通知書。

2. 標題。首頁上方居中寫明「停止執行通知書」。

3. 抬頭單位寫明被申請人名稱。

4. 正文寫明行政復議機關已受理申請人之行政復議申請，該案有需要停止執行之法定事由，被申請人應在行政復議未作成決定前，停止該案之執行。

5. 製作本文書之日期。

6. 加蓋行政復議機關印章或行政復議專用章。

九、行政復議中止通知書

(一)格式

文書格式十六　行政復議中止通知書

行　政　復　議　中　止　通　知　書

＿＿＿＿＿〔　　〕號

　（申請人）：

　　你（你單位）不服（被申請人的具體行政行為）提出的行政復議申請，我們依法已予受理。＿＿＿＿＿＿＿（中止審查的事由）＿＿＿＿＿

＿＿＿＿＿＿＿＿＿＿＿＿＿＿＿＿＿＿＿＿＿＿＿＿＿＿＿＿＿＿＿＿

＿＿＿＿＿＿＿＿＿＿＿＿＿＿＿＿＿＿＿＿＿＿＿＿＿＿＿＿＿＿＿＿

＿＿＿＿＿＿＿＿＿＿＿＿＿＿＿＿＿＿＿＿＿＿＿＿＿＿＿。根據《中華人民共和國行政復議法》和其他有關規定，決定中止行政復議。

　　特此通知。

年　月　日
（行政復議機關印章或者行政復議專用章）

　　抄送：（被申請人）

(二)說明

1. 本件為行政復議機關，應申請人之申請或自行發現被申請人所作出具體行政行為之有關依據合法性有問題，需要經有權之行政機關監督審查處理，因而終止對原具體行政行為之審查活動所製作之法律文書。因稅務行政復議規則第三十條及第三十一條對抽象之行政行為訂有審查期限，本通知書之目的是為方便當事人即時掌握行政復議之進行情況，以採取應變措施。

2. 標題。首頁上方居中寫明「行政復議中止通知書」。

3. 抬頭單位寫明申請人之姓名或名稱。

4. 正文內容，寫明行政復議機關已經受理申請人之行政復議申請，因有中止審查之事由，所以，決定中止行政復議之審查。

5. 製作本文書之時間。

6. 加蓋行政復議機關印章或行政復議專用章。

7. 本文書應同時抄送被申請人。

十、行政復議終止通知書

(一)格式

文書格式十七　行政復議終止通知書

行 政 復 議 終 止 通 知 書

＿＿＿＿＿〔　　〕號

　(申請人)：

　　你 (你單位) 不服 (被申請人的具體行政行為) 提出的行政復議申請，我們依法以予受理。＿＿＿＿＿＿(終止審查的事由)＿＿＿＿＿

＿＿＿＿＿＿＿＿＿＿＿＿＿＿＿＿＿＿＿＿＿＿＿＿＿＿＿＿＿＿＿

＿＿＿＿＿＿＿＿＿＿＿＿＿＿＿＿＿＿＿＿＿＿＿＿＿＿＿＿＿＿＿

＿＿＿＿＿＿＿＿＿＿＿＿＿＿＿＿＿＿＿＿＿＿＿＿＿＿＿。根據

《中華人民共和國行政復議法》和其他有關規定，決定終止行政復議。

　　特此通知。

年　月　日

(行政復議機關印章或者行政復議專用章)

＿＿＿＿＿＿＿＿＿＿　＿＿＿＿＿＿

　　抄送：(被申請人)

　　(二)說明

1. 根據大陸地區之稅務行政復議規則第二十九條規定，行政
   復議之申請人，在行政復議機關未作成決定前，經說明理
   由，可以撤回行政復議之申請。本件係由於行政復議機關
   未作出行政復議決定前，申請人要求撤回行政復議申請，
   導致行政復議活動結束所製作之法律文書。

2. 標題。首頁上方居中寫明「行政復議終止通知書」。

3. 抬頭單位寫明申請人之姓名或名稱。

4. 正文內容，寫明行政復議機關已經受理申請人之行政復議
   申請，因有終止審查之事由，所以，決定終止行政復議之
   審查。

5. 製作本文書之時間。

6. 加蓋行政復議機關印章或行政復議專用章。

7. 本文書應同時抄送被申請人。

十一、決定延期通知書

(一)格式

文書格式十八　決定延期通知書

決 定 延 期 通 知 書

＿＿＿＿＿[　　]號

（申請人）：

　　你（你單位）不服＿（被申請人的具體行政行為）＿提出的行政復議
申請，我們已於年月日依法受理。根據《中華人民共和國行政復議法》
第三十一條的規定，行政復議決定延期至＿＿＿＿年＿＿＿＿月＿＿＿＿日前
作出。

　　特此通知。

年　月　日

（行政復議機關印章或者行政復議專用章）

抄送：（被申請人）

(二)說明

1. 行政復議機關受理行政復議案件，依照行政復議法第三十一條及稅務行政復議規則第三十四條規定，應當在受理之日起六十日內作成決定，不能在規定期限內作成復議決定者，經行政復議機關負責人批准，可以延長期限，但最多不得超過三十日。行政復議機關延長行政復議期限者，應告知申請人與被申請人。本件為告知之通知書。

2. 標題。首頁上方居中寫明「決定延期通知書」。

3. 抬頭單位寫明申請人之姓名或名稱。

4. 正文內容，寫明行政復議機關已經受理申請人之行政復議申請，但不能在期限內作成決定，需要延長至某日。

5. 製作本文書之時間。

6. 加蓋行政復議機關印章或行政復議專用章。

7. 本文書應同時抄送被申請人。

十二、行政復議決定書

(一)格式

文書格式十九　　（行政復議機關名稱）行政復議決定書

行　政　復　議　決　定　書

_____[　]號

申請人：姓名_____年齡_____性別_____住址_____。（法人或者其他組織名稱）

_____住址_____

法定代表人或者主要負責人姓名_____。

委託代理人：姓名_____住址_____。

被申請人：名稱_____住址_____。

第三人：姓名＿＿＿＿＿＿＿

住址＿＿＿＿＿＿＿＿＿＿＿＿＿＿＿＿＿＿＿＿＿＿＿＿＿＿＿。

委託代理人：姓名＿＿＿＿＿＿＿

住址＿＿＿＿＿＿＿＿＿＿＿＿＿＿＿＿＿＿＿＿＿＿＿＿＿＿＿。

申請人不服被申請人的（具體行政行為），於＿＿＿＿年＿＿＿＿月＿＿＿＿日提出行政復議申請，本機關依法已予受理。

申請人請求，＿＿＿＿＿＿＿＿＿＿＿＿＿＿＿＿＿＿＿＿＿。

申請人稱，＿＿＿＿＿＿＿＿＿＿＿＿＿＿＿＿＿＿＿＿＿＿。

被申請人稱，＿＿＿＿＿＿＿＿＿＿＿＿＿＿＿＿＿＿＿＿＿。

經查，＿＿＿＿＿＿＿＿＿＿＿＿＿＿＿＿＿＿＿＿＿＿＿＿＿。

本機關認為：**（具體行政行為認定事實是否清楚，證據是否確鑿，適用法律依據是否正確，程序是否合法，內容是否適當）**。根據《中華人民共和國行政復議法》第二十八條規定，本機關決定如下：

＿＿＿＿＿＿＿＿＿＿＿＿＿＿＿＿＿＿＿＿＿＿＿＿。

（符合行政訴訟受案範圍的，寫明：對本決定不服，可以自接到本決定之日起15日內向＿＿＿＿人民法院提起行政訴訟。）

（法律規定行政復議決定為最終裁決的，寫明：本決定為最終裁決，申請人、被申請人或者第三人應於＿＿＿＿年＿＿＿＿月＿＿＿＿日前履行。）

年　月　日

（行政復議機關印章或者行政復議專用章）

(二)說明

1. 本件為行政復議機關受理行政復議之申請後，對原具體行政行為之合法性與適當性進行審查，作出應否維持、撤銷、變更或確認為違法之決定所製作之法律文書。

2. 標題。首頁上方居中寫明「行政復議決定書」。

3. 列明申請人、委託代理人、被申請人、第三人及其委託代理人之基本資料。其為自然人者，應寫明期姓名、年齡、

性別、住址等；其為法人或其他組織者，應寫明單位名稱、住址、法定代表人或其主要負責人姓名等；若有委託代理人或第三人者，亦應寫明委託代理人與第三人之基本資料。

4. 正文內容：

(1)案由。

(2)申請人之行政復議請求及其證據與理由。

(3)被申請人具體行政行為所認定之事實、法律依據、處理結論與答辯理由。

(4)行政復議機關認定之事實與證據、適用法律依據。

(5)行政復議結論。即對於原具體行政行為是否維持、撤銷、變更、限期履行職責以及確認違法等；被申請人是否承擔行政賠償責任之意見；責令被申請人重新作出具體行政行為之意見及履行義務之期限。

(6)依法告知訴權。即告知申請人對行政復議之決定不服者，可於期限內提起行政訴訟。

5. 作出行政復議決定之日期。

6. 加蓋行政復議機關印章或行政復議專用章。

十三、規範性文件轉送函

(一)格式

文書格式二十　規範性文件轉送函

規範性文件轉送函(一)

_____[　　]號

（接受轉送機關）：

　（申請人）不服（被申請人的具體行政行為）提出行政復議申請時，一併提出對（規範性文件）的審查申請。

根據《中華人民共和國行政復議法》第二十六條和其他有關規定，現將有關材料轉去，請予審查處理，並望回覆。

年　月　日
（行政復議機關印章或者行政復議專用章）

規範性文件轉送函(二)

＿＿＿＿〔　　〕號

（接受轉送機關）：

　　（申請人）不服（被申請人的具體行政行為）提出行政復議申請，我們已依法已予受理。我們認為，被申請人作出具體行政行為的依據（不合法的具體情況），根據《中華人民共和國行政復議法》第二十七條和其他有關規定，現將有關材料轉去，請予審查處理，並望回覆。

年　月　日
（行政復議機關印章或者行政復議專用章）

(二)說明

1. 本件為行政復議機關據申請人或審查自行發現，原具體行政行為所依據之規範性文件不合法，轉送給有權機關處理之轉送函。

2. 標題。首頁上方居中寫明「規範性文件轉送函」。

3. 抬頭單位寫明接受轉送機關之名稱。

4. 正文內容，寫明申請人一併提出申請審查規範性文件之事由，或行政復議機關審查發現規範性文件不合法之情況；轉送處理之請求與法律依據。

5. 製作本文書之日期。

6. 加蓋行政復議機關印章或行政復議專用章。

第四節　本章結語

　　大陸地區行政復議制度設計之目的，在防止與糾正行政機關之違法或不當之具體行政行爲，除爲保護納稅人及其他稅務當事人之合法權益外，尚爲保障和監督稅務機關依法行使職權，似採「法規維持」與「權利保護」兩說併存觀點，與台灣地區訴願法規要旨似無差異，其權利保護對象及於抽象行政行爲，當然與其法規體系龐雜，非透過行政救濟程序，藉全民監督無法徹底整頓有關，不無站在行政運作順暢之觀點考量，就整體行政復議制度而言，較之台灣地區尚有其不足之處，然對人民權益之保護，不能不說是已做了相當之努力，尤其是稅務案件，量大且富技術性與專業性，本爲特殊，自是與一般行政案件之處理不同，大陸地區另訂「稅務行政復議規則」，對是類案件之處理，有了較明確之規範，徵納雙方皆感方便，殊値台灣地區借鏡。

第 四 章

兩岸稅務訴願制度差異比較分析

　　大陸地區之行政復議制度，相當於我國之訴願制度，其設置之目的，既皆為維護納稅人之合法權益，其法律規定之基本原則大致與台灣地區相同，不過，兩岸隔絕數十年，其意識型態或觀念仍有些差異，落實在法規制定則殊。綜觀兩岸之行政復議制度之差異大致如附表一，茲敘述於後：

第一節　訴願標的方面

壹、訴願範圍

　　訴願之範圍，各國之立法例，有採列舉主義者，有採概括主義者。為充分保障人民權益，各國給予人民之訴願權有擴大之趨勢。台灣地區之訴願採列舉主義，在復查階段，稅捐稽徵法第三十五條規定復查範圍，分有應納稅額或應補徵稅額，與無應納稅額或應補徵稅額者。有應納稅額或應補徵稅額者，不難理解，但是無應納稅額或應補徵稅額者，字義過於籠統，似與有應納稅額或應補徵稅額概念相對待；即凡未核定稅額部分，都為其訴願對象。然以該法條第一項第二款規定，無應納稅額或應補徵稅額者，似又僅限定為經核定稅額通知書部分而已，其餘處分並不包

括在內。事實上，稅務機關所作的之處分，並不祇核定有無稅額部分而已，其餘核定優惠稅率或租稅減免亦為其職權，應否列入復查範圍，滋生疑義。若不列入其範圍，因復查為訴願之先行程序，逕提訴願亦有問題。因此，是項復查範圍應明確規定，改為稅務機關之行政處分，或較為允當。

　　台灣地區之訴願，除復查階段有如上述問題，應宜檢討改進外，訴願階段之申請範圍，舊訴願法原來祇限定為「中央或地方機關基於職權，就特定之具體事件，所為發生公法上效果之單方行政行為。」新訴願法則擴大為「中央或地方機關就公法上之具體事件所為之決定或其他公權力措施，而對外直接發生法律效果之單方行政行為。」同時「前項決定或措施之相對人雖非特定，而依一般性特徵可得確定其範圍者」或「有關公物之設定、變更、廢止或一般使用者」亦為訴願範圍。

表三　兩岸稅務訴願制度之比較彙總表

項　　　目	台　灣　地　區	大　陸　地　區
一、訴願標的方面	1. 稅務機關所為之課稅或非課稅之處分。	1. 稅務行政復議規則第七條規定稅務機關各項措施和行為。 2. 抽象行政行為。 3. 合併請求行政賠償。
二、訴願程序方面 　1. 申請主體 　2. 申請方式 　3. 有無先行程序 　4. 應否先繳稅款	納稅人、扣繳義務人、代徵人及其他依法應負納稅義務之人。 　書面申請。 　要先經復查階段，才可提訴願。訴願亦為行政訴訟之先行程序。 　於訴願階段未繳二分之一稅款，會被移送法院強	納稅人、扣繳義務人、納稅擔保人和其他稅務當事人。 　口頭、書面均可。 　無復查先行程序，但稅務行政復議規則第七條第（一）項以外之事項，可由申請人選擇訴願或提起行政訴訟。 　應先繳清應納稅款，才可提訴願。

	制執行，但可繼續訴願。	
5. 申請或決定期限	自處分達到或公告期滿之日起三十日內申請；受理機關在收受後三個月內決定，必要時得延長二個月。	自收到稅務機關塡發之繳款憑證之日起六十日內申請；受理機關在收受後六十日內決定，必要時得延長三十日。
6. 向非受理機關提起之補救	視爲自始向訴願管轄機關提起。	無特別規定。
三、訴願之審議方面 　1. 獨立審查	由訴願審議委員會獨立審查，必要時可予申請人當面陳述或行言詞辯論。	由稅務行政復議委員會獨立審查，必要時可予申請人當面陳述。
2. 有無不利益禁止變更原則	有	無
3. 信賴保護原則之運用	訴願法有明文規定	行政復議法及稅務行政復議規則皆未明文規定。
4. 證據法則之運用	訴願法未設專章規定，須援用行政訴訟法及民事訴訟法相關規定。	行政復議法及稅務行政復議規則未設專章規定，須援用行政訴訟法及民事訴訟法相關規定，惟其最高人民法院作有專門解釋。
5. 有無抽象行政爲之審查	訴願未明文規定	有
6. 對地方自治事務之審查權有無限制	僅能就其合法性加以審查。	無
四、復查受理之協談	復查階段有協談制度。	無復查協談制度，但有「信訪」制度。
五、訴願決定之執行	稅務機關無執行權。	稅務機關可查封、拍賣申請人財產，或請求金融機構扣款。
六、訴願之再審	有再審規定	無再審規定

資料來源：作者自行整理

　　大陸地區之訴願範圍採列舉兼概括主義，其稅務行政復議規則第七條列舉有十大項。舊「行政復議條例」僅限定為法律、法規規定涉及人身權與財產權之具體行政行為。新「行政復議法」則將其範圍擴大，只要是公民、法人或其他組織認為具體行政行為侵犯其合法權益，皆可以申請訴願[1]。另外比較特別的，其行政復議法第七條又增加了對抽象行政行為之申請審查權，申請人對稅務機關之具體行政行為不服，提出訴願時，可以要求受理訴願機關對該具體行為之依據，一併加以審查。兩岸近來之訴願範圍，雖皆擴大，但對抽象行政行為之審查規定，則為台灣地區之訴願所無。

貳、行政賠償

一、行政賠償之概念

　　行政賠償係公務人員或行政機關所委託之單位或人員行使職權，因違法或過失侵害人民權益並造成損害，由侵權人所屬或委託之行政機關給予賠償之法律制度。行政賠償以公務員或受行政機關委託之人員行使職務，有違法或過失造成人民權益受損為前提，為公法上之侵權行為，此與行政補償以行政機關基於公議之目的，合法實施公權力，造成人民之生命、身體或財產之損失[2]，而以填補人民之損失為目的之合法行為有別。其二者之主要差別，在於法律性質之不同：引起行政賠償之行為具有不法性；引起行政補償之行政行為則屬合法行為[1]（見下頁）。行政賠償之侵權主體通常為公務人員，亦有可能為受託之單位或個人。受

---

[1]　參見大陸地區之行政復議法第二條規定。

[2]　李建良，「損失補償」，收錄於翁岳生，**行政法**，台北：翰蘆圖書出版有限公司，1998年3月29日初版。頁1202。

託行使職權侵害人民之權利或利益者，由委託之機關負損害賠償責任[2]；公務人員侵害人民之權益者，其賠償責任之歸屬，學界有代位責任說與自己責任說[3]：

(一)代位責任說

採代位責任說者，認為由有償付能力之國家負賠償責任，較足以保障人民之權益，並可免除公務員執行職務時，遇事畏縮，得以提高行政效率。此說以公務員主觀歸責為要件，即有無故意過失，以公務員之主觀認識為基準而加以判斷。公務員須有故意或過失行為，致造成人民權益損失時，應由行為之公務員負賠償責任，其應負之賠償責任由國家代為負責，國家賠償之責任僅為公務員個人責任之替代。

(二)自己責任說

此說認為國家對被害人之行政賠償，並非「由國家代公務員負賠償責任」，而係直接由「國家對該損害應負賠償責任」。其原因係由於國家亦為法人團體，公務員即為國家機關，於其執行職

---

①　參閱宋雅芳主編，前揭書，頁151。

②　亦有認為「行政助手」乃國家手臂之延長，其行為為國家所吸收，故有不法侵害人民之權利時，乃是為行政機關之不法行政行為，應依行政訴訟法第一條，或國家賠償法第二條規定處理。(彭明金，**行政程序法**，台北：風雲論壇出版社有限公司，2001年7月初版，頁314、315)；但學者葉百修則有不同看法，他認為所謂行政助手，係指非以自己名義對外獨立行使公權力，而是在接受國家等行政主體之指揮下，從事活動，以協助行政主體完成一定任務之人而言，其僅係行政主體完成公務執行之工具，與受委託行使公權力之人須以自己名義，對外獨立行使公權力，而不受國家等行政主體之指揮監督之情形有別。因此，如因其之協助不良致生損害時，須視國家對其指揮監督有無過失，有無盡其應盡之注意義務以為斷，而決定國家應否負賠償責任。(葉百修，前揭「國家賠償法」，頁1123、1124。)

③　葉百修，前揭「國家賠償法」，頁1109、1110。

務行使公權力時，其人格即為國家所吸收，其行為即為國家之行為，且國家授與公務員執行職務之權限，本就有被公務員違法行使之危險，因而公務員違法行使公權力時，國家應視其為自己之行為而自負其責，由國家自己直接負賠償之責。

(三)併合責任說

此說以國家賠償責任之有無，應視不法行為人是否具公務機關而定。如該行為人具公務機關之身分者，其不法行為所生之損害賠償責任，係國家自己所應負之責任；反之，行為人若非具公務員身分，僅為受僱人之身分時，其不法行為所生損害賠償責任，國家僅為代位性質，於賠償後仍須向行為人求償。

(四)中間責任說

此說以行為人之行為結果，國家具有可歸責性為論斷責任歸屬。若行為人之不法行為得認係公務機關之行為時，國家對該行為人所為之不法行為所負之損害賠償責任係自己之責任；若該行為人就其不法行為之發生，具有故意或重大過失時，該行為失其具有機關行為之性質，國家對該不法行為所生損害，本不負賠償責任，但為保護被害人權益，才由國家代為賠償，國家所負責任為代位賠償責任。

二、台灣地區之行政賠償

台灣地區之訴願法無許被害人提起行政賠償之規定，其原因係基於與國家賠償法之協議程序有所分野[①]。台灣地區雖不許在訴願時，提起行政賠償，但人民受有損害時，得於提起行政訴訟時，附帶請求或依國家賠償法之規定，請求公務員所屬機關或公共設施之設置或管理機關損害賠償。台灣地區之國家賠償法第一條第二項規定：「公務員於執行職務行使公權力時，因故意或過

---

① 　蔡志方，前揭「訴願制度」，頁957。

失不法侵害人民自由或權利者，國家應負損害賠償責任。公務員怠於執行職務，致人民自由或權利遭受損害者亦同。」第三項「前項情形，公務員有故意或重大過失時，賠償義務機關對之有求償權。」因此，台灣地區之行政賠償在人的責任方面，採代位責任主義，其行為人[①]有故意或過失為要件，賠償義務機關代為賠償後，對有故意或重大過失之行為人，有求償權；怠於執行職務之消極行為，致人民遭受損害者，其賠償責任亦同。但其消極行為以行為人因過失或故意怠於行使公權力時為限，且須對被害人有應執行之職務而怠於執行之情形，始負賠償責任。台灣地區之最高法院七十二年台上字第七○四號判例：「國家賠償法第二條第二項後段所謂公務員怠於執行職務，係指公務員對於被害人有應執行之職務而怠於執行者而言。換言之，被害人對於公務員為特定職務行為，有公法上請求權存在，經請求其執行而怠於執行，致自由或權利遭受損害者，始得依上開規定，請求國家負損害賠償責任。若公務員對於職務之執行，雖可使一般人民享有反射利益，人民對於公務員仍不得請求為該職務之行為者，縱公務員怠於執行該職務，人民尚無公法上請求權可資行使，以資保護其利益，自不得依上開規定請求國家賠償。」可資參照。

　　另同法第三條規定：「公有公共設施因設置或管理有欠缺，致人民生命、身體或財產受損害者，國家應負損害賠償責任。」是其賠償範圍除人之責任外，尚有物之責任，物之責任方面係採自己責任主義，國家以公有公共設施因設置或管理欠缺，致損害人民之生命、身體或財產者，負其行政賠償責任。至其管理欠缺，係指依客觀標準，該公共設施不具備應有之功能及狀態，而欠缺安全性，若尚在建造中，國家並未有開放供公眾使用之意思

[①]　行為人包括有公務員、受託團體或個人。

表示或行為，則不能認係公共設施，亦無本法之適用[1]。

　　台灣地區之行政賠償，被害人應先向賠償義務機關提起，賠償義務機關拒絕賠償，或自被害人提出請求賠償之日起逾三十日不開始協議，或自開始協議之日起於六十日協議不成立時，被害人得提起損害賠償之訴。其損害賠償之訴之提起，以被害人未依行政訴訟法規定，提起附帶請求損害賠償之訴為限。關於行政訴訟法之規定，其第七條：「提起行政訴訟，得於同一程序中，合併請求損害賠償或其他財產上給付」。其損害賠償係於各種行政訴訟中合併請求，原行政訴訟法第二條第一項：「提起行政訴訟，在訴訟程序終結前，得附帶請求損害賠償」。係採附帶請求，蓋由於舊制祇設有撤銷訴訟，損害賠償既屬給付訴訟，只能附帶請求，現制給付訴訟已為主要訴訟類型，而非附帶性質，故改以合併請求[2]。故申請人之損害賠償，可於行政訴訟程序中合併請求，然台灣地區之訴願範圍因僅限於撤銷之訴及課予義務之訴，其餘訴訟無訴願前置程序，損害賠償既屬於行政訴訟中之給付訴訟，自不在稅務訴願之範圍，申請人不得在訴願階段請求損害賠償。

三、大陸地區之行政賠償

　　行政賠償亦為大陸地區訴願標的，其賠償原則採「無過失責任主義」，申請人受有損害，無須證明相對人有否過失或故意，即可獲得行政賠償[3]。申請人對損害賠償之請求，可以在申請行

---

[1]　高點法學研究室，**學習式六法**，台北：高點文化事業有限公司，2000年10月五版，頁7-155。

[2]　詳見吳庚，**行政爭訟法論**，頁132。

[3]　鄭正忠，**海峽兩岸訴訟法制之理論與實務**，台北：台灣商務印書館股份有限公司，2000年2月出版第一次印刷，頁241。

政復議時，一併提出。若未能提出，行政機關亦應主動審查，有無國家賠償法之適用。其「國家賠償法」第九條第二款規定：「賠償請求人要求賠償應當先向賠償義務機關提出，也可以在申請行政復議和提起行政訴訟時一併提出。」同法第十三條：「賠償義務機關應當自收到申請之日起兩個月內依照本法第四章的規定給予賠償；逾期不予賠償或者賠償請求人對賠償數額有異議的，賠償請求人可以自期間屆滿之日起三個月內向人民法院提起訴訟。」是其行政賠償之請求，以先向賠償義務機關請求協議為原則，協議不成可以申請行政復議亦可以向人民法院提起訴訟。即其單獨請求行政賠償，須先向賠償義務機關為之，始能申請行政復議或提起行政訴訟，惟其第十三條有行政訴訟於三個月內提出之限制，卻無得提起行政復議之規定，是否意味行政復議之提出，無期間之限制，抑或協議後僅能提起行政訴訟，不能再單獨提出行政復議？然觀其同法第九條第二款既有許再提出行政復議之規定，焉有不許再提出行政復議之理[1]。因此，其申請應依行政復議之規定程序辦理。

　　大陸之行政賠償範圍，亦如訴願採列舉兼概括主義，依其「國家賠償法」之規定，可分為侵犯人身權與侵犯財產權之範圍。在侵犯人身權方面有：(一)違法拘留或違法採取限制公民人身自由之行政強制措施者；(二)非法拘禁或以其他方法非法剝奪公民人身自由者；(三)以毆打等暴力行為或唆使他人以毆打等暴力行為造成公民身體傷害或死亡者；(四)違法使用武器、警械造成公民身體傷害或死亡者；(五)造成公民身體傷害或死亡之其他違法行為。在侵犯財產權方面有：(一)違法實施罰款、吊銷許可

---

①　大陸學者亦持肯定看法，認為根據行政復議法之規定，能提起行政訴訟之具體行政行為，均能申請行政復議。詳見宋雅芳主編，前揭書，頁174。

證和執照、責令停產停業、沒收財物等行政處罰者；(二)違法對財產採取查封、扣押、凍結等行政強制措施者；(三)違反國家規定徵收財物、攤派費用者；(四)造成財產損害之其他違法行爲者。

其得請求行政賠償者，僅限於積極之違法行政行爲，怠於執行之違法行爲非其行政賠償範圍。另大陸地區亦無對物方面之責任，即公有公共設施因設置或管理欠缺，而負其損害賠償責任，其請求範圍較台灣地區爲窄。惟其申請方式，書面、口頭均可，則較台灣地區爲寬。然台灣地區之行政賠償制度如何？受害人可否在訴願階段要求行政機關損害賠償？台灣地區之行政賠償制度與大陸地區相同亦制定有國家賠償法，申請人之損害賠償，可循民事訴訟或行政訴訟途徑請求，其責任亦採違法賠償主義，觀之台灣地區國家賠償法第二條第二項「公務員於執行職務行使公權力時，因故意或過失不法侵害人民自由或權利者，國家應負損害賠償責任。」之規定自明。

至提起行政訴訟，台灣地區行政訴訟法第七條規定：「提起行政訴訟，得於同一程序中，合併請求損害賠償或其他財產上給付」。其損害賠償係於各種行政訴訟中合併請求，原行政訴訟法第二條第一項：「提起行政訴訟，在訴訟程序終結前，得附帶請求損害賠償」。台灣地區係採附帶請求，蓋由於舊制祇設有撤銷訴訟，損害賠償既屬給付訴訟，只能附帶請求，現制給付訴訟已爲主要訴訟類型，而非附帶性質，故改以合併請求[①]。故申請人之損害賠償，可於行政訴訟程序中合併請求，然台灣地區之訴願範圍因僅限於撤銷之訴及課予義務之訴，其餘訴訟無訴願前置程序，損害賠償既屬於行政訴訟中之給付訴訟，自不在稅務訴願之

[①] 吳庚，同前註11，頁132。

範圍，申請人不得在訴願階段請求損害賠償，就此而言，台灣地區之損害賠償救濟途徑與大陸地區有別。

參、訴願種類

一般行政訴訟種類有撤銷之訴、課予義務之訴、給付之訴、確認之訴。撤銷之訴係人民對行政機關之違法或不當處分，要求有權機關予以撤銷之訴訟；課予義務之訴係行政機關對人民之申請案件應作為而不作為或拒絕予以處分，人民請求有權機關責令應作出處分之機關，按其申請內容為處分之訴訟；給付之訴，就其程序之標的而言，為針對行政處分以外之單純行政行為之作為或不作為，其範圍包括一、單純高權行為（即人民請求作成行政處分以外之非財產上給付行為）二、請求不作為之一般給付訴訟三、請求財產上之給付等[①]；確認之訴則為確認行政處分無效及確認公法上法律關係成立或不成立之訴訟；或確認已執行完畢或其他事由而消滅之行政處分為違法之訴訟[②]。

台灣地區之訴願標的，在訴願種類方面，僅限於撤銷之訴及課予義務之訴，亦即只有撤銷之訴及課予義務之訴，採訴願前置主義之外，其餘之訴皆不須經訴願程序，可逕提行政訴訟。行政處分之撤銷有基於人民之申請而為者，亦有由行政機關主動撤銷者。德國通說，將行政處分分為授益處分與負擔處分。對於違法之負擔處分，多認為得撤銷，但對於違法之授益處分，其聯邦行

[①] 蔡志方，「論行政訴訟法上各類訴訟之關係」，收錄於**台灣行政法學會學術研討會論文集－（1999）行政救濟、行政處罰、地方立法**，台北：社團法人台灣行政法學會，2000年12月出版第一刷，頁91~92。請求財產上之給付者，尚包括溢繳稅款、損害賠償請求之給付等。

[②] 參照台灣地區行政訴訟法第六條規定。

政法院之意見，則偏向於保護信賴者，認為非有重大公益上之理由，行政機關不得任意撤銷之。日本則從公益上之觀點著眼，認為公益上有加以撤銷之必要者，無論負擔或授益之處分，皆應加以撤銷。故其行政事件訴訟法第三十一條第一項規定：「提起撤銷之訴時，處分或決定即使違法，但如將其撤銷，對公共利益顯然將發生重大妨礙者，得斟酌原告所受損害之程度，其損害賠償或防止之程度及其方法，以及其他一切情事後，如仍認為撤銷處分或決定不符合公共利益時，法院得駁回其請求。此時，該判決主文中應記載處分或決定違法」[1]。

　　台灣地區仿其制，在修正後之訴願法第八十三條第一項規定：「受理訴願機關發現原行政處分雖屬違法或不當，但其撤銷或變更於公益有重大損害，經斟酌訴願人所受損害、賠償程度、防止方法及其他一切情事，認原行政處分之撤銷或變更顯與公益相違背時，得駁回其訴願」。第二項：「前項情形，應於決定主文中載明原行政處分違法或不當。」同法第八十條第一項更規定，原行政處分顯屬違法或不當者，原行政處分機關或其上級機關仍不得依職權撤銷或變更之例外情形：一、其撤銷或變更對公益有重大危害者。二、行政處分受益人之信賴利益顯較行政處分撤銷或變更所欲維護之公益更值得保護者。第三項「行政處分之受益人值得保護之信賴利益，因原行政處分機關或其上級機關依第一項規定撤銷或變更原行政處分而受有損失者，應予補償。但其補償額度不得超過受益人因該處分存續可得之利益」。其作為著重在公益之維護；原處分縱有違法或不當，但其公益程度顯較私益為重時，應以維護公益為優先。受處分人因此而受有損失者，則應予補償。

---

　　[1]　翁岳生，「行政處分之撤銷」，收錄於氏著法治國家之行政與司法，台北：月旦出版社股份有限公司，1994年8月一版二刷，頁41~43。

　　課予義務之訴，台灣地區行政訴訟法第五條有因中央或地方對人民依法申請之案件，於法令所定期間內應作為而不作為者；有因中央或地方機關對人民依法申請之案件，予以駁回者，而使人民之權利或法律上之利益受損害者。中央或地方機關對人民申請之案件，應作為而不作為，是怠為處分；駁回人民申請之案件，是為拒絕處分。怠為處分，台灣地區以往皆將其視為擬制處分，新訴願法則可以提起訴願。不過，台灣地區之訴願法第二條行政機關對人民之申請案件，於法定期間內應作為而不作為，人民認為損害其權利或利益者，雖得提起怠為處分之訴，但對拒絕人民之申請案件，得否提起訴願，行政訴訟法第五條第一項雖有規定，此類案件應經訴願程序，然訴願法並無明文規定，顯為立法疏漏，值得檢討。

　　大陸地區之訴願制度，似採「法規維持」與「權利保護」兩說並存觀點，與台灣地區之訴願法規要旨似無差異，惟大陸之訴願制度並無台灣地區訴願制度之「情況判決」規定。不過，其訴願種類有確認之訴、課予義務之訴、撤銷之訴、給付之訴，其訴願種類較台灣地區廣泛。關於確認之訴，其行政復議法第六條第四項：「對行政機關作出的關於確認土地、礦權、水流、森林、山嶺、草原、荒地、灘塗、海域等自然資源的所有權或者使用權的決定不服的」。該確認之訴，依照同法第三十條第二款規定：「根據國務院或者省、自治區、直轄市人民政府對行政區劃地勘定、調整或者徵用土地的決定，省、自治區、直轄市人民政府確認土地、礦藏、水流、森林、山嶺、草原、荒地、灘塗、海域等自然資源的所有權或者使用權的行政復議決定為最終裁決」。是其訴願決定為終局裁決，不得再提救濟。

　　按土地、礦藏、水流、森林、山嶺、草原、荒地、灘塗、海域等自然資源的所有權或者使用權糾紛，乃為私法爭議，本應循

民事訴訟程序解決，惟大陸地區在行政權優越之政治背景環境下，法律、法規往往授權行政機關，本於行政權予以裁決，對行政機關之裁定不服，應否提行政救濟，大陸學者意見分歧；有謂對行政機關確權決定不服，應提起民事訴訟者，認爲此類案件雖經行政機關作過處理，惟其性質仍屬民事糾紛，人民法院審理此類案件仍應以原爭議雙方爲訴訟當事人，而所有權或使用權之歸屬，最終以人民法院之裁判爲準。此說仍引起不少批評，有人擔心會有司法干預行政之嫌，萬一行政與司法裁判不一，仍難平息糾紛。亦有謂審判機關應視被告對象而異；若以行政機關爲被告，則轉化爲行政爭議；若以原爭議之對方當事人爲被告，則仍屬民事爭議。此說亦受到嚴厲之批評，認以原爭議之另一方爲被告即認屬民事訴訟，無視於行政裁決之客觀存在事實，易產生矛盾。另一說則主張此類案件屬行政訴訟範圍，其理由：一、自然資源之所有權與使用權屬之確定，乃行政機關之法定職權，確權裁決代表行政機關獨立之管理意志，係行使行政裁決權之表現。二、行政機關之確權裁決具有相當公定力及確定力，非經有權機關撤銷，其效力客觀存續。三、上述資源爲重要國有資源，其主導形式係國有制與集體所有制，其爭議已屬「公」性質，權屬確定係行政機關之權責。四、民事權屬糾紛經行政機關之強制處理，已形成新的行政法律關係，當事人間法律關係性質與行政機關之處理決定具有不可分割性。五、由民事裁定，若與行政機關之裁決內容不同，易激化行政與司法之矛盾。經過激烈之論爭後，大陸最高人民法院終認爲此類案件應作爲行政案件處理[①]。

　　終局裁決之類型，另一較有爭議的問題是，萬一終局裁決機關對復議之申請不作爲，申請人是否可訴？若以其行政復議法第

---

① 　張國勳，前揭書，頁 177~180。

十九條：「法律、法規規定應當先向行政復議機關申請行政復議，對行政復議決定不服再向法院提起行政訴訟的，行政復議機關決定不予受理或者受理後超過行政復議期限不做答覆的，公民、法人或者其他組織可以自收到不予受理決定書之日起或者行政復議期滿之日起十五日內，依法向人民法院提起行政訴訟」之規定，對復議不作為之司法監督，似乎僅限於復議前置類型之行為，其餘類型似乎僅能進行內部監督？事實上，終局裁決之復議不作為，並非終局性之具體行政行為本身，亦非終局復議決定，而是一種具體行政行為之不作為，且其行政訴訟受案範圍亦包括行政不作為，行政訴訟法也只對終局性行政行為與終局復議裁決排除可訴性，而並無法否定行政終局行為的復議不作為的可訴性[①]。基此觀點，終局裁決機關對復議之申請不作為，應可提起行政訴訟，此似為終局裁決類型之例外。

　　課予義務之訴，則規定在其行政復議法第六條第八項：「認為符合法定條件，申請行政機關頒發許可證、執照、資執證、資格證等證書，或者申請行政機關審批、登記有關事項，行政機關沒有依法辦理的」。第九項：「申請行政機關履行保護人身權利、財產權利、受教育權利的法定職責，行政機關沒有依法履行的」。第十項：「申請行政機關依法發放撫恤金、社會保險金或者最低生活保障費，行政機關沒有依法發放的」。稅務行政復議規則第七條第七項「稅務機關不依法辦理或答覆的行為：1. 不予審批減免稅或出口退稅；2. 不予抵扣稅款；3. 不予退還稅款；4. 不予稅務登記證；5. 不予開具完稅憑證和出具票據；6. 不予認定為增值稅一般納稅人；7.不予核准延期申報、批准延期繳納稅款。」皆為課予義務之訴，訴願受理機關皆可以做成決定

---

①　余辛文，前揭書，頁46。

責令原處分機關在一定期限內履行①。然則需要再加說明的是，其第七條第七項第六目「不予認定為增值稅一般納稅人」，雖名為課予義務之訴範圍，實者其性質亦可歸類為確認之訴。蓋該項規定具有二層意義可為解讀；即怠為處分或拒絕處分。若為稅務機關拒絕人民申請認定為增值稅一般納稅人身分之處分，則可要求原處分機關之上級機關確認申請人為具有增值稅一般納稅人身分，此為確認之訴，亦可提起獨立撤銷之訴，要求訴願機關撤銷原處分，或要求訴願機關責令原處分機關為一定行為之課予義務處分，但獨立撤銷之訴經受理訴願機關撤銷原處分之決定後，申請人仍須再提起請求行政機關為一定行為之課予義務之訴，手續反為繁瑣。故稅務行政復議規則第七條第七項第六目「不予認定為增值稅一般納稅人」，應歸類為課予義務之訴範圍，較為允當。大陸地區行政復議法之課予義務之訴，較引人爭議的是，未明文規定行政機關不作為期限，需時多久，人民始可提起訴願。觀之現行法規定，人民似可隨時提出申請，將使行政處分長期處於不確定狀態，為其缺點。

　　至其撤銷之訴，其行政復議法第二十八條第三項及稅務行政復議規則第三十二條第三項：「具體行政行為有下列情形之一的，決定撤銷、變更或者確認該具體行政行為為違法；決定撤銷或者確認該具體行政行為為違法的，可以責令被申請人在一定期限內重新作出具體行政行為：1. 事實不清、證據不足的；2. 適用依據錯誤的；3. 違反法定程序的；4. 超越或者濫用職權的；5. 具體行政行為明顯不當的。」原處分有上述所列各項情形固得由受理訴願機關予以撤銷，但上開規定尚有確認具體行政行為為違法者，其間之分野若何？撤銷之訴係撤銷繼續存在之違法或不當

---

　　①　參照大陸行政復議法第二十八條第一款第二項；稅務行政復議規則（試行）第三十二條第一款第二項規定。

行政處分，確認之訴係確認已執行完畢或消滅之行政處分；該具
體行政行為若仍存續者，應屬撤銷之訴；若已執行完畢或消滅
者，則屬確認之訴。其與台灣地區之行政訴訟法第六條第一項後
段：「確認已執行完畢或因其他事由而消滅之行政處分為違
法」，應有相同之意涵。

其給付之訴為在撤銷之訴中，合併請求損害賠償，其規定在
稅務行政復議規則第三十三條：「申請人在申請行政復議時可以
一併提出行政賠償請求，復議機關對符合國家賠償法的有關規定
應當給予賠償的，在決定撤銷、變更具體行政行為或者確認具體
行政行為違法時，應當同時決定被申請人依法給予賠償。」「申
請人在申請行政復議時沒有提出行政賠償的，復議機關在依法決
定撤銷或者變更原具體行政行為確定的稅款、滯納金、罰款以及
對財產的扣押、查封等強制措施，或者賠償相應的價款」[1]。申
請人提起訴願時，可以一併提出損害賠償，其未提出時，受理訴
願機關在作出撤銷或變更原具體行政行為時，亦可以主動責令原
行政處分機關賠償相應的價款。是其給付之訴為訴願之合併請
求，訴願機關亦可作成訴外裁判，此雖有悖於一般行政救濟概
念，僅就申請人所請求之內容為之裁判之原則，然其做法有助強
化行政救濟制度對人民權益保障之功能，值得肯定。

第二節　訴願程序方面

台灣地區訴願法原規定，訴願人向受理訴願機關提起訴願，
應同時繕具訴願書副本，送於原行政處分或決定機關，再由其審

---

[1]　大陸地區行政復議法第二十九條有相應之規定。

查後，決定應否撤銷或答辯。台灣地區修正後之訴願法第五十八條規定，「訴願人應繕具訴願書經由原行政處分機關向訴願管轄機關提起訴願，原處分機關應先行重新審查原處分是否合法妥當，其認訴願為有理由者，得自行撤銷或變更原行政處分，併陳報訴願管轄機關」。改由經原行政處分機關向訴願管轄機關提起，原行政處分機關應先行審查是否合法妥當，若認其訴願無理由，再提出答辯，並將必要之關係文件，送於訴願管轄機關。其立法理由為「為發揮訴願程序，賦予原處分機關重新反省審查原處分之合法妥當性的功能，並便於就近調查事證，以提高行政效率」，故參考德國行政法院法第七十二條規定予以修正。此舉無須由受理訴願機關輾轉函請原處分或決定機關檢卷答辯，並方便訴願人就近提起，確有助提高行政效率。相較大陸地區之訴願制度，僅能向原處分機關之上級機關，或行政處分發生地之縣級地方人民政府提起，顯為方便許多，其不答辯之法律效果，台灣地區與大陸地區之訴願機關皆可逕行撤銷原行政處分，惟台灣地區係以行政規則為補充規範[①]，不若大陸地區明文規定在行政復議法中來得周延。

此外，台灣地區訴願法第五十八條規定，訴願應向原處分機關提起，經其審查後再報送訴願管轄機關，雖有助便民及提昇行政效率，然台灣地區稅務訴願採復議前置主義，以復查為訴願之先行程序，提起訴願之前，應先經復查程序，原處分機關對訴願案件，原已在復查階段審查過，有無必要到訴願階段再重新自我審查，會否予人有「畫蛇添足」之感，在實務上有無其必要性，若要維持原處分機關在訴願階段自我審查之方式，則復查階段可否廢掉，皆值得檢討。

[①]　其規定在台灣地區行政院及各級行政機關訴願審議委員會審議規則第二十六條第二項。

　　訴願程序除有如上述之差異外，其裁決之類型亦有所區別。按大陸地區之稅制有中央與地方稅之分，分由國家稅務局與地方稅務局及其所轄分局稽徵，納稅人不服稽徵機關之行政處分，除對省級地方稅務局作出之具體行政行為，可選擇向省人民政府或國家稅務總局，提出申請行政復議，受理訴願機關無正當理由不予受理，上級機關亦可直接代位受理，顯與台灣地區不同外。其餘應向其上一級機關提起訴願，則與台灣地區之訴願制度大致雷同。其訴願程序雖採前置兼選擇主義，但由國家稅務總局作出之具體行政行為經訴願決定，申請人如仍不服，雖可選擇向人民法院提起行政訴訟，或向國務院申請裁決，但其國務院所作之裁決，為其行政訴訟法第十二條第四款所規定之「法律規定由行政機關最終裁決的具體行政行為」，不得提起行政訴訟之範圍，屬選擇復議為終局裁決類型，其稅務行政復議規則第十一條並有明文規定國務院之裁決為終局裁決。另外，值得注意的是，大陸之行政復議，雖原則上應向其作出具體行政行為之上級機關申請，但有一例外情形為，對稅務機關派出機構所作出之具體行政行為，由該派出機構之稅務機關受理訴願[①]，顯與台灣地區由派出之稅務機關之上級機關受理訴願之情形有別。

　　按其授予行政機關最終裁決權之理由，不外乎係基於其專業性與技術性，欠缺專業或技術知識之法官無法審查，故應由具專業或技術之行政人員進行審查。然則其所謂專業性或技術性之論調，實屬牽強，如以其專利法之規定而言，對於較具專業性及技術性之發明請求駁回決定不服，可以提起行政訴訟，對於較不具專業、技術性之外觀設計複審不服，反為終局決定，不得再行起訴。故其所謂專業或技術性之理由，無非為基於行政上之「便宜」考量。其實，所謂專業或技術性，係針對關涉事實之認定而言，

[①]　參照大陸地區稅務行政復議規則第十二條規定。

至其違法與否，則純屬法律問題，有待司法機關爲權威之宣示[1]，且行政處分經過訴願機關之復審程序後，其事實已較爲清晰，判案法官不難從其訴願決定內容及其證據資料，初步瞭解眞實情形，作爲合法性之判斷，其法官之專業或技術性之障礙，不難克服，其程序設計剝奪納稅人經由第三者作司法公正判斷之權利，實屬違背三權分立之民主法治精神，不無商榷餘地。

壹、有否復查先行程序

復查先行程序爲在訴願程序中，提起訴願前應經復查階段。關於這方面，台灣地區與大陸地區是有差別；台灣地區之稅務行政救濟，採復議前置主義，在行政階段之救濟程序，除訴願外，尚有復查程序，復查程序且爲訴願前之先行程序，申請人除對稅務機關之消極不作爲行爲不服，可逕提訴願，或確認之訴、給付之訴可逕提行政訴訟外，其餘之行政行爲，需先踐行復查程序，方可提訴願。大陸地區之稅務行政救濟制度，則採前置兼選擇主義[2]，即除稅務機關做出之徵收行爲，包括徵收稅款、加徵滯納金，扣繳義務人及受稅務機關委託徵收之單位做出之代扣代繳、代收代繳行爲，應先提行政復議，才可向人民法院提起行政訴訟外，其餘得申請復議之項目，提行政復議並非必要。申請人可以自身方便，選擇向作出具體行政行爲之稅務機關之上級機關提出

---

[1] 張國勳，前揭書，頁197、198。

[2] 大陸地區之稅務行政復議規則第十三條規定，納稅人及其他稅務當事人對本規則第七條第(一)項（即稅務機關做出的徵稅行爲）不服者，應先向行政復議機關申請行政復議，對復議機關之決定不服，才能向人民法院起訴，是採訴願前置主義。但同法第十四條則又規定，申請人對第七條第(一)項以外之其他稅務具體行政行爲不服者，可申請行政復議，也可以直接向人民法院提起行政訴訟，是其制採前置兼選擇主義。

申請行政復議，也可以直接向人民法院提行政訴訟，提供納稅人自由選擇權利，是其優點。不過，大陸地區之行政復議，較之台灣地區少了一道復查程序，復查程序提供做出具體行政行為之稅務機關自我省察機會，就減少復議機關或行政訴訟機關之工作負荷量而言，對具技術性、大量性之稅務案件，由原做出具體行政行為之機關先行過濾，有其必要。

貳、申請主體

　　申請主體為訴願程序主要部份，無其提出申請，訴願程序終究無法成立。大陸地區稅務訴願制度規定之訴願申請主體，其行政復議法第二條規定為「公民、法人或者其他組織」，其稅務行政復議規則第二條，也規定為「納稅人和其他稅務當事人」；反觀台灣地區之訴願法第一條則僅規定為「人民」。乍看之下，台灣地區得為申請行政復議之主體，似較大陸地區為狹窄。事實上，台灣地區訴願法之所謂「人民」依照訴願法第十八條規定，並不限本國之自然人，外國人、其他法人或非法人之團體均屬之。同時台灣地區之訴願法第一條第二項復規定：各級地方自治團體或其他公法人對上級監督機關之行政處分，認為違法或不當，致損害其權利或利益者，亦可提起訴願。據此，台灣地區得為訴願之主體，不但包括本國之自然人、法人，非法人團體及外國人、外國組織，還包括自治團體或其他公法人，就行政復議保護之對象而言，台灣地區顯較大陸地區完備。

　　至於行政機關得否提起訴願，台灣地區司法院三十四年解字第二九〇號解釋：「若其處分不獨鄉鎮為之，對於一般人民具有同一情形，亦為同一處分者，則鄉鎮係以與一般人民同一之地位而受處分，不能以其為公法人，遂剝奪其提起訴願之權」。認

為自治機關得提起訴願，同院大法官會議釋字第四十號則對該號解釋作進一步解釋：「行政訴訟法第一條規定，人民因中央或地方官署之違法處分，致損害其權利者，得依法定程序提起行政訴訟，是僅人民始得為行政訴訟之原告，台灣省物資局依其組織規程，係隸屬於台灣省政府之官署，本院院解字第二九九○號解釋所稱之鄉鎮自治機關不同，自不能類推適用此項解釋至海關緝私條例第三十二條對於提起行政訴訟之原告」。認為行政機關與自治機關不同，不能類推適用提起行政救濟。惟其後最高法院五十一年台上字第二六八○號判例：「國有財產撥給各地國家機關使用者，名義上雖為國有，實際上即為使用機關行使所有人之權利，故本院對於是類財產，向准由管領機關起訴，代國家主張所有權人之權利。」又承認行政機關有提起訴願之權。司法界之所以會有此看法，是因行政機關為公法人機關，而非公法人本身，在民法上無權利能力，實務上為便利計，始認為得以該機關為權利義務之當事人，其以中央或地方機關為當事人取得之確定判決，在實體法上之權利義務，仍歸屬於其所代表之公法人，學者間雖有主張應承認行政機關為公法人者，惟尚不能為多數人接受[1]。

行政機關為公法人固不能令人接受，但其「以與一般人民同一之地位而受處分」得提起訴願，則為多數人之一致看法。因此，台灣地區行政訴訟法第二十二條規定：「自然人、法人、中央及地方機關，非法人之團體，有當事人能力」。即承認行政機關有訴訟權能。台灣地區之訴願法修正草案第十八原條增列第二項：「中央或地方機關立於與人民同一之地位而受行政處分，亦

---

[1] 洪明璋，「論中央或地方機關可否提起訴願、行政訴訟之研究」，收錄於訴願案例研究彙編（第十一輯），台灣省政府訴願審議委員會發行，1999年6月，頁4~5。

得提起訴願。」之條文，惟經立法院三讀時，認為「行政機關本身並非法人，並無獨立享受權利負擔義務之能力，難謂立於人民同一之地位而受行政處分。」而予以刪除，殊為可惜，立法院否認行政機關訴願適格理由，若細推之，似乎仍有再予商確之必要，蓋上揭行政訴訟法已規定中央及地方機關有當事人能力，撲其用意當然係在賦予中央或地方機關之原告適格而非被告適格，否則該法即屬贅文。依上述行政訴訟法規定，於「確認之訴」及「一般給付之訴」，行政機關得為原告當無疑義；但在「撤銷之訴」或「課予義務之訴」，行政機關有無原告適格，要非無疑義[①]，因此，該法修正草案第十八條增列第二項之被刪，行政院訴願會應俟機尋求翻案機會[②]，俾以補救。台灣地區之稅務案件救濟，在實務上，因稅捐稽徵法以納稅人為稅務主體，所以，行政機關提起訴願，應較無問題，而大陸地區之行政復議法第二條規定：「公民、法人或者其他組織認為具體行政行為侵犯其合法權益，向行政機關提出行政復議申請，行政機關受理行政復議申請、作出行政復議決定，適用本法。」因大陸地區承認行政機關為構成社會法律關係之一環，具有法人人格之行政主體[③]，與台灣地區所持　之機關人格否認說迥然不同，故其行政機關以準法人地位，受不法或不當行政行為侵犯其合法權益時，亦得提起訴願[①]（見下頁）。

[①]　蔡茂寅，「新訴願法之特色與若干商榷」，台北：**律師雜誌**5月號第236期，1999年5月，頁128。

[②]　按台灣地區之行政訴訟法為法務部主稿草擬，訴願法則由行政院訴願會主稿訂定。

[③]　大陸學者認為國家、國家機關、公民、社會團體、企業事業單位、集體經濟組織，為構成社會法律關係之主體，皆具有權利能力與行為能力。詳情請參閱吳祖謀主編，**法學概論**，北京：法律出版社，1994年8月第五版，頁55、56。

　　其實，大陸地區主張行政機關為個別人格說，在學理上不無爭議之處，此說易流於否認國家為統一體。行政機關雖為構成社會法律關係之主體，但其所為之行為，僅代表國家之意思，其自身並無獨立之目的，故未具法律上之人格。採機關人格否定說，非謂該機關之特定人格從而消滅，該特定人格在個別地位上，仍有其獨立之人格，得為權利義務之主體，而與國家或其他私人，發生一定之法律關係[②]。台灣地區司法界承認行政機關為公法人機關，而非公法人本身，得提起訴訟，不失為實務上之權宜措施，似較為合理，值得肯定。

參、申請方式

　　訴願程序除應由申請主體提出，方能進行外，申請方式亦有規範。一般行政案件之申請則有書面有口頭，而訴願之申請方式為程序要件，當事人缺此要件，復議案件之申請無由成立。大陸行政復議之申請方式，其「稅務行政復議規則」第十六條規定，申請人可以書面申請，也可以口頭申請，但以口頭方式申請者，復議機關應當場作成紀錄。該項口頭申請為修正行政復議法之新增規定，對不識字之民眾申請訴願，甚為方便，此對教育尚未十分普及之大陸地區，有其必要，同時也為一便民措施，值得肯定。台灣地區之稅務案件訴願，稅捐稽徵法第三十五條規定應以書面為之，訴願法第五十六、五十八條亦規定應依規定格式，繕具訴願書向原行政處分機關提起，並無口頭申請之規定，關於此

[①]　張國勳，前揭書，頁211。

[②]　洪明璋，「直轄市或省轄市區公所是否為行政機關之研究」，收錄於**訴願案例研究彙編**（第九輯），台灣省政府訴願審議委員會編印，1997年6月，頁71。

點，大陸地區顯較台灣地區進步。然而台灣地區之行政程序法第
三十五條規定，當事人向行政機關提出申請者，除法規另有規定
外，得以書面或言詞為之，固以訴願法無是項規定為前提，方得
適用，訴願法既有較嚴格之規定，能否以言詞為之，要非無疑。
惟晚近以來，政府施政莫不以便民為鵠的，行政程序法為行政之
基本法，其既准許申請人以言詞方式申請，況該法第一百六十九
條對人民之陳情，除書面外，亦許其言詞為之。從而人民提起訴
願，有無必要書面提出，要非無商榷之餘地，值得吾人加以深
思。

肆、應否先繳稅款

　　關於稅務案件在行政救濟程序中應否先繳稅款？台灣地區之
稅捐稽徵法第三十五條原規定，納稅人申請複查，應先繳納二分
之一稅款或提供擔保，否則會被視為程序不合而駁回。後經大法
官會議釋字第二二四號解釋為「係對人民訴願及訴訟權所為不必
要限制」，而宣告為違憲，才改為在訴願階段要先繳二分之一稅
款，否則會被移送法院強制執行，其稅款繳納與否，並不能阻卻
納稅人提出復查之申請，其對納稅人唯一不利之後果，是被移送
法院強制執行。而大陸地區之行政復議制度，依照其「稅務行政
復議規則」第十三條規定，申請人欲申請行政復議，需先依稅務
機關所核定之全部稅額，在限繳期內繳納，並收到稅務機關填發
的繳款憑證之日起六十日內提出行政復議申請。繳納稅款為其行
政復議程序之先決條件，申請人不為先行繳納，即失去申請行政
復議之利益，其條件顯然比台灣地區嚴苛。

伍、申請或決定期限

　　訴願程序無論在申請或決定方面，其期限亦有一定之要求，其用意一方面基於保護人民之權益，一方面係在促使訴願案件速審速決，避免行政機關之行政行為長期處於不確定狀態，而大陸地區之行政復議案件之申請期限，其修正前之「稅收徵收管理法」第五十六條原規定納稅人、扣繳義務人、納稅擔保人與稅務機關之納稅爭議，應於收到稅務機關填發之繳款憑證之日起六十日內向上一級稅務機關申請行政復議；對稅務機關之處罰決定、強制執行措施或稅收保全措施不服者，可於接到處罰通知之日起或稅務機關採取強制執行措施，稅收保全措施之日起十五日內向作出該決定之稅務機關之上一級機關申請復查。修正後之「稅收徵收管理法」對於申請人提起訴願，未作期限之規定，但其「稅務行政復議規則」第十三條第二款、第十五條則一律規定為，自收到稅務機關填發的繳款憑證之日起，或得知稅務機關做出具體行政行為之日起六十日內提出行政復議。同時，遇天災事變等不可抗力事件，可延長申請期限，且為避免原行政處分機關干擾申請人提出申請復議，影響其正當權益，規定原處分機關有設置障礙，阻礙申請人提出申請等其他正當理由，而耽誤法定申請期限時，其申請期限可以自障礙消除之日起繼續計算[①]。台灣地區雖亦有遇天災事變，可延長申請期限之規定，但台灣地區之訴願法第十四條「訴願之提起，應自處分達到或公告期滿之次日起三十日內

---

①　此為大陸地區之稅務行政復議規則第十五條第二款所明定，其目的在避免稅務機關設置各種障礙干擾納稅人，致其無法在期限內提出申請行政復議，故特准延長其申請期限至障礙消除之日起算，以充分保障申請人權益。

為之」，提起訴願之期限僅有三十日，且無原處分機關有設置障礙，阻礙申請人提出申請等其他正當理由情形，而耽誤法定申請期限時，其申請期限可以自障礙消除之日起繼續計算之設計規定，大陸地區規定顯然較台灣地區寬鬆許多，人民有充裕之時間準備，提出行政復議，且對原處分機關之干擾有補救作用，為其優點。

　　行政復議之申請期限為法定不變期間，納稅人違反將失卻救濟利益，影響可謂至大，因此，其起算日之計算標準，亦為重要。行政復議之起算，向有所謂發信主義與到達主義之分：採發信主義者以郵戳日期為憑，不計兩地間投送時間；採到達主義者以受理機關收到之日為準，應扣除在途期間。大陸地區之「行政復議法」及「稅務行政復議規則」並無專設期間與送達之規定，僅在條文中規定，復議期間之計算與行政復議文書之送達，依照民事訴訟法關於期間、送達之規定執行。而其民事訴訟法有關期間之計算，在其第七十五條規定不包括在途期間，若在期滿前交郵者不算過期，似採折衷方式，可採對申請人有利之方式計算。而台灣地區對於期間之計算則採到達主義，即訴願法第十四條第三項規定：「訴願之提起，以原行政處分機關或受理訴願機關收受訴願書之日期為準。」及同法第十六條第一項：「訴願人不在受理訴願機關所在地住居者，計算法定期間，應扣除在途期間。」第二項：「前項扣除在途期間辦法，由行政院定之」。足見係採到達主義，扣除在途期間辦法，並授權由行政院定之，台灣地區之規定似較為嚴謹。

　　至其決定期限，台灣地區之訴願法第八十五條規定，應自收受訴願書之次日起三個月內作成訴願決定，其不能在該期間內作成者，可再延長一次，但其延長期間以二個月為限。訴願決定期間之起算日，有依第五十七條但書規定應補送訴願書者，自補送

之次日起算，未爲補送者，自補送期間屆滿之次日起算；其因訴願書不合法定程式，由受理訴願機關通知補正者，計算方法亦同，應自補正之次日起算；若未爲補正者，自補正期間屆滿之次日起算。大陸地區因可對抽象行政行爲提起訴願，所以，其訴願決定期限，可分兩方面加以說明：一是抽象行政行爲，其爲申請人於訴願時提出審查者，訴願機關有權處理的，應當在三十日依法處理，無權處理者，須在七日內轉送有權機關處理，有權處理之行政機關收到後，應當在六十日內處理[①]。其爲受理訴願機關對訴願案件進行審查時，自行發現原處分所依據之規定不合法，應當在三十日內依法處理，無權處理者，應當在七日內轉送有權機關處理，有權機關收到後之處理期限，則未明文規定[②]。以上兩種情形，在處理期間，應中止該訴願案件之審查。台灣地區在訴願階段，則無抽象行政行爲之規定，故無此方面之規範。其二：一般訴願案件之處理期限，大陸之稅務行政復議規則第三十四條規定，自受理申請之日起六十日內應當作成行政復議決定，情況複雜者，則可經訴願機關核可，最多延長至三十日。其處理期限，顯然比台灣地區爲短，有助案件之速審速決。然其對瑕疵之申請，未有補救之規定，若遇此情形，該作何處理，恐滋爭議，是其規定仍欠周。

陸、誤向受理機關以外機關提起之補救

申請人對稅務機關做出之具體行政行爲不服，未必都知道向何機關申請復議，因此，多數國家立法例訂定有誤向受理機關以外機關提起之補救措施。關於申請人在法定期間內誤向受理行政

[①]　參照大陸地區稅務行政復議規則第三十條規定。
[②]　參照大陸地區稅務行政復議規則第三十一條規定。

復議機關以外機關提起行政復議之補救措施，台灣地區訴願法第六十一條：「訴願人誤向訴願管轄機關或原處分以外之機關做不服原行政處分之表示者，視爲自始向訴願管轄機關提起訴願。前項收受之機關應於十日內將該事件移送原行政處分機關，並通知訴願人」。亦即，其受理日以受理機關收受之日爲準，受理機關並有移送原行政處分機關之義務。大陸地區之訴願制度，則除向具體行政行爲發生地之縣級地方人民政府提出申請，可由受申請之縣級地方人民政府轉送外，其餘機關受理則無轉送規定之設計，其僅在「稅務行政復議規則」第二十條賦予受理機關告知之義務；即僅交代申請人應向有關之行政復議機關提出申請，非由受理機關直接移送管轄機關[1]，且其又無以受理機關收受日爲提起行政復議之日的規定。表面視之，台灣地區似較爲進步，然大法官吳庚認爲，此做法爲民智未開，國家極度落後之權宜措施，今已時移勢轉，且行政處分已有教示之記載，殊無區予維護之必要，若要適用，至少亦應將已有教示之情形排除在外[2]。足見向非受理機關提起訴願之轉送規定，以台灣地區之現況而言，並非必要，但大陸地區之現況，近年來雖大力推廣教育，惟年長者仍有尙多文盲，未必能了解訴願申請手續，故是項規定有其必要。

---

[1]　雖然同法第二款規定，申請人也可以向具體行政行爲發生地之縣級地方人民政府提出申請，而由其轉送，但亦僅該縣級機關，其他機關並無可轉送之規定。

[2]　大法官吳庚即持不同見解，他認爲若聽任人民向與原處分不相干之機關呈訴，或者向無權受理之機關呈訴，又不必依法定格式，均屬視訴願爲非嚴格意義之法律救濟途徑的歷史遺跡，訴願法在國府制定時僅十三個條文，其因陋就簡可想而知，今者已逾百條，起草者既有意使訴願程序嚴格化或準司法化，自不應將不合時宜之例規變成正式條文。詳見吳庚，**行政爭訟法論**，頁302。

第三節 訴願之審議方面

壹、獨立審查

　　行政復議之獨立審查機構,兩岸皆設有獨立審查機構,專責其事。審查機構之名稱,大陸地區之「稅務行政復議規則」稱之為法制工作機構,台灣地區在復查階段則稱之為復查委員會,在訴願階段則稱為訴願審議委員會。該獨立機構職司訴願案件之審理,其組織之健全與否,關係行政復議制度之成敗至大。大陸地區修正前之「稅務行政復議規則」設有專章,該法第十五、十七條明定該機構為稅務行政復議委員會及其復議辦公室。其成員由主任委員、副主任委員以及委員五人以上組成。主任委員、副主任委員由訴願機關之領導擔任,委員由各業務部門領導或有關人員擔任,其對復議案件之決議採合議制,以全部委員過半數為之。而台灣地區之訴願審議委員會,根據訴願法第五十二條規定,其成員由具有法制專長之本機關高級職員及遴聘社會公正人士、學者、專家擔任,其中社會公正人士、學者、專家人數不得少於二分之一。同法第五十三條復規定,訴願決定應經訴願審議委員會之決議,其表決以委員過半數之出席,出席委員過半數之同意行之。

　　基本上,台灣地區訴願審查機構之組織設計,較之大陸地區都由自己人擔任,較能獲得申請人認同,至少「官官相護」之情形,亦能減低。不過,台灣地區之訴願審議委員會遴聘社會公正人士、學者、專家擔任,固有助於其提高辦案之社會公信力,但以當前國內政治生態環境,難保地方首長會有徇私情形,聘用非

公正人士，影響辦案品質，爲人所詬病，如何不徇私爲國舉才，
促使委員辦案個個都能公正廉明，恐怕有賴於地方首長之良知判
斷。

　　另在審理方式方面，爲追求恰如其分之實質民主法治，不盲
目爲訴願人之主張是從，各國之訴願制度均採不完全之當事人進
行主義，台灣地區僅在訴願之提起、撤回與證據之提出等各訴願
程序之若干階段，採當事人主義[①]，其餘則採職權進行主義，如
訴願法第六十七條：「受理訴願機關應依職權或囑託有關機關或
人員，實施調查、檢驗或勘驗，不受訴願人主張之拘束」。受理
訴願機關應依職權獨立審判，在審議程序中認有必要或依相對人
申請，亦可行言詞辯論，以探求事實眞相，以採書面審理爲原
則，言詞辯論爲例外。大陸地區之稅務訴願程序則以書面審理爲
原則，申請人提出要求或受理訴願機關認有必要時，可聽取申請
人、被申請人與第三人之意見，並可向有關組織或個人調查，並
無言詞辯論之設，是其制較傾向於採職權進行主義。而台灣地區
雖有言詞辯論之設，可予當事人當面陳述之機會，但受理訴願機
關尙可依職權獨立調查審判，爲屬廣義之言詞辯論[②]。

　　除審理方式有別外，台灣地區之訴願法第八十六條規定：
「訴願之決定以他法律關係是否成立爲準據，而該法律關係在訴
訟或行政救濟程序進行中者，於該法律關係確定前，受理訴願機
關得停止訴願程序之進行，並即通知訴願人及參加人」。訴願之

　　[①]　蔡志方，前揭「訴願制度」，頁972、973。
　　[②]　「言詞辯論」學界有廣狹之分，狹義之言詞辯論，指當事人於言詞
辯論期日以言詞爲聲明、聲請，提出攻擊與防禦方法，曁爲事實上、法律
上之陳述及其他一切行爲，當事人未提出之事證，法院不得加以斟酌。廣
義之言詞辯論，則除狹義之言詞辯論外，尙包括法院之調查、指揮、宣判
等行爲在內。詳見張國勳，前揭書，頁149、150。

決定有以他法律關係是否成立為準據之情形者，如訴願取得不實
之統一發票，被原處分機關以虛報進項稅額處罰，訴願人不服提
起訴願，訴願機關於審議時發現，取得發票來源商號，是否為虛
設商號，尚在普通法院訴訟中，該案之確定與否，關係訴願人之
虛報進項稅額之違章是否成立，故規定得停止訴願程序之進行。
此項規定為大陸地區所無，所以，兩岸之規定各具特色。

貳、不利益禁止變更原則之運用

　　不利益禁止變更原則，係為保護訴願人免因訴願之提起，而
受更不利益之處分，否則，無異於對提起訴願之人懲罰。此與訴
願制度之以「權利保護說」為取向及採禁止訴外裁判之「訴願標
的處分主義」有關[1]。然禁止不利益變更並非公認之法律原則，
立法論上是否加以採用，亦無定論[2]。如台灣地區之學者吳庚[3]
認為德國行政法院法對異議決定，有無此項原則之適用未作任何
規定，各邦行政法院實例上多認異議決定可做不利益之變更，聯
邦法院則持不同看法，認為是否採禁止不利益變更原則，應視具
體個案所引用之聯邦或各邦法規而定，並非一概而論。奧國之
制，除行政罰法對受處罰之訴願人請求救濟，禁止不利益變更
外，一般行政程序法並未規定訴願裁決應受此一原則之支配，台
灣地區制度未免過猶不及；學者李建良[4]則認為台灣地區之法制

---

[1]　蔡志方，前揭「訴願制度」，頁974。
[2]　學者蔡志方亦質疑此一原則，於有「詐欺型訴願」或「違反誠實信用
原則之訴願」，是否仍有其適用，詳見訴願新制專論暨研討會實錄，頁8。
[3]　吳庚，行政爭訟法論，頁352。
[4]　李建良，前揭「錯誤的稅捐核定書(下)—訴願程序中『不利益變更』
之許可性」，頁94。

基礎未臻完善，爲加強行政機關對人民權力之重視，鼓勵人民行使訴願權，發揮訴願制度功能，自宜禁止不利益變更。

　　稅務救濟欲運用不利益禁止變更原則者，其實還應考量到另一重要因素，即其標的係採總額主義，抑或爭點主義。總額主義認爲課稅處分之理由變更並不影響課稅處分之同一性，其審理對象並不受課稅處分本身之理由之拘束，而以原處分所認定之稅基或稅額是否已超過納稅人實際上客觀存在之稅基或稅額，原告得於救濟程序進行中，隨時提出以往所未主張之新事實理由，作爲攻擊防禦方法。原處分機關爲維持原處分之合法，亦得於訴訟過程中隨時追加或變更處分之事實或法律上之理由；爭點主義者認爲行政處分之同一性以處分事項與處分基礎事實關係爲基準，故行政處分所根據之事實關係不同時，即喪失處分之同一性，而構成另一處分，從而稅務機關若主張新的課稅追加處分之事實上理由時，則因構成另一處分而發生訴訟標的之變更，爲法所不許，惟在無害於原處分所根據之事實關係之同一性範圍內，則不妨爲理由之變更，故此說以行政處分之客觀違法性作爲救濟標的之立論觀點①。

　　稅務訴願案件之審查，台灣地區採不利益禁止變更原則，亦即訴願法第八十一條第一項但書：「於訴願人表示不服之範圍內，不得爲更不利益之變更或處分」之規定，此項不利益禁止變更原則，雖爲台灣地區修正訴願法新增之規定，然在實務上台灣地區早有此項判例；行政法院三十一年判字第十二號判例：「訴願係人民因行政官署之違法或不當處分致損害其權利或利益時，請求救濟之方法，訴願官署自不得於其所請求之範圍外，予以不利益之變更」。六十二年判字第二九八號判例：「依行政救濟之

---

　　①　陳清秀，*稅務訴訟之理論與實務—公法學叢書(二)*，自行發行，1991年6月，頁122~124。

法理，除原處分適用法律錯誤外，申請復查之結果，不得更不利於行政救濟人之決定」。是為顯例。

台灣地區之訴願法雖明文禁止，訴願機關作更不利益之決定或處分，然實務上，稅務機關發現原處分有錯誤情形，通常都會主動要求撤銷，再另作適法處分。大陸地區之訴願制度雖無此項原則之限制，但有學者則主張應列訴願規定，其理由[①]：

一、保障行政相對人復議申請權之需要

若在復議制度中未確立不利益禁止變更原則，復議申請人很可能會因害怕復議機關置其更不利之境地，而不敢提出復議申請，從而使憲法和行政復議法賦予公民的這項重要民主權利的實現，缺乏必要制度的保障。

二、是確保行政復議制度真正貫徹落實之需要

若申請行政復議可能導致對自己更為不利之裁決，當事人就不願行使復議申請權，從而使行政復議制度，因不能落實而形同虛設。而在行政復議制度中確立不利益禁止變更原則，則可有效克服行政復議難題，從而確保行政復議制度真正落實。

三、加強行政監督工作之需要

在行政復議制度中，確立不利益禁止變更原則，可使對具體行政行為不服的復議申請人大膽申辯，暢所欲言，甚至於與作出具體行政行為機關質証，從而使行政復議機關據以深入細緻的了解下級機關之工作情形，發現行政執法中存在之問題，及時總結經驗和教訓，在加強行政監督工作之同時，提高行政執法水準。

[①]　張坤世，「論行政復議中不利變更禁止」，北京：**行政法學研究**2000年第4期，頁61、62。

四、行政復議制度民主化與現代化之需要

行政復議制度是現代法治國家為保持行政機關與相對方之權利義務平衡而設立的，其賦予行政相對方一定之程序性權利來抗衡行政機關的行政權力，從而確保現代行政法之平衡精神得以實現。而在行政復議中確立不利益禁止變更原則，就更為復議申請人申請權的實現，提供了可靠的制度保障，體現了民主政治的基本要求，是制度化、法律化的民主。

此一觀點雖與德國司法界及台灣地區之學者不一，然亦凸顯大陸地區，已開始重視人民權益之保障，揆之其近來所頒布之一系列行政救濟法規，及全面翻修稅收徵收管理法可見出端倪。

參、信賴保護原則之運用

一、信賴保護原則之意涵

台灣地區之訴願法第八十條第三項：「行政處分之受益人值得保護之信賴利益，因原行政處分機關或其上級機關依第一項規定撤銷或變更原行政處分而受有損害者，應予補償」。其損失補償之原因，顯然基於信賴保護觀點。此與台灣地區行政程序法第一百二十六條：「原處分機關依第一百二十三條第四款、第五款規定廢止利益之合法行政處分者，對受益人因信賴該處分至遭受財產上之損失，應給予合理之補償。」之規定相呼應。另同法第一百十七條對於法定救濟期間本得撤銷之違法行政處分，因「一、撤銷對公益有重大危害。二、受益人無第一百十九條所列信賴不值得保護之情形，而信賴授予利益之行政處分，其信賴利益顯然大於撤銷所欲維護之公益者」之情形，而不予撤銷，依同法第一百二十六條第二項規定給予補償，亦肇因於相同之信賴保

護原則之運用。

　　行政法上信賴保護原則之運用，係因行政處分之無效，或瑕疵之行政處分之被撤銷與變更。無效之行政處分無待當事人之主張，或行政機關之撤銷，自始即為無效；瑕疵之行政處分未被有權機關撤銷或廢止前，仍推定為有效，因此，其被撤銷後，即自始的喪失效力。行政處分的撤銷有因社會情事的變更，基於公共利益之理由，由行政機關本於職權而採取，有基於當事人之申請，雖然行政機關可以不符合公共利益為藉口，撤銷已生效之行政處分，但各民主法治國家之理論及實務，皆認為行政處分之撤銷需有限制[①]，以免損及因信賴該行政處分之相對人的利益，此一限制乃基於維護法之安定性與相對人正當權益之考量，當相對人對行政機關之行政行為之不變性形成合理之信賴，且其信賴值得保護時，行政機關即不得隨意加以撤銷，或有必要撤銷者，亦應補償相對人之信賴損失[②]。

　　由此吾人可以進一步推論信賴保護原則之意義，信賴保護原則之意義若何？信賴保護原則係指「人民因相信既存之法秩序，而安排其生活或處置其財產，則不能因嗣後法規之制定或修正，而使其遭受不能預見之損害，用以保障人民之既得權，並維護法律尊嚴」[③]，亦即，國家之行為，而使現存法律關係之信賴落空，從而使人民合理信賴政府機關之行為，而所作之相對應行為

[①] 戚建剛，「行政主體對瑕疵行政行為的自行性撤銷及其限制」，浙江：**浙江省政法管理幹部學院學報**2000年第3期（總第44期），頁25、26。

[②] 李春燕，「行政信賴保護原則研究」，北京：**行政法學研究**2001年第3期，頁6。

[③] 林國彬，「行政法適用之一般法理信賴保護原則（農地重劃之拆遷補償問題）」，收錄於城仲模主編，**行政法裁判百選**，台北：月旦出版社股份有限公司，1996年7月初版二刷，頁158。

之利益因而遭致損害，或負擔新的不利益，即可要求原行政處分機關給予補償或賠償[①]。大體說來信賴保護原則之適用，須符合下列條件：(一)須有令人民信賴之國家行為作為基礎；(二)須當事人有因信賴而展開之具體信賴行為，其信賴行為與信賴基礎間須有因果關係；(三)須其信賴值得保護，即當事人無以詐欺、脅迫或其他不正當方法，或因故意、過失不作正確或完全報告而取得行政處分之不值得保護情形[②]。信賴保護原則之運用，原則上禁止負擔性法律、命令或自治法規有溯及既往效力，或授益處分之職權撤銷與廢止，德國學說及實務並認為信賴保護原則亦可適用於行政規則，尤其是形式上已公開之行政規則，及一般法律生活上已無重大疑義之司法及行政慣例，甚至於行政指導上之禁反言法理亦在適用之列[③]。

二、台灣地區信賴保護原則之運用

台灣地區對行政法信賴保護原則之運用，司法院或行政法院早有不少的判例，新近頒布之重要行政法規亦有這方面的規定，如訴願法第八十條、行政程序法第一百十七條、第一百十九條、第一百二十六條。台灣地區對行政法信賴保護原則之運用，原則上師法德國，援引私法之誠信原則概念，認公法上亦有信賴保護原則，其在授益處分上，亦有禁止撤銷或廢止之規定。行政處分

[①]　參見陳愛娥，「信賴保護原則在撤銷授益性行政處分時的適用－行政法院八十六年判字第一二三二號判決評釋」，**台灣本土法學雜誌**第八期，2000年3月，頁27；洪雲霖，「論公法上之信賴保護原則之適用」，**立法院院聞月刊**28卷第10期，2000年10月，頁21。

[②]　陳志揚，「行政法適用之一般法理－信賴保護原則（地政機關之變更登記問題）」，收錄於城仲模主編，**行政法裁判百選**，台北：月旦出版社股份有限公司，1996年7月初版二刷，頁167。

[③]　林國彬，前揭論著，頁158。

之受益人之信賴利益，顯較行政處分撤銷或變更所欲維護之公益，有更值得保護者，原行政處分雖屬違法或不當，原處分機關或其上級機關亦不得依職權撤銷或變更[①]。但有下列情形之一者，得由原處分機關依職權為全部或一部之廢止：一、法規准許廢止者。二、原處分機關保留行政處分之廢止者。三、附負擔之行政處分，受益人未履行該負擔者。四、行政處分所依據之法規或事實事後發生變更，致不能廢止該處分對公益將有危害者。五、其他為防止或除去對公益之重大危害者[②]。由於撤銷授益處分，事關重大，上開第五款「其他為防止或除去對公益之重大危害者」之概括規定，行政法院有較嚴苛之要求，若以空泛理由，難獲其認同，如八十三年判字第一二二三號判決所示：「……（市政府）未具體指出原告於系爭土地設置加油站將公益帶來何等重大危害，致有予以防止或除去之必要……，有違廢止合法之授益處分之法理」，故而將原處分及原決定予以撤銷[③]，乃事屬必然。

　　信賴不值得保護在實務上，除有上述行政法院案例外，台灣地區行政程序法第一百十九條亦列有「信賴不值得保護」之情形：一、以詐欺、脅迫或賄賂方法，使行政機關做成行政處分者。二、對於重要事項提供不正確資料或為不完全陳述，致使行政機關依該資料或陳述而做成行政處分者。三、明知行政處分違法或因重大過失而不知者。」實務上，司法界對此類判決或解釋，亦不乏案例，如台灣地區司法院大法官會議釋字第三七九號解釋：「按土地法第三十條第一項前段規定私有農地所有權移轉

---

① 　參照台灣地區訴願法第八十條第一項規定。

② 　參照台灣地區行政程序法第一百二十三條規定。

③ 　林明鏘，「信賴保護與程序保護」，台灣本土法學雜誌11期，台北：台灣本土法學雜誌社2000年6月，頁140。

登記之承受人以能自耕者爲限，本係基於國家土地政策，即公共利益之維護而爲之限制，私有農地承受人有無自耕能力，係由核發自耕能力證明書之機關認定，承受人明知無自耕能力，猶提供不正確資料以爲自耕能力證明之申請，即屬不法，當不生信賴保護之問題，自應負此法法律上可能發生之效果；若承受人未有不法之行爲，而係行政機關之錯誤致核發不實之自耕能力證明書，經地政機關憑以辦理所有權移轉登記，基於公益之維護，且依土地法第三十條第二項規定，其所有權之移轉，亦屬無效，仍應認逕行塗銷登記爲無不合。至如何補償其信賴利益，係另一問題。」此爲提供不正確資料，使行政機關作成行政處分者，另其取得之權利，並不合於法律規定，亦不在保護之列，如台灣地區行政法院七十九年度判字第一六一四號判決。

　　又違法之授益處分，基於維護受益人之信賴利益，雖不得輕易加以撤銷或變更，但合法之授益處分，行政機關因公益之必要，而廢止或修改法規內容，若已採取合理之補救措施或訂定過渡條款者，要非不得依職權予以廢止。如釋字第三六二號解釋：「行政法規公布施行後，制定或發布法規之機關依法定程序予以修改或廢止時，應兼顧規範對象信賴利益之保護。除法規預先定有施行期間或因情事變遷而停止適用，不生信賴保護問題外，其因公益之必要廢止法規或修改內容致人民客觀上具體表現其因信賴而生之實體法上利益受損害，如已採取合理之補救措施，或訂定過渡期間之條款，即屬符合憲法保障人民權利之意旨（本院釋字第五二五號解釋參照）。金門戰地政務委員會爲符合戰地政務需要，原於福建省金門縣、連江縣頒布管理營造業實施規定及連江縣營造業管理暫行規定，就該地區營造業之分級登記與管理等事項作特別之處理。惟該地區戰地政務於八十一年十一月七日解除後，營造業依上述規定領取之登記證書即失法令依據，爲因應

此項變更，主管機關乃於八十二年六月一日增訂營造業管理規則第四十五條之一明定：『福建省金門縣、連江縣依金門戰地政務委員會管理營造業實施規定、連江縣營造業管理暫行規定登記之營造業，應於中華民國八十二年六月一日本規則修正施行日起三年內，依同日修正施行之第七條至第九條之規定辦理換領登記證書，逾期未辦理換領者，按其與本規則相符之等級予以降等或撤銷其登記證書。』於福建省金門、連江縣之營造業一律適用，嗣後就其管理考核與全國各地區之營造業，受現行相同法令之規範，為實施營造業分級管理，以增進公共利益，並謀全國營造業法令適用之一致性所必要。又該項規定不僅設有適用營造業管理規則之過渡期間，以為緩衝，並准予依該管理規則規定換領登記證書之方式辦理，所定過渡期間復無恣意裁量或顯非合理之情形，已兼顧此等營造業信賴利益之保護。上開第四十五條之一之規定尚未違反建築法第十五條第二項之授權意旨，於憲法第七條、第二十三條及有關人民權利保障之規定，亦無牴觸。」

關於行政法上信賴保護，台灣地區行政法院之判決，除上述行政處分之內容外，亦有針對行政相對人之主體性加以判決者。行政相對人為公益社團，行政法院以其非以營利為目的，判定其權利不值得保護，如嘉義縣政府於八十四年十一月間對大林鎮昭慶禪寺所造送之信徒陳○林等信徒之資格名冊同意予以備查，使該等信徒取得信徒資格，嗣發現該名冊未按「民事確認」之訴案件辦理公告異議程序，乃撤銷前開同意備查函，原告不服，循序提起訴願、再訴願及行政訴訟，行政法院八十六年判字第一二三二號判決認為：「寺廟團體性質屬公益之社團，主管機關准信徒名冊備查，無所謂使信徒產生權利可言」、「又所謂信賴保護原則，係指人民因相信既存之法秩序，而安排其生活或處置其財產，則不能因嗣後法規之制定或修正，而使其遭受不能預見之損

害，用以保障人民之既得權，並維護法律尊嚴，此原則信賴之基礎爲一令人民信賴的行政行爲，例如一個有效之行政處分，無效或有瑕疵之行政處分，則不屬之。從而，主管機關撤銷無效或有瑕疵之行政處分，並不違背行政法信賴保護原則」，此一見解在法理上，值得商榷，故遭受學者不少批評[①]。

　　至租稅之課徵，有無信賴保護原則之適用？台灣行政法院則持否認的態度，認爲前述台灣地區行政程序法第一百十七條但書第二款信賴保護原則之規定，僅在授益處分始有適用之餘地，租稅之課征，本質上係對人民課予義務之負擔處分，非授益處分可比，並無信賴保護之適用。且信賴保護原則之適用，須行政相對人有因信賴行爲採取措施，而遭致損失之情形，否則即不應受保護。台北高等行政法院八十九年度訴字第八一一號判決：「按『違法行政處分於法定救濟期間過後，原處分機關得依職權爲全部或一部之撤銷；其上級機關，亦得爲之。但有下列各款情形之一者，不得撤銷：……二、受益人無第一百十九條所列信賴不値

①　　學者陳愛娥認爲公益或私益社團之區別標準在於：後者係「以營利爲目的之社團」，行政法院推論人民參與（非以營利爲目的之）公益性社團，並無法律可保護之權利可言之說法，自屬草率，且全無根據，行政法院若採取此種看法，則被告撤銷備查既不可能損害原告等之權利，依行政訴訟法第一條、第一四條第一項（新行政訴訟法第四條第一項、第二○○條第一款），即應以其欠缺「訴權」逕以其程序要件不備駁回其訴，而不應就實體部分審查其主張有無理由。且信賴保護原則與依法行政原則一樣，都具有憲法位階。除非一法律行政之公益大於人民因該行政處分繼續存在所得享有之利益，才能撤銷該授益性之行政處分。行政法院「所謂信賴保護原則，係指人民因相信既存之法秩序，而安排其生活或處置其財產，則不能因嗣後法規之制定或修正，而使其遭受不能預見之損害，用以保障人民之既得權」之論調，無異於將「信賴保護原則」與「法律不溯既往的原則」等視同觀，錯把有瑕疵之行政處分，誤認爲不足以作爲人民之信賴基礎。陳愛娥，前揭論著，頁23~29。

得保護之情形，而信賴授與利益之行政處分，其信賴利益顯然大於撤銷所欲維護之公益者。』固爲行政程序法第一百十七條所明定。爲該條但書第二款信賴保護原則之規定，僅在授益處分始有適用之餘地。所謂授益處分，係指行政機關之效果係對相對人設定或確認權利或法律上之利益者而言。本件被告對系爭土地課徵田賦，本質上係對人民課予義務之負擔處分，非授益處分可比，自無前揭法條所規定信賴保護原則之適用。」「次查所謂信賴保護原則，係指人民因信賴行政機關之特定行爲，而爲不可逆轉之財產或其他處置者，如其信賴值得保護，行政機關之行爲縱然違法，原則上亦不得予以撤銷，如因公益而予以撤銷時，亦須補償人民因此所受之損失而言。本件原告並未說明其信賴系爭土地之課徵田賦，而有何進一步財產或其他權利之處置，即無信賴保護之可言」。即其適例。

三、大陸地區信賴保護原則之運用

前面吾人提到，行政法上信賴保護原則之運用是植基於行政處分之無效，或瑕疵行政處分之撤銷與變更，關於瑕疵行政處分，行政法治國家皆承認原處分機關對其自身所做出之行政處分擁有撤銷權，而大陸地區對瑕疵之行政處分，有權撤銷之機關，學界通說爲上級行政機關、訴願機關、人民法院與國家權利機關，似不包括原處分機關，惟其行政復議法第二十一條及稅務行政復議規則第二十四條規定，行政復議期間不停止具體行政行爲之執行，但被申請人認爲需要停止執行者，雖無明示行政機關對其所做出之行政行爲擁有撤銷權，但已間接暗示有對瑕疵行政處分之解除權力。由於大陸地區對原處分機關得否撤銷瑕疵行政處分仍存曖昧，因此，對信賴保護原則之運用情況不明[1]。

---

[1]　戚建剛，前揭論著，頁26~28。

惟實務上，大陸地區行政復議法第二十九條及稅務行政復議規則第三十三條規定行政復議機關對行政復議案件，無論相對人有否提出賠償要求，只要符合國家賠償法有關規定應給予賠償者，在決定撤銷、變更具體行政行為或確認具體行政行為違法時，應同時決定被申請人依法給予賠償，此即表明了訴願機關在撤銷或變更違法之具體行政行為時，有造成相對人之損害者，訴願機關應主動責令原處分機關給予賠償，是項賠償應係基於行政法上之信賴保護責任，惟此係就訴願機關由訴願決定要求原處分機關負信賴保護責任，原處分機關主動撤銷行政處分，有否信賴保護責任，行政復議法則未論及。另值得再加探討者，相對人之信賴保護，應以其無過失、故意或不法情事為前提，否則，其信賴即不值得保護，此點大陸地區之行政復議法或稅務行政復議規則亦未有明確之規定。

肆、證據法則之運用

一、舉證責任之概念

所謂「舉證責任之所在，敗訴之所在」，稅務救濟攻防，舉證之有無為勝負關鍵所在。由於租稅法定主義，租稅債權之成立，需以有能涵攝於抽象構成課稅要件之法律事實行為存在，亦即，租稅法定主義不僅要求人民財產權之課稅構成要件應以法律定之，且此項課稅構成要件在具體案件中，需以實際存在之事實關係為基礎，始有租稅債權之成立[1]。此事實行為之存在乃構成課稅之前提，然在撤銷之訴，稅務訴願係對稅務機關已作成之處分不服所提起之救濟，構成納稅人課稅要件之法律事實行為，多已屬事過境遷，要追尋過去已發生之事實，確屬困難。職是之

---

[1]　陳清秀，前揭「稅捐法定主義」，頁620、621。

故，當納稅人不服稅務機關之課稅處分時，其舉證責任如何運用，即成為重要課題。而所謂舉證責任，即凡當事人欲求審判機關依其主張為裁判，需就其得為證據標的之特定、重要有關聯事項，負舉證證明之責任。若不能舉證證明其主張，則負擔不能依其主張為裁判而蒙受不利益之危險。在救濟程序中，兩造當事人為求勝訴，各有其主張與證明之負擔。此種負擔分配於兩造之間，即為舉證責任之分配[1]。舉證責任之分配在羅馬法中規定了兩大原則，即一是原告應負舉證責任；二是主張者負擔舉證義務，否認者不負擔舉證義務。惟現代法律中關於「舉證責任倒置」的規定，已經完全不同於過去「誰主張誰舉證」之簡單模式，在特殊之侵權行為中，受害人要求賠償，只需證明自己因加害行為受有損害即可，不必證明被告之過錯，而應由加害人反證證明自己沒有過錯，其原因在於，加害人常控制致損原因，而受害人因專業知識之缺乏無法就加害人之過錯舉證，基於保護受害人之利益，法律乃有「舉證責任倒置」的規定[2]。稅務救濟之舉證責任，學者陳清秀參考德、日實務及學說見解加以立論，茲參酌其內容簡要敘述如下[3]：

(一)主觀舉證責任

主觀舉證責任者為在採取辯論主義之程序中，判決基礎之事實由當事人提出，當事人為主張有利於己之事實，並使法院形成心證，需提出證據，亦即，當事人為避免敗訴，而負有以自己之行動，對於爭執之事實提出舉證之責任。日本通說稅務訴訟亦採

---

[1]　陳木松，**論證據法則在所得稅爭訟上之運用**，台北：中國租稅研究會，1976年12月修訂版，頁23、25。

[2]　張俊岩，「誠實信用原則與舉證責任」，北京：**電子科技大學學報社科版**2001年（第III卷）第1期，頁86。

[3]　陳清秀，「稅捐訴訟上之舉證責任」，收錄於氏著**稅務訴訟之理論與實務**，台北：自行發行，1991年6月初版，頁204~222。

辯論主義，其稅務訴訟亦有主觀之舉證責任問題，德國由於其法院採職權探知主義，行政法學界通說認爲主觀之舉證責任與支配稅捐訴訟程序之職權探知主義不相符合，因此，無主觀之舉證責任。

(二)客觀舉證責任

客觀舉證責任者，即當事人對其主張事實均各負舉證責任，以說服法官，當事人若不能舉證證明其主張事實之存在，必受敗訴之判決，此項證明負擔永遠存在個別當事人，並不發生轉換問題[①]，客觀之舉證責任，日本有五種學說：

1. 公定力理論

此說認爲行政處分具有公定力，其處分縱屬違法，除有無效之情形外，在被有關機關撤銷前，仍受適法之推定，當事人均不能否定其效力，若欲請求撤銷該行政處分，須對其處分之違法原因事實負舉證責任。

2. 法律要件分類說

此說亦稱爲規範說，即依據民事訴訟上之舉證責任通說，認爲應依據實體法所定法律要件分類，決定舉證責任之歸屬。亦即適用於行政訴訟上，行政處分之權利根據規定之要件事實，分配由原告負舉證責任。因此，被告行政機關對其所作行政處分之適法事由，通常須負舉證責任；法規規定依私人之申請而爲行政處分，並規定其處分要件之情形，對於拒絕申請之處分，提起撤銷訴訟時，原告應就許可處分之要件事實負舉證責任。

3. 個別具體說

此說認爲顧及行政處分乃行政法規之具體實現，舉證責任之分配應參酌個別具體案件之特性及法律之特質做個別之考量，就課稅處分而言，稅務行政機關之行爲若被認爲合理，即有舉證責

任之轉換，納稅義務人須舉證課稅之違法。

4.權利限制擴張區分說

此說並不依要證事實分類，而從憲法秩序最大限度尊重個人自由權利之基本原理出發，認為在請求撤銷限制國民自由、課予國民義務之行政處分之訴訟上，通常行政機關應就其行為之適法性，負擔舉證責任；在原告請求擴張自己權利領域、利益領域（駁回處分之撤銷）時，應就其請求權之基礎事實，負舉證責任，從而課稅處分乃對國民財產權之不利益處分，在撤銷訴訟上，稅務機關對其處分之適法性基礎事實，即有全面之舉證責任。

5.法律要件說之修正

此說被認為「反規範說」，即對民事訴訟上之法律要件說之缺失提出檢討，認為在稅捐訴訟上之舉證責任，應考慮與有關課稅要件事實之證據間之距離，配合利益狀況加以修正，亦即舉證責任之分配基準，應同時考量證據搜集之難易程序及其必要程序，依其事件，以經驗法則為事實之推定。在稅務訴訟上，原告負有協力發見實體之真實義務，主張行使課稅權之稅務機關，原則上固應對課稅要件事實之存在，負舉證責任，但在稅務機關不能舉證之點，而原告能夠舉證，或被告舉證困難，而由原告舉證較易時，則由原告負舉證責任。

德國在稅務訴訟上，學術及實務見解通常亦採規範說，即對稅捐發生及增加之事實，由被告稅務機關負舉證責任，對稅捐之免除或減免或優惠之法定要件事實，由原告負舉證責任。反之，原告主張退稅或稅捐優惠請求權，以及稅捐債權消滅、請求授益處分等，均由其負舉證責任。對於當事人因可歸責之事由，而妨礙事實關係之解明情形，例如毀滅證據及違反協力義務時，原則上可於自由心證之範圍內予以斟酌，一般認為並不發生舉證責任

轉換之效果，但在故意違反之情形，則認有舉證責任分配轉換之效果。

(三)主張責任

在辯論主義之下，還有與舉證責任相對待之概念，即為主張責任。主張責任者，即當事人對自己有利事實未在言詞辯論中陳述者，不得為判決之基礎，從而蒙受根據該項事實之有利法律效果不被承認之不利益。主張責任乃是在辯論主義之下，始存在之觀念。在職權探知主義之下，法院應依職權探知事實，不待當事人之主張，因此，一般認為在職權探知主義之下，並無存在餘地。日本之學說及實務上之見解，認為在稅務訴訟上，被告稅務機關對於課稅處分之適法性，負有主張責任；在課稅處分無效確認訴訟上，原告稅捐債務人對於課稅處分無效瑕疵之存在，負有主張責任。德國法學界則通說認為行政訴訟與民事訴訟不同，並不承認主張責任。

二、舉證責任之分配

大抵台灣地區之稅務救濟，係附麗於一般行政救濟程序，其程序原準用民事訴訟法之規定，本身並無獨特完整之程序與證據法則，可資運用[1]，受理訴願機關在審理訴願案件不得不求諸於學術界之舉證學說，惟行政訴訟法於一九九八年十月二十八日修正公佈後，其證據之運用在其第二編第一章第四節已設有專章規定，已有較為完備之規定，訴願案件之審理可加以援引運用，有關筆錄之製作與效力、囑託或轄區外調查、證人之作證程序、證據之鑑定與調查、書證之聲請與認定、物證之勘驗、證據之保全，除其有部分規定外，其第一百七十六條並規定，準用民事訴訟法第二百十五條、第二百十七條、第二百十九條、第二百八十

---

[1]　陳木松，前揭書，頁8。

四條至第二百八十六條、第二百九十一條至第二百九十三條、第二百九十五條、第二百九十六條、第二百九十八條至三百零一條、第三百零九條、第三百十條、第三百十三條、第三百十六條至第三百十九條、第三百二十二條、第三百二十五條至第三百二十七條、第三百三十一條至三百三十七條、第三百三十九條、第三百四十一條至第三百四十三條、第三百五十二條至三百五十八條、第三百六十一條、第三百六十四條至三百六十六條、第三百六十八條、第三百七十條至三百七十六條規定。

　　至其舉證責任之分配，行政訴訟法第一百三十六條規定，得準用民事訴訟法第二百七十七條「當事人主張有利於己之事實者，就其事實有舉證之責任。但法律別有規定，或依其他情形顯失公平者，不在此限」之原則性規定，以及第一百三十五條妨礙舉證之事實認定、第一百三十七條當事人對習慣及外國之現行法為行政法院所不知者之舉證責任，其餘準用民事訴訟法第二百七十八條「事實於法院以顯著或為其職務上所已知者，無庸舉證。」第二百八十一條「法律上推定之事實無反證者，無庸舉證。」第二百八十二條「法院得依已明瞭之事實，推定應證事實之眞僞。」在理論上，其舉證責任之歸屬，在德、日兩國固有如上述各家學說，惟台灣地區之學者如曾華松的看法，則主張應由無優越蓋然性事項之適用者負擔，其論點認為優越之蓋然性，乃本於人類之一般生活經驗之大數統計一般係如此之事項，故在一般情形之下，應認為其蓋然性係如此，故舉證責任應由主張無蓋然性之適用者，負舉證責任[1]，另有學者從主張責任觀點，謂課稅標的加項應由徵方舉證；課稅減項應由納方舉證。如遺產稅案件，稅務機關主張納稅人尙有遺產未申報而擬予併計課稅者，應由稅務機

---

[1]　曾華松，「行政訴訟證據法則之研究」，收錄於中國大陸法制研究第五輯，台北：司法院司法行政廳編輯，1995年6月，頁36。

關負舉證責任；納稅人主張課稅遺產應扣除未償債務者，應由其負舉證責任[1]。惟主張責任為辯論主義之下觀點，當事人對有利於己之主要事實，未在言詞辯論中陳述者，不得採為裁判基礎，台灣地區之訴願制度原則上採職權進行主義，當事人並無主張責任問題[2]。

　　台灣地區司法院大法官會議釋字第二一七號解釋：「課稅原因事實之有無及有關證據之證明力如何，乃屬事實認定問題，不屬於租稅法律主義之範圍。」釋字第二二一號解釋：「遺產及贈與稅法施行細則第十三條規定：『被繼承人死亡前因重病無法處理事務期間舉債或出售財產，而其繼承人對該項借款或價金不能證明其用途者，該項借款或價金，仍應列入遺產課稅。』旨在貫徹遺產及贈與稅法第一條及第十七條第一項第八款之規定，以求認定課稅遺產之正確，為防止遺產稅之逃漏及維持課稅之公正所必要，並未增加法律所定人民之納稅義務，與憲法第十九條並無牴觸。至具體案件應稅遺產之有無，仍應依舉證責任分配之法則，分由稅捐稽徵機關或納稅人盡舉證責任，並予指明。」認為稅務救濟上之事實認定與舉證責任分配，乃事實認定問題，非屬租稅法律主義之範圍，當事人若主張無課稅事實，應負舉證責任；行政機關以行政命令就稅捐救濟上舉證責任之分配，轉換由納稅義務人負擔之做法，為防止遺產稅之逃漏及維持課稅之公正所必要，與憲法之稅捐法定主義並無牴觸[3]。

　　大陸地區之行政復議法及稅務行政復議規則對於證據法則之運用，僅簡單的規定原處分機關舉證之責任、程序中收集證據之禁止，以及申請人或第三人查閱證據資料權，其餘有關證據種

---

[1]　張繁，前揭書，頁102。

[2]　陳清秀，前揭「稅捐訴訟上之舉證責任」，頁204、223、224。

[3]　陳清秀，前揭「稅捐法定主義」，頁619。

類、審核採認、舉證責任之分配等等均乏規定，且未制定行政程序法，訴願機關審理訴願案件時，有關證據法則之運用，行政復議規則或稅務行政復議規則未規定者，通常都要援引行政訴訟法之有關規定，而行政訴訟有關證據之運用，雖在第五章設有專章，但仍未臻周詳，有時不得不求諸民事訴訟法或刑事訴訟法之規定，為此，其最高人民法院審判委員會於二○○二年六月四日特根據行政訴訟法等有關規定，並結合實際審判經驗，在第一二二四次會議中審議通過「最高人民法院關於行政訴訟證據若干問題的規定」，自二○○二年六月四日起施行，以供各審理機關審判案件認定證據之依據，該「規定」可謂規定綦詳，相信必有助於防止審理人員濫用職權。

(一)原處分機關之舉證責任

由於台灣之稅務訴願，原則上係向原行政處分機關提起，由原行政處分機關先行重新審查原處分是否合法妥當，若認訴願為無理由者，再由其將訴願書連同答辯書及必要之關係文件，送交訴願管轄機關[①]。前述所謂「必要之關係文件」，依照台灣地區之訴願法第七十四條規定，當包括原行政處分機關據以處分之證據資料。據此，原處分機關對其所作之行政處分應負舉證責任自明。然而，原行政處分機關不依前述規定，提供據以處分之證據資料之效果若何？台灣地區之訴願法未有明文規定，其規定在「行政院及各級行政機關訴願審議委員會審議規則」，顯有立法瑕疵，按該規則第二十六條規定，原行政處分機關答辯欠詳或逾期不答辯，而事實未臻明確者，受理訴願機關得依職權調查事實逕為決定，或認訴願為有理由而逕行撤銷原行政處分，責令另為行政處分，以加重其責任。

台灣地區最高法院三十一年上字第一六八號判例：「原判決

[①]　參照台灣地區訴願法第五十八條規定。

對於……證言無論其有何瑕疵，徒以其與上訴人等非親即友，即謂其係出於勾串，其自由判斷之職權運用，顯不合論理法則。」同院三〇年上字第五九七號刑事判例：「自由判斷之職權行使，苟係基於普通日常生活之經驗，而非違背客觀上應認爲確實之定則者，即屬合於經驗法則，不容當事人任意指摘」。[①]台北高等行政法院八十九年訴字第三四一六號判決：「按認定事實適用法律，不得違背經驗法則，本件被告既已查明曹Ｘ華係原告之姊，陳Ｘ宇係原告之妹夫，一國人風土民情實極少有兄弟姊妹間有鉅額財產贈與者，至於洪Ｘ瑜雖係原告之母，惟按一般國人之財產贈與，大都係父母爲逃避日後之遺產稅或惟免日後子女間互爭遺產，而將財產在生前贈與子女者，本件原告既係洪Ｘ瑜之子，按之常情少有由子將鉅額財產贈與其母，徒增日後之遺產稅之理；……其所爲解釋已極背離民間交易實情，亦與民法之規定不合」。即爲顯例。在證據採認方面，受理訴願機關在審理時，雖可不受當事人主張之拘束，但當事人對於主要事實不明之情形，爲避免其主張不被採認而遭受不利益之後果，應負舉證責任，以前述案例：「倘被告主張原告於該日之前即知其調查原告之贈與稅，依舉證責任分配原則，被告應負舉證之責任，被告迄未舉證證明原告在八十六年六月二日之前已知悉其調查原告之贈與案件，徒以被告曾於八十五年十一月八日報請財政部准其向金融機構調查存提款往來情形之內部文件，主張原告於是日已知悉被告調查其贈與案件，在該日之後所爲清償行爲不得予以認列，亦嫌無據」。可知原處分機關對於其主張之主要事實，亦應負舉證責任，否則，無的放矢，亦難獲認同。

稅捐稽徵爲稅務機關透過公權力對人民財產權之限制，對納稅義務人而言，爲屬負擔處分，在「租稅法定主義」之原則下，

稅務機關作成行政處分須有法律依據，且應符合法定之要件，一旦行政處分之相對人或利害關係人有無效或得撤銷之事由而提出行政救濟，原處分機關即應對其作成處分之合法事實，負舉證責任，尤以稅務違章案件，依台灣地區行政法院三十二年判字第十六號判例見解，應由原處分機關確實證明其違法事實，若其所提出之證據自相矛盾，不能確實證明違法事實之存在，其處罰即不能認爲合法，惟其行爲僅屬違反禁止規定或作爲義務，而不以發生損害或危險爲其要件，有舉證責任轉換問題，台灣地區大法官會議釋字第二七五號解釋，應轉換爲行爲人負擔，於行爲人不能舉證證明自己無過失時，即應受罰[1]。

　　大陸地區關於原處分機關之舉證責任，依其行政復議法第二十三條第一款後段規定：「被申請人應自收到申請書副本或者申請筆錄複印件之日起十日內，提出書面答覆，並提交當初作出具體行政行爲的證據、依據和其他有關材料[2]」。此點與台灣地區訴願法第七十五條「原行政處分機關應將據以處分之證據資料提出於受理訴願機關」之規定雷同。又其行政復議法第二十八條第一款第四項規定：「被申請人不按照本法第二十三條的規定提出書面答覆、提交當初作出具體行政行爲的證據、依據和其他有關材料的，視爲該具體行政行爲沒有證據、依據，決定撤銷該具體行政行爲」，其稅務行政復議規則第二十六條亦規定，應由作出

---

[1]　吳庚，**行政爭訟法論**，頁170、174。

[2]　關於舉證之期限，行政復議法並無規定遇特殊事故，可准予延期之規定，然其最高人民法院「關於行政訴訟證據若干問題的規定」第一條第二款則有是項規定，被告有因不可抗力或客觀上不能控制之其他事由，不能在規定期限內提供證據者，可於應提供證據之期限內，向人民法院提出書面申請准予延期，經准予延期後，被告應在正當事由消除後十日內提供。逾期提供者，視爲被訴具體行政行爲沒有相應證據。是項規定正可以補行政復議法之不足。

具體行政行為之行政機關負舉證責任，對於稅務訴願案件，原處分機關除應提出書面答辯外，並應將其所作出具體行政行為之證據、依據和相關材料，提交受理訴願機關，否則，原處分將遭致被視同無證據、依據而敗訴之不利益或危險之法律效果。由於大陸地區之稅務訴願，係採書面審理主義，受理訴願機關對訴願案件原則上採書面審查，認為必要時，可以向有關組織和人員調查情況，聽取申請人、原處分機關和第三人意見後作成決定，其證據法則之運用，似與台灣地區相同採客觀舉證責任之法律要件分類說，即在請求撤銷課稅處分之訴訟上，原處分機關應就其行為之適法性負舉證責任。

稅務訴願之所以要由原處分機關負舉證責任，其主要之理由為[①]：

1. 為符行政程序原則

從依法行政原則出發，行政機關作出之具體行政行為不僅要遵守實體法，且要遵守程序法。行政程序之原則是「先取證，後裁決」，行政機關要有相當證據才能作出行政行為，不能無根據地處罰行政管理相對方。如果先處罰，後取證，是違反程序法，是濫用職權的表現。原處分機關對其具體行政行為應能提供其事實根據與法律依據的證據，因此，由其負舉證責任，符合程序原則。

2. 平衡雙方法律關係

在行政法律關係中，雙方法律關係不平等，行政機關處於管理、指揮、命令主動地位，行政機關之具體行政行為無待相對方之同意，即可依職權單方自行決定，而實施行政行為。相對方在

[①]　曾華松，前揭「行政訴訟證據法則之研究」，頁38；朱維究、任中杰、高家偉主編，行政復議法釋論，北京：中國人民公安大學出版社，1999年5月第1次印刷，頁75、76。

行政法律關係中處於被動不利地位,採證本爲困難,即使採到證據,亦很難保存,且對具體行政行爲所依據之事實與規範性文件非一定瞭解,所以,由行政機關提供所作具體行政行爲所依據之事實與法律之證據,有助於平衡兩者所處法律地位之不對稱。

3. 行政機關舉證能力強

行政機關之舉證能力相較申請人強,尤以擁有足夠之能力、專業技術知識、先進技術鑑定、檢測、勘驗手段,具專業性或技術性之證據採集能力,且有足夠之行政權力與必要之經費收費調取證據,因此,要由其負舉證責任。

4. 可促使行政機關依法行政

由原處分機關負舉證責任,可促使其嚴格要求自己,依法行政,自動接受監督。

大陸地區之行攻救濟,被告應提供與案件具有關聯性之證據,未在期限內提供者,被視爲沒有相應證據,但原告或第三人提出其在行政程序中沒有提出的反駁理由或證據者,而在行政訴訟之第一審程序中提出者,經人民法院准許,被告可以在該程序中補充相應之證據。原告提起行政救濟,在訴願階段爲自知道該具體行政行爲之日起六十日內,在行政訴訟階段,爲三個月內,超過法定期限,將生失權效果,被告認爲原告起訴超過法定期限者,由被告承擔舉證責任[①]。

(二)申請人之舉證責任

被告機關所爲行政處分,須有一定之事實與法律根據,因此,由其提交當初作出具體行政行爲的證據、依據和其他有關材料,爲理所當然,此點與大陸地區之行政訴訟法第三十二條之規定相吻合。稅務訴願案件雖由原處分機關負舉證責任,但並不意

[①] 大陸地區最高人民法院「關於行政訴訟證據若干問題的規定」第四條第三款規定。

味申請人就無所作爲，申請人也享有舉證之權利與應承擔舉證之義務。申請人在提出申請訴願時，要提出證明原行政處分存在之證據；提出某一主張後要提出相應證據；原處分機關舉證後，申請人可以提出反證；在訴願過程中，申請人還可以按照訴願機關之要求，進一步提供與補充證據[1]。申請人提供之證據，須與案件具有關聯性，要能證明行政機關做出之具體行政行爲客觀存在之違法或不當事實，並使其遭受到不利益之損害或影響，兩岸地區之做法皆然。大陸地區之訴願機關受理訴願案件後，認爲證據不足者有權向當事人調取證據，原處分機關則不被允許[2]。

　　訴訟案件規定應由原處分機關負舉證責任，有學者持不同意見，認爲應就情況而定，如申請人要求審理之標的，係爲行政機關之不作爲，則應由申請人負舉證責任[3]。關於此點，大陸地區最高人民法院「關於行政訴訟證據若干問題的規定」則已做了相同規定，該「規定」第四條第二款「在起訴被告不作爲的案件中，原告應當提供其在行政程序中曾經提出申請的證據材料。但有下列情形的除外：1. 被告應當依職權主動履行法定職責者；2. 原告因被告受理申請的登記制度不完備等正當事由，不能提供相關證據材料並能夠做出合理說明者。」是對行政機關不作爲之訴願案件，除有例外情況，申請人應負舉證責任。

　　當事人所提供之證據，若係在中華人民共和國領域外所形成者，應說明其證據來源，並經所在國公證機關證明，及中華人民共和國駐該國使領館認證，或履行中華人民共和國與證據所在國訂立之有關條約中之證明手續；其所提供者，若係爲在中華人民

---

[1]　曾華松，前揭「行政訴訟證據法則之研究」，頁39。

[2]　大陸地區行政復議法第二十四條規定。

[3]　林月娥，「簡介大陸地區行政訴訟制度」，台北：**中國大陸法制研究**，司法院司法行政廳編印，2001年10月，頁451。

共和國香港特別行政區、澳門特別行政區與台灣地區內形成之證據，應具有按照有關規定辦理之證明手續[1]。

原告或第三人應負舉證責任者，應在開庭審理前或人民法院指定之交換證據之日提供相關證據。因正當事由申請延期提供者，經人民法院准許，可以在法庭調查中提供。逾期提供證據者，視為放棄舉證權利。原告或第三人在第一審程序中無正當事由未提供，而在第二審程序中提供者，人民法院不予接納[2]。台灣地區之行政法院亦認為納稅義務人有協力之義務，法律若規定稅捐稽徵機關作成原處分前，有提出證據資料之義務而未予遵守，在後續之行政救濟程序中始行提示者，則不予斟酌[3]。

三、證據種類

(一)書證

即以文字、符號、圖畫等各項文書所記錄或表示思想內容，證明某種事實之證據，其與待證事實或證明對象具有關聯性，並能反映客觀事實真相。如營業執照、行政處罰決定書等。台灣地區之書證界定與效力，訴願法並無詳細規定，其認定悉依民事訴訟法之規定辦理。台灣地區民事訴訟法規定之書證有公文書與私文書之分[4]。公文書之製作有一定之程式，但有時很難辨明真偽，審理機關對公文書之真偽有可疑者，依民事訴訟法第三百五十五條規定，得請作成名義之機關或公務員陳述其真偽，若依其

---

[1]　大陸地區最高人民法院「關於行政訴訟證據若干問題的規定」第十六條規定。

[2]　大陸地區最高人民法院「關於行政訴訟證據若干問題的規定」第七條規定。

[3]　台灣地區行政法院81年度判字第2608號判決。

[4]　吳庚，行政爭訟法論，頁179。

程式及意旨認做公文書者，審理機關得推定爲眞正，對於外國公文書之眞僞，審理機關可斟酌情形加以斷定。但經駐在國之中華民國大使、公使、領事或其他機構證明者，推定爲眞正[①]。至於私文書是否爲眞正，應由舉證人證明。但他造於其眞正並無爭執者，則不在此限[②]。私文書經本人或其代理人簽名、蓋章或按指印或有法院或公證人之認證者，亦可推定爲眞正。但當事人就其本人之簽名蓋章或按指印爲不知或不記憶之陳述者，應否推定爲眞正，則應由審理機關審酌情形斷定。此外，其民事訴訟法第三百五十八條、第三百五十九條及行政訴訟法第一百七十二條、第一百七十三條亦規定以筆跡或印跡辨明文書眞僞之方法；核對筆跡或印跡適用關於勘驗之規定；無適當之筆跡可供核對者，審理機關得指定文字，命該文書之作成名義人書寫，以供核對。文書之作成名義人無正當理由不從審理機關之命令者，審理機關得審酌情形，認他造關於該文書之主張或依該文書應證之事實爲眞實，或裁定處以三萬元以下之罰鍰。

　　大陸地區規定當事人向審理機關提供之書證應符合下列要求[③]：

　　1. 提供書證之原件、原本、正本和副本均屬於書證之原件。提供原件確有困難者，可提供與原件相符之複印件、照片、節錄本。

　　2. 提供由有關部門保管之書證原件複製件、影印件或抄錄件者，應註明其出處，經該部門核對無異後加蓋其印章。

　　3. 提供報表、圖紙、會計帳冊、專業技術資料、科技文獻等

[①]　參照台灣地區民事訴訟法第三百五十六條規定。
[②]　參照台灣地區民事訴訟法第三百五十七條規定。
[③]　大陸地區最高人民法院「關於行政訴訟證據若干問題的規定」第十條規定。

書證者，應附有說明材料。

4. 被告提供之被訴具體行政行為所依據之詢問、陳述、談話筆錄，應當有行政執法人員、被詢問人、陳述人、談話人簽名蓋章。

其有關書證之製作形式，雖有如上之規定，但法律、法規、司法解釋和規章另有規定者，從其規定。

(二)物證

即以存在之形狀、質量等物體證明案件事實之證據。亦即以物質材料之存在、外形、質量、規格、體積等證明案件事實情況之一切物品與痕跡。如證明納稅人有違章營業事實之貨物，或稅務人員在執行欠稅之過程中，對欠稅人造成損害之物品。按照大陸學界之看法，物證與書證具有密切關係，但又有本質上之差異，其主要表現在幾個方面：其一，物證是以其外部特徵與物質屬性本身來證明案件事實情況，而書證則是為證明案件事實，以客觀物質材料作為必要載體，藉助文字、符號或圖案所表達之思想內容。其二，物證是獨立於人的意識之外的客觀物質材料，而書證則是反映和表達人之主觀思想及其行為之物質材料。其三，物證在表現形態上，常會受客觀存在之特殊狀態，以及人們在傳統文化、教育水準、專業技術、生活經驗等主觀能動性上差異之影響，而有不同之理解，因此，必須借重科學專門鑑定方法來加以審查、判斷和確認，而為書證所證明之案件事實內容所表達之意思表示，通常都能為一般人所理解。其四，物證缺乏相應之保存與固定方式與手段，容易遭受自然或人為之破壞，尤其是外形體積龐大，不易存放之物證，其外觀特性更易受環境之侵蝕，從而影響其證明效力。而書證則常以紙張、布帛等物質材料作為常規載體，因此，通常可以拍照、復印方式保存、固定①（見下頁）。大陸地區規定物證以提供原物為原則，但當事人提供原物

確有困難者，可提供與原物核對無誤之複製件或證明該物證之照片、錄像等其他證據。原物若爲數量較多之種類物者，可提供其中之一部份原物[2]。台灣地區訴願法第六十八條則規定物證得由訴願人或參加人提出，但受理訴願機關限定訴願人或參加人於一定期間內提出者，該訴願人或參加人則應於該期間內提出。該訴願法第九十七條復規定物證在訴願程序中未被發見，或作爲訴願決定基礎，而有被僞造或變造者，構成申請再審原因。

(三)視聽資料

視聽資料爲科技發展之產物，爲屬利用錄音、錄像、電腦之資訊等所反映之影音或圖像，以證明案件事實之證據。亦即以電子計算機儲存之資料與數據，或是以錄音、錄像等資料來證明案件事實之證據。視聽資料係介於書證與物證間之獨立證據，雖然類似於書證與物證，然有其獨特之基本特性，主要包括：其一視聽資料是以聲音、圖像和電子計算機之特殊語言所反映之內容來證明案件事實之狀態。其二，視聽資料已載之形象，既可以是靜態的，也可以是動態的反映一定之人與物之特徵、外觀、形狀，以及某一行爲或事件之發生與發展過程。其三，視聽資料能更直接、逼眞地再現案件事實原貌，具有容量大、內容豐富、較高眞實性與可靠性之優點，然其亦容易被僞造、剪接或塗改[3]。

台灣地區之訴願法對視聽資料並未設專條，惟行政訴訟法第一百七十三條則將其列爲準文書，該法第二項規定文書貨物件，須以科技設備始能呈現其內容或提出原件有事實上之困難者，得僅提出呈現其內容之書面資料。大陸地區關於這方面，則有較詳

---

[1]　樊崇義主編，**司法鑒定法律知識導讀**，北京：法律出版社，2001年6月1次印刷，頁187、189。

[2]　大陸地區最高人民法院「關於行政訴訟證據若干問題的規定」第十一條規定。

[3]　樊崇義主編，前揭書，頁194。

細之規定，其最高人民法院規定當事人提供之視聽資料應註明製作之方法、製作時間、製作人與證明對象等，若爲聲音資料應附有該聲音之內容文字紀錄。當事人提供有關資料之原始載體確有困難者，可提供複印本[1]。同時爲防止當事人提供被僞造、剪接或塗改之視聽資料，當事人提供之視聽資料若爲難以識別是否經過修改者，不能單獨作爲定案依據[2]。其爲外文書證或外國語視聽資料者，應附有由具有翻譯資質之機構翻譯或其他翻譯準確之中文譯本，由翻譯機構蓋章或翻譯人員簽名[3]。

(四)證人證言

在審判過程中，審判機關有權向公民調取或收集證據，因此，大陸地區規定凡是知道案件事實之人，除有下列情形之一者：(1)當事人在行政程序或庭前證據交換中對證人證言無異議者；(2)證人因年邁體弱或行動不便無法出庭者；(3)證人因路途遙遠，交通不便無法出庭者；(4)證人因自然災害等不可抗力或其他意外事件無法出庭者；(5)證人因其他特殊原因確無法出庭者。可提交書面證言外，有爲出庭作證之義務[4]，其不爲作證，依照大陸地區行政訴訟法第四十九條規定，可視情節輕重，予以訓誡、責令具結悔過或處一千元以下之罰鍰、十五日以下之拘留；構成犯罪者，依法追究刑事責任，行政復議法則無罰則規定。大陸地區之稅務訴願由於以採書面審理爲原則，訴願機關僅

---

[1]　參照大陸地區最高人民法院「關於行政訴訟證據若干問題的規定」第十二條規定。

[2]　參照大陸地區最高人民法院「關於行政訴訟證據若干問題的規定」第七十一條第（四）項規定。

[3]　大陸地區最高人民法院「關於行政訴訟證據若干問題的規定」第十七條規定。

[4]　大陸地區最高人民法院「關於行政訴訟證據若干問題的規定」第四十一條規定。

就訴願案件之有關書面材料進行審理，原則上不傳喚證人到訴願機關，證人可以用書面材料作證。

另外，其行政訴訟之審判，非僅審判機關有權向公民調取或收集證據，當事人亦可向審判機關提供證人證言，以要求審判機關依其主張為裁判，當事人提供之證人證言時，應寫明證人之姓名、年齡、性別、職業、住址等基本情況，並應經證人簽名，證人不能簽名者，可以蓋章等方式替代，其出具日期亦應加以註明，同時並應附居民身分證複印件等證明證人身分之文件[①]。當事人除提供證人證言外，亦可申請證人出庭作證。當事人申請證人出庭作證者，原則上應在舉證期限屆滿前向審判機關提出，審判機關許可後，在開庭審理前通知證人出庭作證。但當事人在庭審過程中要求出庭作證者，審判機關仍可以根據審理案件之具體情況，決定是否准許及是否延期審理[②]。證人出庭作證時，應當場出示證明其身分之證件。審理人員應告知其誠實作證之法律義務與作偽證之法律責任。出庭作證之證人不得旁聽案件之審理。法庭詢問證人時，其他證人不得在場，但組織證人對質的除外[③]。原告或第三人對於現場筆錄之合法性或真實性、扣押財產之品種或數量、檢驗物品之取樣或保管、行政執法人員身分之合法性有異議，或有其他需要出庭作證之情形者，可要求相關行政執法人員作為證人出庭作證[④]。

[①]　大陸地區最高人民法院「關於行政訴訟證據若干問題的規定」第十三條規定。

[②]　大陸地區最高人民法院「關於行政訴訟證據若干問題的規定」第四十三條規定。

[③]　大陸地區最高人民法院「關於行政訴訟證據若干問題的規定」第四十五條規定。

[④]　大陸地區最高人民法院「關於行政訴訟證據若干問題的規定」第四十四條規定。

　　證人證言之主要特徵：其一，證人之提供證言，係因其知案件事實之全部或部分，此是由案件事實所決定，因此，證人不能任意指定、更換、替代或選擇。其二，證人僅能就其耳聞目睹之與案件有關之過去事實陳述，不能妄加分析、評論，或任意推想、猜測。其三，證人證言畢竟是其主觀認識過程，由於受社會環境影響以及本身對客觀事物認識程度局限，有可能使證言之內容失眞[①]。出庭作證之證人以能客觀表達事理爲度，因此，其最高人民法院規定其爲未成年人，所作之證言與其年齡和智力狀況不相適應者，或與一方當事人有親屬關係或其他密切關係而所作對該當事人有利之證言，或與一方當事人有不利關係而所作之對該當事人不利之證言，或應出庭作證而無正當理由不出庭作證之證人所作之證言，未有其他佐證資料足資證明其所言屬實者，不能單獨作爲定案依據[②]，因此，審判機關在審理案件時，對當事人所提供之證人證言，應注意排除證人根據其經歷所作之判斷、推測或評論所作之證言，並應審查其有無作證資格，證人能否表達正確事實之能力，與一方當事人有無利害關係，有無影響證人證言眞實性之主客觀因素。必要時，審判機關亦可依職權交由有關部門鑑定。

　　台灣地區之證人證言，訴願法未設專條規定，行政訴訟法第一百四十二條至第一百五十五條則有較詳細之規定，該法規定除有下列情形之一者外，不問何人，於他人之行政訴訟，皆有爲證人之義務：

　　1. 證人恐因陳述致使本人或近親屬或有監護關係之人受刑事訴追或蒙恥辱者。

[①]　　樊崇義主編，前揭書，頁190。
[②]　　參照大陸地區最高人民法院「關於行政訴訟證據若干問題的規定」第七十一條第(一)、(二)、(三)項規定。

2. 證人現為公務員、中央民意代表或曾為公務員、中央民意代表，或受公務機關委託承辦公務之人，而就其職務上應守秘密之事項為訊問，未經該監督長官或民意機關之同意者[①]。

3. 證人為醫師、藥師、藥商、助產士、宗教師、律師、會計師或其他從事相類業務之人或其業務上佐理人或曾任此等職務之人，究其業務所知悉有關他人秘密之事項受訊問者。

4. 關於技術上或職業上之秘密受訊問者。證人無故不到庭或到庭無不正當理由而拒絕證言者，行政法院得處以新台幣三千元以下之罰鍰，經再次通知仍不到場者，得再處新台幣一萬三千元以下罰鍰，並得拘提之。訴願法未設專條規定，非謂於訴願程序中不重要，諒係認為乃理所當然耳[②]。證人應能表達事實情況，其所為證言為虛偽陳述者，台灣地區之訴願法，對該證人雖尚無處罰之規定，僅能另案依刑事訴訟法之規定訴請追究刑責，惟台灣地區之訴願亦採職權探知主義，受理訴願機關審理案件可不受當事人主張之拘束，本應就證人之證言，本於職權斟酌事實，依經驗法則或論理法則作合理之判斷，且對造為求勝訴，在訴願程序中對證人之證言亦可提出質證，縱對造對於證人證言之質證，不為受理訴願機關所採認，亦可向行政法院提起行政訴訟尋求救濟，經行政訴訟程序確定，或經訴願程序當事人未提行政訴訟而告確定，亦有在期限內提再審之訴的規定[③]。

[①]　本項證人為證言，雖應經監督長官或民意機關之同意始得為之，但除有妨害國家高度機密者外，監督長官或民意機關不得拒絕。詳見台灣地區行政訴訟法第一百四十四條第二項規定。

[②]　吳庚，**行政爭訟法論**，頁337。

[③]　證人證言為虛偽之陳述者，非僅行政訴訟法第二百七十三條第一項第十款有再審之規定，**訴願法**第九十七條第一項第八款亦有相同規定。但行政訴訟法規定，以證人被宣告為有罪之判決已確定，或其刑事訴訟不能開始或續行，非因證據不足者為限。

(五)當事人之陳述

是指當事人就有關案件之事實情況，向行政或訴訟機關所作出之陳述，其內容包括對案件事實之說明，以及對案件事實之承認。當事人之陳述主要有兩項基本特徵：一是真實性較強。二是常僅作有利於己之陳述[1]。當事人對事實之陳述，並非全與事實相符，受理訴願機關必須審查其有無誇大不實之情形。大陸地區之行政復議法第二十二條規定，當事人陳述有二種情形：一為依聲請，一為依職權。申請人可以要求，或行政復議機關認有必要時，可以請當事人到場陳述意見。在庭審中一方當事人或其代理人在代理權限範圍內，對另一方當事人陳述的案件事實明確表示認可者，在無相反證據足以推翻的情形下，審理機關可以對該事實予以認定[2]。

台灣地區之訴願法規定訴願以書面審查決定之，必要時，受理訴願機關得通知訴願人、參加人或利害關係人到達指定處所陳述意見，此為訴願機關主動通知參加人或利害關係人陳述意見，訴願人或參加人若有正當理由者，亦可請求訴願機關准其到達指定處所陳述意見之機會[3]。訴願機關對於當事人之請求，得依職權決定准許與否，其認為請求人申請之理由非正當，得通知拒絕，或於決定理由中指明。訴願人、參加人或利害關係人到場陳述意見時，訴願審議委員會得指定委員偕同承辦人員，聽取陳述人之意見，並作成紀錄附訴願卷宗[4]。當事人對於案件事實之意

---

[1]　樊崇義主編，前揭書，頁195。

[2]　大陸地區最高人民法院「關於行政訴訟證據若干問題的規定」第六十五條規定。

[3]　參照台灣地區訴願法第六十三條規定。

[4]　參照台灣地區行政院及各級行政機關訴願審議委員會審議規則第十條規定。

見陳述，雖經他造自認，參照台灣地區行政訴訟法第一三四條規定，審理機關仍應調查其他必要之證據，不得遽為探認。

　　台灣地區之訴願法雖規定，當事人可到指定場所陳述意見，但其行政程序法第一百零三條則規定，有下列情形之一者，行政機關得不給予陳述意見之機會：

　　1. 大量作成同類之處分

　　2. 情況急迫，如予陳述意見之機會，顯然違背公益者。

　　3. 受法定期間之限制，如予陳述意見之機會，顯然不能遵行者。

　　4. 行政強制執行時所採取之各種處置。

　　5. 行政處分所根據之事實，客觀上明白足以確認者。

　　6. 限制自由或權利之內容及程度，顯屬輕微，而無事先聽取相對人意見之必要者。

　　7. 相對人於提起訴願前依法律應向行政機關聲請在審查、異議、複查、重審或其他先行程序者。

　　8. 為避免處分相對人隱匿、移轉財產或潛逃出境，依法律所為保全或限制出境之處分。

　　台灣地區之稅務訴願，若屬課稅處分者，因申請人提起訴願前，應經復查程序，為屬上述第七款規定之情形，訴願機關得不給當事人陳述意見之機會；其餘一般處分若有上述各款情形之一者，其處理情形亦同。

　　(六)鑑定結論

　　亦稱專家意見或鑑定人意見，係指鑑定人運用自己之專門技術，以及各種科學儀器、設備等，根據法行政、訴訟機關，或當事人、律師之委託或聘請，對在救濟中出現之某些專門性問題進行分析、鑑別所提供之結論意見。其具有下列特徵：一是要採用自己之專門性業務知識，借助專門技術性手段進行研究、分析，

對所要解決之專業性問題作出推理、判斷，從而形成結論性意見，而非僅停留在對有關客觀現象之陳述、羅列之上。二是鑑定人之鑑定結論應當是依據客觀事實標準，所作出具有科學性之符合客觀內在必然聯繫之專業或技術性定論。三是鑑定結論係鑑定人根據案件事實材料，運用科學技術手段和自己之專業知識，獨立進行研究、分析和鑑別活動之結果，具有獨立性[①]。

　　台灣地區之訴願，受理訴願機關得依職權或依訴願人、參加人之申請，囑託有關機關、學校、團體或有專門知識經驗者爲鑑定，其鑑定所得之結論，即得爲訴願之證據。受理訴願機關對於訴願人、參加人之申請，受理訴願機關認無鑑定之必要，而訴願人或參加人願自行負擔鑑定費用時，得向受理訴願機關請求准予交付鑑定，受理訴願機關非有正當理由者不得拒絕[②]。惟訴願人或參加人請求鑑定事項若非屬專門性或技術性，或相同事項於另案已交付鑑定、原行政處分機關已交付鑑定，而訴願人或參加人未提出新事實或新理由，或申請人所申請之鑑定事項與訴願標的無關或有其他類此情形者，受理訴願機關得拒絕之，其拒絕理由應在訴願決定中指明[③]。

　　訴願鑑定係對專門性事物之判斷，自應由具有專門知識經驗者爲之，台灣地區之訴願法規定，其鑑定人選應由受理訴願機關指定之，鑑定人有數人者，各鑑定人得共同陳述意見。但意見不同者，受理訴願機關應使其分別陳述意見[④]。鑑定人陳述意見應具鑑定書。必要時，受理訴願機關得請鑑定人到達指定處所說

[①]　樊崇義主編，前揭書，頁198、199。

[②]　參照台灣地區訴願法第六十九條第一、二項規定。

[③]　參照台灣地區行政院及各級行政機關訴願審議委員會審議規則第二十一條規定。

[④]　參照台灣地區訴願法第六十九條第三、四項規定。

明。鑑定所需資料在原行政處分機關或受理訴願機關者，受理訴願機關應告知鑑定人准其利用。但其利用之範圍及方法訴願機關得予限制。至鑑定人所需費用，原則上由受理訴願機關負擔，受理訴願機關負擔並得應鑑定人之請求預行酌給費用；鑑定若係因訴願人或參加人請求願自行負擔鑑定費用，才進行鑑定者，其費用由訴願人或參加人負擔。但其交付鑑定之結果，據爲有利於訴願人或參加人之決定或裁判時，訴願人或參加人得於訴願或行政訴訟確定後三十日內，請求受理訴願機關償還必要之鑑定費用①。

　　大陸地區關於行政救濟之鑑定結論，根據大陸之行政訴訟法第三十一條第一款第(六)項規定，被告向人民法院提供之在行政程序中採用之鑑定結論，應載明委託人與委託鑑定事項、向鑑定部門提交之相關資料、鑑定之依據與使用之科學技術手段、鑑定部門與鑑定人鑑定資格之說明，並應有鑑定人之簽名與鑑定部門之蓋章。通過分析獲得之鑑定結論，應當說明分析過程②。鑑定結論不明確者，人民法院可以要求鑑定部門予以說明，補充鑑定或重新鑑定③。原告或第三人有證據或有正當理由表明被告據以認定案件事實之鑑定結論可能有錯誤，或對人民法院委託之鑑定部門作出之鑑定結論有異議，提出證據證明有下列情形之一者，亦可以向人民法院申請重新鑑定：1. 鑑定部門或鑑定人不具有相應之鑑定資格者；2. 鑑定程序嚴重違法者；3. 鑑定結論明顯依據不足者；4. 經過質證不能作爲證據使用之其他情形①（見下

①　參照台灣地區訴願法第七十二條規定。

②　大陸地區最高人民法院「關於行政訴訟證據若干問題的規定」第十四條規定。

③　大陸地區最高人民法院「關於行政訴訟證據若干問題的規定」第三十二條第二項規定。

頁）。

(七)勘驗、檢查筆錄與現場筆錄

　　大陸地區稅務救濟規定之證據種類，另有勘驗、檢查筆錄與現場筆錄，所謂勘驗、檢查筆錄，係指對案件之現場、物品進行勘驗、檢查和檢驗時所作之客觀記載。其主要特徵：一是享有法定職權之人運用自己之感官或借助特定之專業儀器、設備直觀地對與案件有關之場所、物品等對象，進行如實記錄之結果。二是通過勘驗、檢查所形成之筆錄，既是對勘驗、檢查過程之相關記載，又是對勘驗、檢查結果之記載，且反映了各種物品、痕跡存在或形成之環境及其相關聯繫，故而其係為具有綜合證明力之證據[②]。大陸地區之人民法院可以依當事人之申請或依職權勘驗現場，進行勘驗時，勘驗人必須出示人民法院之證件，並邀請當地基層組織或當事人所在單位派人參加。當事人或其成年親屬應當到場，拒不到場者，不影響勘驗之進行，但應在勘驗筆錄中說明情況。勘驗現場審判人員均應於勘驗後製作勘驗筆錄，記載勘驗時間、地點、勘驗人、在場人、勘驗之經過與結果，由勘驗人、當事人、在場人簽名；其所繪製之現場圖，並應註明繪製時間、方位、繪製人姓名與身分等內容；當事人對勘驗結論有異議者，可在舉證期限內申請重新勘驗，是否准許由人民法院決定[③]。

　　而所謂現場筆錄，係指行政機關及其工作人員在作出具體行政行為時，當場就有關之事項作成之記錄。其基本特徵：一是行政機關在行政復議前，也就是在作出具體行政行為時所制作的。

[①]　大陸地區最高人民法院「關於行政訴訟證據若干問題的規定」第二十九、三十條規定。

[②]　樊崇義主編，前揭書，頁200。

[③]　大陸地區最高人民法院「關於行政訴訟證據若干問題的規定」第三十三、三十四條規定。

二是其可包涵行政機關對違反行政法規之相對人，進行詢問時所作之談話筆錄。三是其必須經具體行政行爲之相對人核對無誤，並簽名、蓋章後始爲有效[1]。現場筆錄應載明時間、地點與事件等內容，並由執法人員和當事人簽名。當事人拒絕簽名或不能簽名者，應註明原因。有其他人在現場者，可由其他人簽名。但法律、法規和規章對現場筆錄之製作形式另有規定者，從其規定[2]。

　　台灣地區稅務訴願之勘驗、檢查筆錄與現場筆錄，通常爲原處分機關在調查或與他單位會勘案件時，所做之談話筆錄或會勘紀錄，如依台灣地區稅捐稽徵法第三十條規定，對涉嫌違章人調查所做之談話筆錄，或會同農業、地政單位至現場勘查，對勘驗過程與結果所做之紀錄，訴願階段因受理訴願機關通常都採書面審查，故少有是項證據資料，不過，台灣地區之訴願法，則有關於勘驗之規定，其勘驗由受理訴願機關依職權決定，受理訴願機關認爲必要時，可依職權或囑託有關機關、學校、團體或人員實施，不受訴願人主張拘束，亦可依訴願人、申請人之申請，就必要之物件或處所實施勘驗。現場勘驗通常需要當事人到場指認，因此，台灣地區之訴願法第七十四條第二項規定，受理訴願機關依規定實施勘驗時，應將日、時、處所通知訴願人、參加人及有關人員到場[1]（見下頁）。

四、審理機關對證據之審核與認定

　　台灣地區關於審理機關對證據之採認，參照行政程序法第四十三條及行政訴訟法第一百八十九條規定，應由受理訴願機關斟

---

[1]　樊崇義主編，前揭書，頁201。

[2]　大陸地區最高人民法院「關於行政訴訟證據若干問題的規定」第十五條規定。

酌全辯論意旨及調查證據之結果，依論理及經驗法則判斷，此項判斷而得心證之理由，並應記明於決定書。但對訴願人及參加人不利之訴願決定，應賦予其表示意見之機會[②]。稅務訴願案件之審理，依台灣地區訴願法第六十七條規定，雖可由受理訴願機關依職權或屬託有關機關或人員，實施調查、檢驗或勘驗，不受訴願人主張之拘束，但其認事用法仍不得違背行政程序法第四十三條及行政訴訟法第一百八十九條之所謂論理法則及經驗法則，質言之，審理人員之心證形成，定要合乎人類一般生活經驗之定則及理則學上之推理原則。而所謂論理法則，係指依立法意旨或法規之社會機能就法律事實所為價值判斷之法則；經驗法則則指個人由社會生活所累積之經驗，經歸納所得之法則[③]。

　　可見台灣地區之稅務訴願雖原則上採職權探知主義，審理機關對於證據之採認，可不受當事人主張之拘束，但並非毫無限制，對於申請人提出之事證應經調查，若未經調查而逕行裁定，則有違職權探知主義之精神。台灣地區行政法院七十四年判字第一二〇四號判例：「按認定事實，須憑證據，故一方雖已就主張之事實提出證據，而他方亦舉出與待證事實具有關聯性之抗辯事實而為主張並有反證時，受理行政救濟之機關，自應就他方所提出而與待證事實具有關聯性之證據資料加以調查，並就調查之結果，本於一般經驗法則，予以認定事實。若未經調查，即率予核駁，自難謂為非違法」。最高行政法院九十一年度判字第五七九號判決：「原審並未查明被上訴人有無依限申報，亦未審酌被上訴人提出之證據是否客觀合理，徒以上訴人所為現場勘查結果及當時亞〇公司職員之陳述，尚不能認以查明係爭房屋實際之使用

---

①　參照台灣地區訴願法第六十七、七十四條規定。

②　參見台灣地區訴願法第六十七條第三項規定。

③　曾華松，前揭「行政訴訟證據法則之研究」，頁55。

情形，遽認原處分依營業用核課房屋稅，係屬違法，已難謂允洽。況行訴訟法第一百三十三條前段規定：『行政法院於撤銷訴訟應依職權調查證據。』準此，修正後行政訴訟法係採職權探知主義，有關裁判前提之事實證據，高等行政法院應負有義務本於職權自行查明，使案件成熟達於可裁判之程度，不得怠於職權調查而逕行撤銷發回重核」[1]。可資參照。

　　大陸地區對審理機關審理行政案件之爭議，除由當事人提供證據外，亦應主動收集與調查證據，以補當事人舉證之不足。為維護當事人之權益，行政訴訟之審理機關收集或調查證據，有事先告知當事人之義務，於向當事人送達受理案件通知書或應訴通知書時，應告知其舉證範圍、舉證期限與逾期提供證據之法律後果，並告知因正當事由不能按其提供證據時應提出延期提供證據之申請[2]。稅務訴願受理機關雖於作成決定時，始作成訴願決定書通知訴願人，無於受理訴願時告知當事人已受理之義務，惟受理機關於向有關組織或人員調查取證時，亦有事先告知之義務。

　　大陸地區之行政救濟由於亦採職權探知主義，對各項證據之採認，應經審理機關審查屬實後，才能作為定案根據[3]。因此，其審理機關應對經過庭審質證之證據與無須質證之證據，進行逐一審查與對全部證據綜合審查，遵循法官職業道德，運用邏輯推理與生活經驗，進行全面、客觀和公正地分析判斷，確定證據材料與案件事實間之證明關係，排除不具有關聯性之證據材料，準確認定案件事實[4]，避開了法學界在證據論斷上之所謂「自由心

---

[1]　轉引自**中國稅務旬刊**2002年7月10日第1828期勝訴精選，頁36。

[2]　大陸地區最高人民法院「關於行政訴訟證據若干問題的規定」第八條規定。

[3]　大陸地區行政訴訟法第三十一條第二款規定。

[4]　大陸地區最高法院「關於行政訴訟證據若干問題規定」第五十四條規定。

證」之字眼。自由心證強調主觀信念，要求法官從「良心」、「理性」的主觀世界中探求證據之眞僞及證明力不強調收集證據、調查研究，有學者認爲與大陸地區之證據制度中強調實事求是之精神不符，若片面強調自由心證，必助長主觀主義，亦與大陸地區人民法院獨立審判，只服從法律相互矛盾。另有認爲，自由心證雖把法官從「法定證據」之束縛中解脫出來，使他們能根據自己之理智與信念判斷證據、查明案情，有其進步意義，但也爲法官之主觀擅開了方便之門。爲免望文生義，引起不必要誤解，故而避開「自由心證」之用語①。

由於其最高人民法院規定審理人員對證據之認定取捨，應本公正客觀的立場，運用邏輯推理及生活經驗法則處理，力求其合法、眞實、合理。稅務訴願案件作爲認定事實之證據，非只一端，已如前述，但其收集來的證據，未必完全合法、眞實、可靠，爲準確認定案件事實，大陸地區最高人民法院之「規定」第五十七條規定，下列證據材料不得作爲定案依據：

1. 嚴重違反法定程序收集的證據材料；

2. 以偷拍、偷錄、竊聽等手段獲取侵害他人合法權益的證據材料；

3. 以利誘、詐欺、脅迫、暴力等不正當手段獲取的證據材料；

4. 當事人無正當事由超出舉證期限提供的證據材料；

5. 在中華人民共和國領域以外或者在中華人民共和國香港特別行政區、澳門特別行政區和台灣地區形成的未辦理法定證明手續的證據材料；

6. 當事人無正當理由拒不提供原件、原物，又無其他證據印證，且對當事人不予認可的證據的複製件或者複製品；

---

① 曾華松，前揭「行政訴訟證據法則之研究」，頁23、24、33。

7. 被當事人或其他人進行技術處理而無法辨明真偽的證據材料；

8. 不能正確表達意志的證人提供的證言；

9. 不具備合法性和真實性的其他證據材料。

證據除須合乎法定形式及法律、法規、司法解釋和規章的要求，同時應注意有否影響效力之其他違法情形外[1]，尚不得違反法律禁止性規定或侵犯他人合法取得之證據[2]。此外，由於大陸地區之行政訴訟法三十三條及稅務行政復議規則第二十八條對舉證時限作了嚴格限制，在行政救濟過程中，被告不得自行向原告和證人收集證據，並為防止被告妨礙原告提供證據、或行政處分「先裁決，後取證」，該「規定」第六十條要求審理人員，對下列證據不能做為認定被告具體行政行為合法之依據：

1. 被告及其訴訟代理人在作出具體行政行為後或在訴訟程序中自行收集之證據；

2. 被告在行政程序中非法剝奪公民、法人或其他組織依法享有的陳述、申辯或聽證權利所採用之證據；

3. 原告或第三人在訴訟程序中提供的、被告在行政程序中未作為具體行政行為依據之證據。

被告在行政程序中依照法定程序要求原告提供證據，原告依法應提供而拒不提供，嗣在訴訟程序中始提供之證據，以及復議機關在復議程序中收集和補充之證據，或作出原具體行政行為之行政機關在復議程序中未向復議機關提交之證據，均不能被認定為合法之證據。對於被告在行政程序中採納之鑑定結論，原告或

---

[1]　大陸地區最高人民法院「關於行政訴訟證據若干問題的規定」第五十五條規定。

[2]　大陸地區最高人民法院「關於行政訴訟證據若干問題的規定」第五十八條規定。

第三人提出證據證明有鑑定人不具鑑定資格，其鑑定程序嚴重違法，或鑑定結論錯誤、不明確或內容不完整之情事者，審理機關對該鑑定結論應不予採納。

在證據之採擇，其眞實性的判斷亦爲重要。作爲認定事實之證據，縱屬合法，但其眞實性不足，仍不得作爲辦案之證據，除非爲對於眾所周知之事實、自然規律及定理、按照法律規定推定之事實、或已經依法證明之事實，以及根據日常生活經驗法則所推定之事實，可不經求證，即可直接加以認定外[①]，一般都須經論證或調查過程。爲探求證據之眞實性，應從以下方面加以審查：1. 證據形成之原因。2. 發現證據時之客觀環境。3. 證據是否爲原件、原物，複製件、複製品與原件、原物是否相符。4. 提供之證人或證人與當事人是否具有利害關係。5. 影響證據眞實性之其他因素[②]。

五、證據之調取與保全

證據保全係指證據具有滅失或礙難使用或事後難以取得之虞，而由有權機關採取保全措施，以保持其證明作用之制度。證據保全可分爲訴訟外之保全與訴訟中之保全，訴訟外之保全機關通常爲行政機關，發生於公證、仲裁、訴願等領域；訴訟中之保全機關爲法院，屬訴訟活動。在大陸地區之稅務訴願中，有關證據保全有兩種情況：一爲訴願前之保全，即訴願程序開始前，當事人向訴願機關提出申請，由公證機關採取公證形式保全證據；一爲訴願中之保全，即在訴願程序開始後，當事人向受理訴願機

[①]　大陸地區最高人民法院「關於行政訴訟證據若干問題的規定」第六十八條規定。

[②]　大陸地區最高人民法院「關於行政訴訟證據若干問題的規定」第五十六條規定。

關申請保全，行政機關亦可主動採取保全措施[1]。

　　台灣地區之行政訴訟法有證據保全之規定，該法準用民事訴訟法第三百六十八條，第三百七十條至第三百七十六條規定，證據有滅失或礙難使用之虞或經他造同意者，得向法院聲請保全：法院認有必要時，亦得於訴訟繫屬中依職權為保全證據之裁定。當事人聲請保全者，應表明：

　　(一)他造當事人，如不能指定他造當事人者，其不能指定之理由。

　　(二)應保全之證據。

　　(三)依該證據應證之事實。

　　(四)應保全證據之理由。

　　當事人保全證據之聲請，由受聲請之法院裁定，法院為准許保全證據之裁定時，應於裁定書中表明該證據及應證之事實，當事人對該裁定不得聲明為不服；若為駁回其聲請者，當事人得為提出抗告。訴願法則無是項證據保全之規定。

　　大陸地區關於稅務救濟證據之保全，規定當事人根據其行政訴訟法第三十六條之規定，申請保全證據者，應在舉證期限屆滿前，以書面形式向人民法院提出，並說明證據之名稱與地點、保全的內容與範圍、申請保全之理由。人民法院對於當事人保全證據之申請，可以要求其提供相應之擔保[2]。證據之保全若係由人民法院主動發起者，人民法院可以根據具體情況，採取查封、扣押、錄音、錄像、複製、鑑定、勘驗、製作詢問筆錄等各種手段，並可以要求當事人或其訴訟代理人到場[1]（見下頁）。大陸之行政復議法及稅務行政復議規則亦無有關證據保全之規定。

---

　　[1]　朱維究、任中杰、高家偉主編，前揭書，頁293。

　　[2]　大陸地區最高人民法院「關於行政訴訟證據若干問題的規定」第五十六條第二項規定。

　　證據之調取，係指由當事人或審理機關向有關機關或其他組織公民調取證據。台灣地區對於證據之調取，規定訴願人、參加人或訴願代理人得請求閱覽、抄錄或影印原行政處分機關據以處分之證據資料、卷內文書，或預納費用請求付與繕本、影本或節本；預納費用請求付予繕本、影本或節本者，應載明文書種類、名稱、文號及其起迄頁數、份數；請求人為第三人者，並應附訴願人同意文件，或釋明有法律上之利害關係[②]。申請人請求閱覽、抄錄或影印之資料若為他人所持有者，受理訴願機關得依職權或依訴願人、參加人之申請人之申請，命文書或其他物件之持有人提出該物件，並得留置之；若為公務員或機關所掌管者，受理訴願機關亦得調取之[③]。當事人或利害關係人向受理訴願機關請求閱覽、抄錄或影印之資料，除非以主張或維護其法律上利益有必要者外，受理訴願機關不得拒絕，但其請求有下列情形之一者，則可拒絕[④]：

　　(一)行政決定前之擬稿或其他準備作業文件。

　　(二)涉及國防、軍事、外交及一般公務機密，依法規規定有保密之必要者。

　　(三)涉及個人隱私、職業秘密、營業秘密，依法規規定有保密之必要者。

　　(四)有侵害第三權利之虞者。

　　(五)有嚴重妨礙有關社會治安、公共安全或其他公共利益之

[①]　大陸地區最高人民法院「關於行政訴訟證據若干問題的規定」第二十八條規定。

[②]　參照台灣地區第四十九條、第七十五條第二項、「行政院及各級行政機關訴願審議委員會審議規則」第四條規定。

[③]　參照台灣地區訴願法第七十三條第二、三項規定。

[④]　參照台灣地區行政程序法第四十六條規定。

職務正常進行之虞者。

　　前述第二款及第三款無保密必要之部分，仍應准許閱覽。受理訴願機關應於受理請求之日起十日內，通知申請人於指定日、時到達指定處所閱覽、抄錄、影印或攝影，或付予繕本、影本或節本；其拒絕者，應敘明拒絕之理由[①]。

　　大陸之稅務訴願，其稅務行政復議規則第五條規定，行政復議機關履行行政復議職責，應當遵循合法、公正、公開、及時、便民的原則，堅持有錯必糾、保障法律、法規的正確實施，因此，除涉及國家秘密、商業秘密或個人隱私外，申請人或第三人可以查閱原處分機關提出之書面答覆，做出具體行政行為之證據、依據和其他材料，訴願機關不得拒絕[②]。行政訴訟對於涉及國家秘密、商業秘密或個人隱私，或由國家有關部門保存而須由人民法院調取之證據材料，或確因客觀原因而無法由原告或第三人不能自行收集之其他材料，但能提供確實線索者，其最高人民法院「關於行政訴訟證據若干問題的規定」第二十三條規定，亦可以申請人民法院調取。當事人申請人民法院調取證據者，應在舉證期限內提交調取證據申請書，並寫明證據持有人之姓名或名稱、住址等基本情況；擬調取證據內容；申請調取證據之原因及其要證明之案件事實[③]。

　　大陸地區之人民法院接到當事人調取證據之申請，經審查後認為符合調取證據條件者，應即時調取證據；認為不符合調取證據條件者，應向當事人或其訴訟代理人送達通知書，說明不准許

[①]　台灣地區「行政院及各級行政機關訴願審議委員會審議規則」第五條規定。

[②]　參見大陸地區稅務行政復議規則第二十七條規定。

[③]　大陸地區最高人民法院「關於行政訴訟證據若干問題的規定」第二十四條規定。

調取之理由。當事人可以在收到通知書之日起三日內向受理申請之人民法院書面申請復議一次。人民法院收到申請書時，應在收到之日起五日內作出答覆。人民法院根據當事人之申請，經調取未能取得相應之證據者，亦應告知申請人並說明原因[①]。大陸地區之人民法院對於證據之調取，有相互委託制度，需要調取之證據若在異地者，可以委託證據所在地之人民法院調取。受託人民法院應在收到委託書後，按照委託要求及時完成調取證據工作，送交委託人民法院。受託人民法院不能完成委託內容者，應告知委託之人民法院並說明原因[②]。

　　大陸地區對稅務訴願案件證據之調取，除上述各項規定外，事實上，其稅收徵收管理法亦有相關規定，因訴願機關為原處分機關之上級機關，為同屬稅務機關，有關稅務處理適用該法規定本為順理成章，就是納稅義務人亦無問題。該法第四章規定稅務機關有權對納稅義務人或與課稅有關之其他當事人調取各項課稅資料，納稅義務人有義務提供；納稅義務人有權依同法第八條規定向稅務機關了解與納稅程序有關之情況。台灣地區稅捐稽徵法第三十條亦有相同之規定，惟受理訴願機關若為財政部固可適用該法規定處理，若為縣市政府就有問題。

伍、抽象行政行為之審查

　　賦予訴願申請人對抽象行政行為申請審查權，為大陸地區之稅務行政訴願之特色，而通常抽象之行政行為，為行政機關基於

[①]　大陸地區最高人民法院「關於行政訴訟證據若干問題的規定」第二十五條規定。

[②]　大陸地區最高人民法院「關於行政訴訟證據若干問題的規定」第二十六條規定。

職權，或委任或特別授權所從事之立法活動，雖然其憲法、組織法賦予各級人大廣泛之監督權，有權撤銷同級政府所制定之同憲法、法律相牴觸之行政法規、決定和命令。其國務院亦有權撤銷國務院各部、委予法律、行政法規不一致之規章、決定、指示和命令；有權撤銷地方各級政府與法律、行政法規不一致的規章、決定和命令[①]。但由於大陸地區法制並非十分健全，各級政府擁有立法權，加以缺乏協調，地方所制定之法規違反中央所制定之法律或行政法規之情形時有所聞，大陸地區之國務院除了以往發布「行政法規制定程序暫行條例」、「法規規章備案規定」等行政命令，近來更由其全國人民代表大會制定具有較高位階之「立法法」，來加以約制外，同時更藉行政復議之機會，由人民舉發促請有權機關糾正，以達廢除不合時宜法規之目的，故其行政復議法第七條將行政機關的具體行政行為所依據之法律，列入行政復議之範圍。受理訴願機關對抽象之行政行為，有權處理的，應當在三十日內依法處理；無權處理的，應當在七日內按照法定程序轉送有權處理機關依法處理。其處理期限，中止訴願之審查[②]。

　　大陸地區對抽象行政行為之審查，主要係透過行政機關內部監督機制，因此，受理訴願機關或有權處理之行政機關，應審查抽象之行政行為之主體、內容、程序是否合法。就主體方面而言，抽象行政行為之主體應當為依法擁有制定抽象行政行為權利之行政機關，此項權利並非任何行政機關皆可享有。例如，部門規章僅能由國務院之組成部門、直屬機構等行政機關制定，地方

[①]　童衛東，「論對抽象行政行為的行政復議權」，北京：**法學雜誌**1997年6期，頁14。

[②]　參見大陸地區之稅務行政復議規則（試行）第三十、三十一條；行政復議法第二十六、二十七條規定。

規章僅能由省級政府、較大市政府等行政機關制定；就內容而言，抽象之行政行為不得與其所依據之法律文件或上級規範性文件相牴觸，其制定之內容，亦必須為其職權範圍，或法律、法規、規章授權範圍內者，逾越此範圍，所制定之抽象行政行為無效；就其程序而言，如國務院制定行政法規，應依其「立法法」規定程序辦理，不依該程序即為非法[①]。

行政復議法在復議審查權方面的發展，與過去之「行政復議條例」相比，其重大的變化，是將抽象行政行為納入行政復議的申請和審查範圍，其一方面賦予復議申請人對一定範圍的抽象行政行為的申請權；一方面給予行政復議機關依職權將行政規章納入審查範圍[②]，對加強行政管理，完善行政法制和提高行政效率，有其必要性[③]，但對抽象行政行為不作為如何審查，仍值得研究。基本上，根據大陸地區之「行政復議法」第七條規定，與具體行政行為一併提出申請行政復議者，須為做出具體行政行為之依據。易言之，抽象行政行為不能單獨起訴，必須併同具體行政行為進行；同理對復議機關抽象行政行為之不作為，亦只能與具體行政行為一併提出申請，其處理之方式，據大陸地區司法實務界余辛文[④]的看法，應以復議機關為被告，法院受理後之裁決方式，應視案情而定：(一)對復議機關之不受理裁決，若具體行政行為之申請符合條件，應判決撤銷復議機關之不受理裁決，並責其限期受理。(二)對於單項型抽象行政行為復議不作為而一併

---

① 李培傳主編，**行政復議概覽**，北京：中國法制出版社，1993年6月第一次印刷，頁139、140。

② 劉珮智，「將部分抽象行政行為納入行政復議申請範圍引發的問題與思考（續）」，北京：**工商行政管理**2000年第7期，頁39。

③ 童衛東，前揭書，頁14。

④ 余辛文，前揭書，頁48、49。

起訴者，由於復議機關違反抽象行政行爲審查或轉送處理之法定程序，無論復議機關維持或變更原具體行政行爲，均應判決撤銷具體行政行爲之復議決定，並與抽象行政行爲復議一併限期履行復議（審查）職責。(三)對於一併不作爲類型者，只做出限期履行復議（審查）職責之判決。

　　除此之外，另一值得檢討的是：對違法或不當之一般規範性文件，申請人固然可以在申請行政復議時，提出要求復議機關一併加以審查，但對該違法針對申請人以外之其他人所作出之具體行政行爲，應作如何處理，則未作明確規定，顯爲立法疏漏。行政機關依據一般規範性文件所作出之具體行政行爲，可能非僅單一案件，還會涉及其他之人，照理說糾正違法或不當之一般規範性文件，應爲全面，爲有僅針對提出申請之人者。對此應修法或由有權機關作出明確解釋，要求行政機關在糾正被申請復議之具體行政行爲時，應同時全面糾正尚未確定之其餘被違法或不當之抽象行政行爲所作出之具體行政行爲，才能確保行政相對人之合法權益[①]。

　　然則台灣地區訴願機關對於抽象行政行爲之法規實質審查權若何？關於訴願機關之實質審查權之有無，台灣地區大法官吳庚認爲行政機關與司法機關不同，無權對法律作實質之審查乃法治國家之通例。關於行政機關發布之命令，其他機關有無審查權？審查結果如認爲與上位規範牴觸可否拒絕適用，學理尚有爭論，台灣地區通說皆謂，上級機關基於監督權限，對下級機關發布之命令違法或不當，得予以撤銷；不相隸屬機關間之命令，則基於相互尊重之原則，自不得拒絕適用[②]。大法官翁岳生則認爲：「基於行政一體之概念，上級行政機關對下級行政機關有指揮監

[①]　宋雅芳主編，前揭書，頁78。
[②]　吳庚，前揭「行政法之理論與實用」，頁73。

督之權限。故下級機關發布之命令違法或不當,上級機關就得予以撤銷或停止,並得令其變更。如內政、財政、教育、司法行政、經濟、交通等各部組織法第三條均規定,各部就主管事務,對於各地方高級行政首長之命令或處分,認為有違背法令或逾越權限者,得提經行政院會議議決後,停止或撤銷之,此項上級行政機關對下級機關命令違法與否之審查,係行政體系本身內部之審查,其性質與其他機關對行政命令所為審查,頗有差異,其審查之範圍亦比其他機關廣泛,不僅及於命令之違法性,尚得就命令之妥當性或合目的性審查之」[1]。

學界之看法如此,但是在實務上,台灣地區之行政法院向來不認為相對人可對行政機關之抽象行政行為提起訴願。行政法院二十七年判字第十八號判例:「稅務官署根據法令頒布關於徵稅之單行章則,並非行政處分,人民不得對之提起訴願。縱令該項章則所定徵稅方法有失平允,亦祇能呈請原官署或該管上級官署核辦,要不能依訴願程序以求救濟」。即為適例。因此,台灣地區之訴願範圍僅限定在「具體行政事件所為之決定或其他公權力措施,而對外直接發生法律效果之單方行政行為」[2]。不過,訴願法第三條第二項又將其範圍放寬為「對人雖非特定,而依一般性特徵可得確定其範圍者,亦為行政處分」。亦即抽象之行政行為雖不得為行政復議之對象,但中央或地方機關之決定或措施,依一般性特徵可得確定其範圍者,亦為可申請行政復議之對象。固然就法之規定而言,台灣地區現行之訴願法規定,申請人得提訴願之範圍已較原訴願法為寬,但仍較大陸地區之行政復議法之

---

[1] 轉引自劉鶴田,「訴願決定機關有無法規審查權之研究」,收錄於訴願案例研究彙編(第九輯)台灣省訴願審議委員會編印,1997年6月,頁225。

[2] 詳見台灣地區訴願法第三條規定。

規定為窄。然究其實際，台灣地區之法制較為健全，行政機關之抽象行政行為鮮有違法情事發生，且訴願機關對法規之審查權，除為不相隸屬機關之法規命令外，對下級機關所發布之法規命令，要非不得本於監督權限予以撤銷。除此，司法院大法官會議對行政機關違法之抽象行政行為亦有撤銷權[1]，故其審查權應不成問題。對抽象行政行為之審查範圍，較之大陸地區並無軒輊，只是台灣地區之法律並無明文規定得由人民提起訴願而已。

陸、地方自治事務之審查

台灣地區政府採用均權制度，中央與地方之權限劃分；有屬全國一致之性質者，劃歸中央；有屬一縣之性質者，劃歸縣[2]。為貫徹地方自治，並頒布有「地方制度法」，依該法第十九條規定，縣（市）地方政府掌管之事項計有十三項之多，包括有自治事項與委辦事項。自治事項係指地方自治團體依憲法或地方制度法規定，得自為立法並執行，或法律規定應由該團體辦理之事務，而負其政策規劃及行政執行責任之事項，此為地方可自行決定，不受中央干涉；委辦事項則指地方自治團體依法律、上級法規或規章規定，在上級政府指揮監督下，執行上級政府交付辦理之非屬該團體事務，而負其行政執行責任之事項[3]。縣（市）政府為地方自治團體，具公法人地位，就其自治事項所為之行政處

---

[1]　台灣地區之大法官會議雖不直接審理具體之救濟案件，但對抽象之行政行為有無牴觸憲法或法律之疑義，具有審查權，其審查結果有拘束全國各機關及人民之效力。參見陳清秀，「依法行政原則之研究」，收錄於氏著稅法之基本原理，台北：自行發行，1994年8月再版，頁21。

[2]　台灣地區憲法第一百十一條規定。

[3]　參照地方制度法第二條第二、三款規定。

分，自為訴願之對象。而對地方自治事務之審查，台灣地區訴願
法第七十九條規定：「訴願事件涉及地方自治團體之地方自治事
務者，其受理訴願之上級機關，僅就原行政處分之合法性進行審
查決定」。地方自治團體之行政處分涉及地方事務者，受理訴願
機關僅能就其行政處分之合法性進行審查，是否合適當性與目的
性，非其審查權限，以避免中央過度干涉地方自治事務。

　　大陸地區之政治體制因採中央集權，地方之權限屬於中央行
政權之委讓，其憲法第一百一十條規定，地方各級政府對本級人
大和上級政府雙重負責。「全國地方各級人民政府都是國務院統
一領導下的國家行政機關，都服從國務院的領導」。隨著經濟的
開放，中央對地方的管理體制不斷地進行調整，其在財政、預
算、物質、經貿之權利下放上，從高度之中央集權管理方式，朝
向在中央統一領導下的地方行政分權管理體制發展，其地方政府
也擁有部分立法權，使得中央與地方間之財政經濟關係，已非早
期之指揮命令關係，而是出現所謂「沒有聯邦憲法的聯邦制」關
係，彼此關係變為複雜[①]。然在地方行政權之違法或不當審查權
方面，仍維持由中央一統之局面，故其行政復議法及稅務行政復
議規則，並無如台灣地區受理訴願機關之上級機關，對涉及自治
事務之行政處分，僅能就其合法性進行審查的問題。

第四節　復查受理之協談方面

　　關於稅務復查之協談，台灣地區財政部訂有「稅捐稽徵機關

[①]　詹中原，中共政府與行政制度，台北：國立空中大學，1999年8月
初版二刷，頁60。

稅務案件協談作業要點」，為稅務機關與納稅人雙向溝通之機制，納稅人對稅務爭議可透過該管道尋求解決，其性質類同行政訴訟之和解，雖其機制，未賦予參與人員充分之權限，致使其發揮之效果有限，為人所詬病，但納稅人所要解決之爭議，若僅係對稅務機關或法令之誤解，往往能透過該管道發揮意想不到之效果，對納稅人不滿情緒之宣洩，多少還有些許功能。

　　大陸地區之稅務訴願無專設之稅務協談機制，不過，比較特別的是，大陸地區有「信訪」制度，其「信訪」制度類似台灣地區之請願或陳情。其政院[①]於一九五一年發布「關於處理人民來信和接見人民工作的決定」，人民可依照該規定向政府提供建議或申訴、批判、請求，縣級以上各級人民政府均須設置負責處理人民來信、接見民眾之專門機構或負責人員，以處理人民之申訴案件。論其性質，其提供民眾申訴管道，也可算是協談機制。然其由於縣級以上人民政府才有設置，其受理機構少，且其亦無裁量決定權，故其發揮效果有限[②]。即使是一九九七年十月二十八日由其國務院所發布之「信訪條例」，亦著眼於規範信訪之活動而非提供法律救濟途徑，即主要在有效解決行政機關及其工作人員之失當與失職行為[③]，不過，由於民眾長期以來習慣傾向信訪投訴途徑，故對解決行政機關之失職與失當行為，多少還發揮相當作用。

[①]　為國務院之前身。

[②]　張國勳，前揭書，頁40~42。

[③]　林莉紅，「行政救濟基本理論問題研究」，北京：**中國法學**1999年第1期，頁47。

第五節　訴願決定之執行方面

　　訴願決定之執行概念，係指行政機關或司法機關運用國家公權力，對不履行已確定之訴願決定之義務人，迫其履行所採取之一種強制性程序與手段。台灣地區制度以有原行政處分之合法性顯有疑義者，或原處分之執行將發生難以回復之損害，且有急迫情勢，並非為維護重大公共利益所必要之情形，受理訴願機關或原行政處分機關得依職權或依申請，就原處分之全部或一部停止執行之規定外[①]，皆採訴願期間不停止執行為原則。因此，除非有例外情況，通常訴願決定沒有再執行之問題，亦即，行政執行早已在進行，並不因訴願才啟動執行程序。除此，行政訴訟法並無訴願確定應執行之規定。同樣的，大陸地區之訴願，亦採不停止執行為原則，停止執行為例外，但其「行政訴訟法」第六十六條規定：「公民、法人或者其他組織對具體行政行為在法定期限內不提起訴訟又不履行的，行政機關可以申請人民法院強制執行，或者依法強制執行。」顯然，係指其行政復議法第二十四條之例外情形，亦即，原本應執行，因被申請人或復議機關判斷應停止執行之案件，其實，訴願決定之執行為行政強制執行之一環，其執行應依法律規定為之。然大陸地區並無台灣地區有「行政執行法」之制定，其行政之執行，端賴各單行法規。公民、法人或者其他組織對具體行政行為在法定期限內不提起訴訟又不履行者，行政機關之執行權有法律依據者，可逕行依法執行；法律未規定者，應申請人民法院執行。而稅務案件之執行在方法與程

[①]　請參見台灣地區訴願法第九十三條規定。

序，又與一般行政案件之執行，略有不同，本書擬就此兩方面分別加以介紹：

壹、一般行政案件之執行

一般行政案件之強制執行，吾人將其劃為稅務案件以外之執行，包括有民政、經濟、文化、環保、農政等等，其可分為間接強制執行與直接強制執行。間接強制執行係透過間接手段強制義務人履行義務，又可分為代履行與怠金。

一、間接執行

(一)代履行

代履行為台灣地區行政執行法之稱謂，大陸地區稱之為代執行，係指被執行人不履行已確定之訴願決定，由執行機關依法自行或由第三人代為履行，並由執行機關向被執行人收取費用之措施。代履行應為可替代之行為，義務人經由法定程序命限期履行而不履行所命之行為，執行機關得委託第三人代為履行，因此，其履行手段之採取應具備下列條件始得為之[①]：(一)須為可替代性之義務；(二)義務人須經由法定程序，仍未履行該義務內容；(三)由義務人以外之第三人代為履行，義務人有忍受之義務；(四)代履行所支出之費用須由義務人負擔。

代履行之主體究為執行機關或是第三人，或兩者皆可，世界各國做法不一，日本於昭和三十七年修正之「行政代執行法」第二條規定，義務人不履行法律或行政機關所命之處分，且依其他方法難以確保其履行，若任令其不履行將有違反公益之虞者，該

[①]　蔡震榮，**行政執行法**，桃園：中央警察大學出版社，2000年10月初版，頁138、139。

行政機關得自行義務人應爲之行爲，或使第三人爲之，其費用向義務人徵收之[1]。其之代執行之主體，行政機關可自行或由第三人爲之。大陸之行政強制執行，執行主體可自行或委託他人代爲執行，如「中華人民共和國森林法實施細則」第二十六條規定：被責令補種樹木者因故不能補種的，可以交納造林費，由林業主管部門收取後代爲種植[2]。區分執行機關代履行與第三人代履行之標準，應視其是否正式委託他人，而非以代履行之主體爲準。亦即，只要爲執行機關主持、指揮和組織下由第三人代爲履行者，亦屬執行機關代履行[3]。

　　台灣地區「行政執行法」第二十九條第一項亦規定：「依法令或本於法令之行政處分，負有行爲義務而不爲，其行爲能由他人代爲履行者，執行機關得委託第三人或指定人員代履行之。」第二項「前項代履行之費用，由執行機關估計其數額，命義務人繳納；其繳納數額與實支不一致時，退還其餘額或追繳其差額。」該法因襲德國行政強制執行法第十條代履行制度，只有由他人履行才有費用之徵收，由行政機關自行履行，歸之於直接強制，並無費用之徵收[4]。

　　(二)怠金

　　台灣地區之行政執行法所規定之「怠金」，其實即爲大陸地區之「執行罰」[1]（見下頁），係指執行機關對不履行已確定之

---

[1]　轉引自蔡震榮，前揭書，頁249。

[2]　轉引自宋雅芳主編，前揭書，頁193。

[3]　皮純協主編，前揭書，頁246、247。

[4]　蔡震榮，前揭書，頁144、145。氏著在該書中指出，德國目前各邦所採取直接強制若有代履行效果，皆徵收費用。行政執行法此項規定未臻理想，代履行之所以已強制爲之，應是以義務人不履行義務爲準，是故，無論由執行機關或他人代爲履行，義務人都應支付其本來應履行所生費用，才屬合理。

訴願決定之義務人，處以財產上之新的給付義務之一種處罰，以促使其履行之執行措施[2]。大陸之執行機關對義務人不履行之行為，得連續處罰。怠金通常係指具有持續性之行為，為促其將來履行義務，以執行罰之告戒，造成義務人心理上之負擔，而藉此能履行義務為目的。大陸之「怠金」金額，須由法律、法規明文規定，執行機關僅能在規定幅度範圍內斟酌決定，其適用對象，只限於不可替代之作為義務與不作為義務，凡能以代執行方式達到目的者，不得採處怠金手段。由於大陸行政執行法尚未頒布，究竟何種義務可採用怠金方式，法無明確規定。然現行法律、法規在稅務、海關、環保、審計等行政部門已有個別規定，歸納起來，這些規定都是對作為義務之執行罰，對於諸如責令停產停業等不作為義務之行政決定之履行，既乏對執行主體之具體規定，亦無對具體執行措施之規定[3]，此為其特點。

　　台灣地區之行政執行法第三十條第一項規定：「依法令或本於法令之行政處分，負有行為義務而不為，其行為不能由他人代為履行者，依其情節輕重處新台幣五千元以上三十萬元以下怠金。」第二項「依法令或本於法令之行政處分，負有不行為義務而為之者，亦同。」怠金之處罰包括作為與不作為義務，其處罰原則上須經告戒程序，但法律另有規定者不在此限[4]。如台灣地區農業發展條例第七十二條：「農民團體、農業企業機構或農業試驗研究機構違反第三十五條之規定，未經核准擅自變更經營利

---

[1]　對此，台灣地區原行政執行法亦稱為執行罰，但學者吳庚認為易與行政罰混淆，應改稱「怠金」較為恰當，因其本質並非處罰，而是使義務人屈服之手段，以收將來履行義務之效果，詳見吳庚，**行政之理論與實用**，頁424。

[2]　宋雅芳主編，前揭書，頁193。

[3]　皮純協，前揭書，頁247。

[4]　台灣地區行政執行法第三十一條規定。

用計畫或將耕地閒置不用者，處新台幣三萬元以上十五萬元以下之罰鍰並限期改正；逾期未改正者，按次分別處罰。」該法對未經核准擅自變更經營利用計畫或將耕地閒置不用者，限期改善，仍不改善者，得按次分別處罰，但每次處罰須經告戒程序；噪音管制法第十五條第二項：「經再限期改善，逾期仍未符合噪音管制標準者，得按日連續處罰，或令其停工、停業或停止使用，至符合噪音管制標準時為止」。第一次通知限期改善後，經再限期改善，仍未改善者，按日連續處罰，並不須再經告戒程序，屬例外之規定，應優先適用。

「按日連續處罰」法律有特別規定者，僅以一次告戒，則可實施多次相同數額之怠金，其怠金是否全部徵收，抑或僅對最後一次徵收？按台灣地區之行政執行法第三十四條規定，應全部清繳。此舉，學者有不同看法，認為採全部徵收，無異承認怠金具有強制秩序罰之性質，混淆怠金與秩序罰之界限，而事實上，怠金為純粹之「強制手段」，其目的在促使義務人履行義務，與強制秩序罰（非屬強制意義之怠金）限定期限，要求義務人將來改善違法狀態（指持續性之違法狀態）之情形有別，因而主張應刪除行政執行法第三十一條第二項有關「法律另有規定，不在此限」之規定[①]。至其告戒程序，應依行政執行法施行細則第三十四條規定，以文書載明下列事項送達於義務人：1. 執行機關與義務人。2. 應履行之行為或不行為義務與其依據及履行期限。3. 處以怠金之事由及金額。4. 怠金之繳納期限及處所。5. 不依限繳納時將予強制執行之意旨。

二、直接強制執行

直接強制執行係對義務人之身體、財產「直接」施以實力，

[①]　蔡震榮，前揭書，頁153~157。

而實現與履行義務同一內容狀態之方法。由於採用直接強制執行方法較為激烈，侵害義務人之權益較大，通常被視為最後手段[1]。除非其他可使用之合理方法已窮，否則，不得輕易為之。是故執行機關採用執行方法究為直接強制或間接強制，在法律規定範圍內，雖有自由裁量權，惟不同種類之執行方法，有其先後順序，除非「因情況急迫，如不及時執行，顯難達成執行目的時，執行機關得依直接強制方法執行之」者外，如能以間接強制方法達成執行目的，自應優先以間接強制為之，須間接強制無效，始得變換為直接強制執行[2]。對此，台灣地區行政執行法第三十二條有如是之規定。

至直接強制執行之方法，台灣地區行政執行法第二十八條有如下之規定：一、扣留、收取交付、解除佔有、處置、使用或限制使用動產、不動產。二、進入、封閉、拆除住宅、建築物或其他處所。三、收繳、註銷證照。四、斷絕營業所必須之自來水、電力或其他能源。五、其他以實力直接實現與履行義務同一內容狀態之方法。

三、即時執行

即時執行並不若間接或直接執行有預先告戒或形式之行政處分，通常為警察所採取之手段，一般學者認為警察對即時強制之發動，無須法律之特別授權，只要基於緊急避難權發動即可[3]。易言之，即時執行係以防止急迫危險為發動強制權之原因，而非以行政處分為必要，因此，被台灣地區部份學者視作實現行政處分內容之「代履行」，通常被排除在即時執行之範圍內，其實，

---

[1]　蔡震榮，前揭書，頁158。
[2]　吳庚，**行政法之理論與實用**，頁473。
[3]　蔡震榮，前揭書，頁176。

應無僅限由行政機關自行爲之之理，行政機關在「可替代之行爲
義務」範圍內，非不得基於合目的性之考量，而將執行事項交由
私人爲之者①。

　　即時強制台灣地區僅規定於行政執行法中②，如行政執行法
第三十六條：「行政機關爲阻止犯罪、危害之發生或避免急迫危
險，而有及時處置之必要時，得爲及時強制。」大陸地區則規定
於各單行法規，如其「人民警察法」第十五條：「縣級以上人民
政府公安機關，爲預防和制止嚴重危害社會治安秩序的行爲，可
以在一定區域和時間，限制人員、車輛的通行或者停留，必要時
可以實行交通管制。」即時強制，大陸學者將其歸類爲獨立性行
政強制措施，其認爲獨立性行政強制措施之採取，不以相對人不
履行某項特定行政義務或行政主體之某項具體行政決定爲前提。
只要行政主體認爲相對人對社會秩序、他人或本人之身體健康、
安全可能構成危害，即可採取強制措施，如收審、約束、強制治
療等③。大陸學者對即時強制所下之定義，與台灣地區之行政執
行法規定意義相當。

　　即時強制對人民之身體與財產之干涉性甚強，台灣地區對於
執行機關所爲之執行，被執行人可依行政執行法第九條規定向執
行機關聲明異議，此聲明異議尚非一般之行政救濟。而該法條所
指稱得聲明異議之對象，學者看法認爲係踐行階段式之強制執
行，對於即時執行因時間急迫，且執行原因與執行行爲可能瞬即
消滅，似不可能於執行程序終結前，向執行機關聲明異議④。

---

①　李建良，「翻覆的油罐車—即時強制與代履行」，收錄於**月旦法學教
室(1)公法學篇**，台北：元照出版公司，2000年9月初版第二刷，頁127、
128。

②　蔡震榮，前揭書，頁176。

③　姜明安、胡錦光，前揭書，頁104、105。

④　蔡震榮，前揭書，頁202、203。

　　即時強制有解釋爲「事實行爲」，亦有解釋爲「擬制行政處分」。如學者李建良即認爲『行政機關在爲即時強制措施時，固然未明白作成行政處分，惟其執行行爲本身可以視爲是一種「行政作用」之表現，實寓有行政處分之性質，所以，即時強制是一種「可執行之行政處分的擬制」，可稱之爲「擬制行政處分」①』。學者蔡震榮亦認爲即時強制『屬於行政處分定義中所稱「其他公權力措施」，而屬行政處分②』。台灣地區之即時執行有造成被執行人損失，而被執行人並無可歸責之事由者，可依行政執行法第四十一條規定，於知有損失後，二年內要求執行機關給予補償，對於執行機關所爲損失補償決定不服者，才可依法訴願及行政訴訟。此部份若爲課予義務之訴或撤銷之訴，則可進入訴願程序，但若爲要求執行機關對補償金額給付之履行，則屬另一種類型之給付之訴，並非訴願範圍，故無訴願決定執行問題。

貳、稅務行政案件之執行

　　台灣地區有關稅務訴願決定案件之執行，適用行政執行法之關於公法上金錢給付義務之執行。稅務案件之執行，以實現金錢債權爲目的，其不論採用何種方法，最終都要將義務人之財產金錢化。然比較特別的是台灣地區稅務訴願有復查先行程序之設計，依台灣地區稅捐稽徵法第三十九條第一項之規定：「納稅義務人應納稅捐，於繳納期間屆滿三十日後仍未繳納者，由稅捐稽徵機關移送法院強制執行。但納稅義務人已依第三十五條規定申請復查者，暫緩移送法院強制執行」。至其暫緩執行之要件，同

---

① 李建良，「行政執行」，收錄於翁岳生主編，**行政法**，台北：翰蘆圖書出版有限公司，1998年3月29日初版，頁929。

② 蔡震榮，前揭書，頁202。

法第二項復規定：「一、納稅人對復查決定之應納稅額繳納半數，並依法提起訴願者。二、納稅義務人依前款規定繳納半數稅額確有困難，經稽徵機關核准，提供相當擔保者」。此爲不停止執行之例外情形。大陸地區因無專屬之行政執行法規，有關稅務訴願決定案件之執行，適用稅收徵收管理法之規定，其之執行亦以不停止執行爲原則，但有下列情形之一，可以停止執行：一、被申請人認爲需要停止執行的。二、復議機關認爲需要停止執行的。三、申請人申請停止執行，復議機關認爲其要求合理，決定停止執行的。四、法律規定停止執行的[1]。

　　大陸地區之訴願制度，提起訴願，要先繳納稅款，其處分標的申請人既已結清而歸於消滅，本無再行執行之必要，惟大陸地區稅務機關有強制執行權，根據其於二○○一年五月一日起施行之修正「稅收徵收管理法」第四十條規定，稅務機關經其縣以上之稅務局（分局）局長批准後，即可對欠稅戶之財產實施強制扣押、查封、拍賣或變賣，或以書面通知其開戶銀行或其他金融機構從欠稅戶之存款中扣繳稅款，因而不需透過法院或類似台灣地區之行政執行處，即可對納稅人之財產進行必要之保全或強制執行措施，除此稅務機關尚有對納稅人責令擔保、處罰、阻止出境、取消增值稅一般納稅人資格，或對納稅人之申請不予辦理或答覆等各項具體行政行爲，納稅人對之不服，可提起訴願。因此，其不停止執行之規定，顯有其必要，同時，訴願決定後之執行機關，亦視變更或維持原處分之情形而定，若維持原行政處分者，由原行政處分機關依法強制執行，或申請人民法院強制執行，若爲變更原行政處分者，則由變更行政處分之訴願機關依法強制執行，或申請人民法院強制執行，此亦爲其特色。不過，申

---

[1]　參見大陸地區之稅務行政復議規則（試行）第二十四條；行政復議法第二十一條規定。

請人民法院強制執行，因其最高人民法院《關於貫徹〈中華人民共和國行政訴訟法〉若干問題的意見（試行）》第五七條規定：在訴訟過程中，行政機關申請人民法院強制執行被訴具體行政行為的，人民法院不予執行，此意味申請人即使不履行具體行政行為所確定之義務，稅務機關申請人民法院強制執行，人民法院也不會受理[①]，因此，在訴訟過程中，關於申請人民法院強制執行之規定，只能由原行政處分機關或訴願機關逕行強制執行。台灣地區之強制執行因以往皆由普通法院執行，現改由行政執行處執行，所以，皆由原行政處分機關移送行政執行處執行，執行機關皆為他機關與前規定並無二致。

　　此係就納稅人未履行納稅義務而言，若稽徵機關未依訴願決定內容為必要之處置，應如何處理？按訴願決定確定之執行，台灣地區財政部七九、八、二三台財訴第七九一三六二一二一號函頒「財政部訴願暨再訴願決定之撤銷原處分案件管制作業要點」第二點：「本部訴願、再訴願決定之撤銷原處分之案件，原處分機關應於二個月內為適法之處分」。台灣省政府訂頒之「台灣省政府訴願、再訴願決定撤銷或變更處分，原決定案件追蹤管制作業規定」第二項：「原處分機關對於經本府訴願、再訴願決定撤銷或變更之案件，除稅務案件應依財政部六十八年三月十三日（68）台財稅字第三一五七七號函規定『稽徵機關應於接到訴願決定書日後二個月內為復查決定』辦理外，其餘案件應於接到本府訴願決定書日後一個月內辦結。如因故不能限期辦結者，應向列管單位申請展期，除特殊情形應專案報准者，應向列管單位申請展期外，申請展期最多以二次為限，每次不得超過三十日」。第三項「本府訴願、再訴願決定撤銷或變更案件，其執行時效之

[①]　邱寶華、李金剛，前揭書，頁16。

管制考核由本府研考會負責，並列入年終公文督查項目」。此僅
規定關係機關應依訴願決定另爲處分之期限及以公文督察管制之
行政措施，並非依法律規定強制執行之條文，訴願法並無訴願決
定確定應如何執行之規定，反觀行政訴訟法則有強制執行之規
定，其第三百零四條：「撤銷判決確定者，關係機關應即爲實現
判決內容之必要處置。」其不依判決內容爲必要處置者，高等行
政法院應通知其上級機關督促其如期履行，高等行政法院並得設
執行處，或囑託普通法院民事執行處或行政機關代爲執行；其執
行程序，應視執行機關爲法院或行政機關而分別準用強制執行法
或行政執行法之規定[1]。因此，學者洪明璋主張訴願案件確定之
執行，應參考行政訴訟法第三○六條後段規定，囑託普通法院民
事執行處執行[2]。

　　台灣地區之稅務訴願，地方稽徵機關原由台灣省政府指揮監
督，其訴願決定之執行，可透過行政監督權作用予以貫徹。自台
灣省政府組織被精簡後，地方稽徵機關歸之於地方政府，地方稅
之訴願既由縣市政府掌理，地方縣市政府對地方稽徵機關有行政
考核監督權，其所作之決定，地方稽徵機關尚不至違逆。惟國稅
之營業稅部分，在二○○三年一月一日前係委任地方稽徵機關代

---

[1]　台灣地區行政訴訟法第三百零五、三百零六條規定。

[2]　洪明璋在「論訴願決定確定之執行之研究」報告中認爲，無論是財
政部之「財政部訴願暨再訴願決定之撤銷原處分案件管制作業要點」，抑
或台灣省政府所頒布之「台灣省政府訴願、再訴願決定撤銷或變更處分，
原決定案件追蹤管制作業要點」規定，皆屬公文之管制及行政之處分，對
訴願決定並未能強制執行。因此，有必要訂定管制執行條文，如參考行政
訴訟法第三○六條後段規定囑託普通法院民事執行處執行。學者李惠宗在
該篇文章之審查意見中，對其見解持肯定態度。詳見洪明璋，「論訴願決
定確定之執行之研究」，收錄於訴願案件研究彙編（第十一輯），台灣省政
府訴願審議委員會編印，1999年6月，頁56~59。

徵，其訴願由財政部受理，財政部對地方稽徵機關既乏指揮監督權，而地方政府之自主性又復抬頭，其所作之訴願決定，有地方稽徵機關未必全能貫徹執行之疑慮，現財政部已收回自徵，應只是項問題。

　　至於大陸地區對確定訴願案件之執行情形若何？按大陸地區之訴願決定之執行，應由原處分機關履行者，其行政復議法第三十二條第二款規定：「被申請人不履行或者無正當理由拖延履行行政復議決定的，行政復議機關或者有關上級行政機關應當責令期限其履行。」其不依限履行之法律責任，同法第三十七條：「被申請人不履行或者無正當理由拖延履行行政復議決定的，對直接負責的主管人員和其他直接責任人員依法給予警告、記過、記大過的行政處分；經責令履行仍拒不履行的，依法給予降級、撤職、開除的行政處分。」大陸地區之行政體系為中央集權，中央政府對地方皆有指揮考核權，對不執行者施以行政制裁，應不成問題。

　　另對執行機關之所為執行，被執行人可否提起行政救濟？就行政執行之各種方法及執行過程中所生之爭議能否提起行政救濟，台灣地區之學界有兩派觀點。有從保護人民權益之觀點，主張行政執行機關應以盡可能提供當事人救濟機會，有主張行政執行貴在迅速不宜久延不決，以免阻礙行政目的之早日達成。台灣地區之行政執行法第九條則許義務人或利害關係人對執行命令、執行方法、應遵守之程序或其他侵害利益之情事，得於執行程序終結前，向執行機關聲明異議。是項聲明異議，執行機關認有理由者，應即停止執行，並撤銷或更正已為之執行行為；認其無理由者，則應於十日內加具意見，送直接上級主管機關於三十日內決定之，但其之執行，除法律另有規定，或執行機關認為必要而依職權或申請停止者外，不因聲明異議而停止。

　　是項所為之聲明異議之性質若何？學者蔡茂寅則從訴願法第一條「人民對於中央或地方機關之行政處分，認為違法或不當，致損害其權利獲利益者，得依本法提起訴願，但法律另有規定者，從其規定。」之規定要旨，肯認其相當於訴願程序。其觀點認為訴願法第一條但書所謂之「法律另有規定」情形之法律效果有三種類型：(一)先行程序說：以聲明異議為提起訴願必經之先行程序，如稅務之復查；(二)取代訴願程序說：以普通法院為管轄機關，處理性質上屬公法爭議之事件，如依道路交通處罰條例向法院聲明異議；(三)相當於訴願程序說：台灣地區司法院大法官會議釋字第二九五號解釋之理由書提及，「憲法保障人民之訴願權，其目的在使行政處分之機關或其上級機關自行矯正其違法或不當處分，以維護人民之權益，若法律規定之其他行政救濟途徑，已足達此目的者，則在實質上即與訴願程序相當，自無須再踐行訴願程序。」據此，其認為行政執行法之聲明異議程序，已予行政執行機關及其上級機關有自省之機會，在機能上與訴願程序有其相通之處，因此，應認定其為相當於訴願程序[①]。

　　義務人或利害關係人對執行機關，就公法上之金錢給付義務之執行命令、執行方法、應遵守之程序或其他侵害利益之情事，得於執行程序終結前，向其聲明異議，第三人就執行標的物認有足以排除執行之權利時，亦得於程序終結前，依強制執行法第十五條規定向管轄法院提起民事訴訟[②]。大陸之稅務訴願，當事人不服稅務機關所為之強制執行，可依「稅收徵收管理法」第八十八條第二款規定申請行政復議，亦可向人民法院起訴。

[①]　蔡茂寅，「怠金處分之救濟」，台北：**月旦法學雜誌**第50期，1999年7月，頁15。

[②]　台灣地區行政執行法施行細則第十八條規定。

第六節　訴願之再審方面

　　訴願案件之再審爲確定終局決定之非常救濟手段，訴願之所以終結，除爲當事人撤回或和解外，經受理訴願機關審查作成訴願決定，申請人未提行政訴訟者亦爲終結。行政復議程序終結者，其程序已告確定，申請人不得再行爭執。惟訴願案件有重大瑕疵，或其正確性因時間推移已動搖者，若因未提行政訴訟而不許其再審，自是未妥。因此，台灣地區修正後之訴願法第九十七條參照民事訴訟法第四九六條、行政訴訟法第二十八、二十九條規定訂定有下列情形之一者，當事人可向原訴願機關申請再審，但當事人已依行政訴訟法主張其事由或知其事由而不爲主張者，不在此限：一、適用法規顯有錯誤者；二、決定理由與主文顯有矛盾者；三、決定機關之組織不合法者；四、依法令應迴避之委員參與決定者；五、參與決定之委員關於該訴願違背職務，犯刑事上之罪者；六、訴願之代理人，關於該訴願有形式上應罰之行爲，影響於決定者。七、爲決定基礎之證物，係僞造變造者；八、證人、鑑定人或通譯決定基礎之證言，鑑定爲虛僞陳述者；九、爲決定基礎之民事、刑事或行政訴訟之判決或行政處分已變更者。十、發見未經斟酌之證物或得使用該證物者。

　　大陸之行政復議法及稅務行政復議規則雖無再審之規定，當事人對於已確定之行政復議決定，不許提起再審，但對於已違反法律、法規之行政復議決定，當事人尚可以透過信訪程序尋求補救。其信訪程序是從九○年代開始的，由地方政府自行訂定，如甘肅省於一九九二年八月二十九日在省第七屆人民代表大會常務

委員會第28次會議上通過了「甘肅省信訪條例」，一九九三年上
海市人民代表大會常務委員會通過「上海市信訪條例」，一九九
四年北京市人民代表大會常務委員會通過了「北京市信訪條
例」。信訪程序是對國家機關及其工作人員之批評與建議，因尚
未有全國一體適用之統一法典，眾多行政法學專家還未將其列為
嚴格意義上之行政程序範疇，但其受案範圍廣泛；除上述對國家
機關及其工作人員之批評與建議外，舉凡對違法失職人員之檢
舉、揭發、控告，對法院之判決、裁定、調解、決定不服之申
訴，皆在其受案範圍之內，其受理機關有各級人民代表大會及其
常務委員會、各級人民政府、各級人民法院、各級人民檢察院
等，其中較為突出的是，人民檢察院對人民法院已經發生法律效
力之刑事、民事、經濟與行政案件之判決、裁定、調解、決定不
服的申訴之受理①。此即表明了人民檢察院對業已確定之違法救
濟案件有權予以糾正②，故其雖無行政救濟之名，卻有行政救濟
之再審程序之實，此一措施與台灣地區相較雖非一致，然亦同樣
可以達到再審之目的。因此，若以案件之性質來劃分，受理業經
人民法院判決、裁定、調解、決定確定之案件，較類似於台灣地

---

①　皮純協，**行政程序法比較研究**，北京：中國人民公安大學出版社，
2000年6月的1版，頁490-494。

②　大陸地區之人民檢察院組織法第一條規定，人民檢察院是國家的法
律監督機關，其行政訴訟法第十條規定，人民檢察院有權對行政訴訟實行
法律監督。第六十四條規定，人民檢察院對人民法院已經發生法律效力的
判決、裁定，發現違反法律、法規規定的，有權按照審判監督程序提出抗
訴。其對人民法院所做已確定之裁判，可提出抗訴，固不論矣！就是對違
法之國家工作人員亦可提出控告。人民檢察院除可主動進行檢查，以行使
法律監督外，人民對違法之行政裁判，自可以申訴和檢舉方式，請求人民
檢察院予以補救。鍾海讓，**法律監督論**，北京：法律出版社，1993年8月
第一版，頁366；張國勳，前揭書，頁249。

區之訴訟再審程序；對未經行政機關處分或經行政機關處分而未確定之案件，提出批評、建議、申訴或檢舉、揭發、控告者，則類屬於前述台灣地區之稅務復查協談制度。

　　大陸之信訪程序有其一定之步驟，首先應由各級人民代表大會常務委員會、各級人民政府及所屬部門、各級人民法院與各級人民檢察院設置專門之機構或人員，負責受理公民、法人和其他組織之信訪。其受理機關之劃分之原則為：不服原單位處理決定之信訪案件，由其上級主管部門或業務部門負責處理；涉及到跨地區、跨部門之信訪案件，由最先受理之地區、部門擬定方案，與有關地區、部門協商處理；遇有爭議時，報請共同上級主管機關協調處理；有受理責任之單位若已合併者，由合併後之單位負責處理；若經撤銷者，由該單位之上一級主管機關負責受理。受理機關應於受理後3日內告知信訪人，並下達受理決定書，然後開始進行調查、分析、研究，並在3個月內作成決定。信訪人對受理機關之決定不服者，有權向上一級機關申請復查一次。復查機關應在受理復查後3個月內作成復查決定書，告知信訪人[1]。

　　兩岸訴願制度之差異，除上述各點外，大陸地區之行政復議法列有「法律責任」專章亦為其特色，對違反「行政復議法」規定之行政人員，施以行政或刑事責任懲罰，相較與台灣地區以公務員服務法，或稅務行政以關務稅務人員服務獎懲辦法規範之方式大異其趣。另外，比較特別的是，大陸地區之稅務行政復議規則第二十八條規定，在行政復議過程中，「被申請人不得自行向申請人和其他有關組織或者個人收集證據」，以防止稅務機關在無證據之情形下，作出稅務處分，並避免於訴訟程序中，再次干擾申請人，此項規定亦為台灣地區所無。

---

[1] 皮純協，**行政程序法比較研究**，頁494-495。

第 五 章

結　　論

　　大陸地區之行政復議法相當於台灣地區之訴願法，其發布有其背景因素，蓋由於大陸現行法規，包括公安、稅務、工商、海關、環保、衛生、交通、專利、商標、審計、計量等部門或行業，皆有援引行政復議制度之相關規定；如海關法、專利法、中外合資經營企業所得稅法等各項法律，早於行政復議條例訂立。行政復議條例由國務院訂定，其適用位階自然低於由全國人民代表大會所制定之「海關法」等各項法律，致使大陸地區之訴願体系存在混亂與矛盾[①]。加以大陸地區立法常過多地規定公民行為模式，而忽視行政機關之行為模式，或對行政機關之權限過於模糊，行政機關超越權限所為之行政行為又乏責任約束規定，致使大陸行政機關職權劃分不清，機關之間互相推諉扯皮，好事爭著管，壞事爭著躲[②]。行政復議法之實施，正可以解決上述亂象。

　　綜觀大陸地區之行政復議制度法律規定內容雖仍有待加強之處，猶待改善，但其法治本為欠缺，且大陸政治體制長期以來向以行政權為優越，能重視人民權益，已屬難能，故要其一夕健全，勢非可能，亦不免過於苛求。但求其循序持續改革，相信為各方所期待。平心而論，兩岸行政救濟法制各有所長，大陸地區

[①]　詳見睿文，「大陸行政復議制度簡析（下）」http://www.sef.org.tw/www/html/economic/eco96/edispute.htm。

[②]　劉國福主編，前揭書，頁1547。

之行政復議法制，雖未臻周全，但其基本精神與架構，經多年來之努力後尚稱完備，要非全無可取之處。例如其申請期限較台灣地區爲長，申請人有較充裕之時間準備；申請方式可以書面申請，亦可以口頭申請；申請對象採選擇主義爲原則，前置主義爲例外，皆較具彈性；在訴願過程中，原處分機關收集證據之禁止，訴願機關向有關組織與人員調查資料，亦不得作爲支持原處分機關具體行政行爲之證據，以充分體現「先取證，後決定」原則；申請人未提行政賠償，受理訴願機關審查發現認有賠償原因時，亦可主動責令原處分機關賠償；容許對抽象之行政行爲中一般規範性文件提起行政救濟等皆爲進步做法，值得吾人借鏡。但嚴格說來，大陸地區之訴願制度仍有許多值得檢討之處：

一、稅務行政復議規則對不合規定之申請案件，訴願機關決定不予受理者，規定應以書面告知申請人。是項不予受理之決定理由若非正當，而申請人又未向人民法院提起行政訴訟者，訴願機關之上級機關應責令其受理，必要時也可以逕行直接受理。雖其立意良好，惟此項規定所稱「不合規定」原因，究爲申請格式不合？抑或程序不合？或爲非屬本機關應受理之案件？可否補救，未設補救程序，由行政機關自由判斷，賦予訴願機關過多行政裁量權，容易造成濫權，對人民權益之保障恐有未周。

二、訴願之審理採書面審理主義，固有助於訴願效率之提高，但訴願機關本於職權調查證據之結果，對申請人有利或不利皆應加以注意，方能體現訴願機關超然獨立立場，然所得不利之結果，並未賦予申請人或利害關係人表示意見之機會，毋寧爲制度之瑕疵。

三、受案範圍採列舉式，對申請人得申請訴願之範圍逐條列舉，其優點爲規定明確，可防止濫訴，避免紛爭，但現代政府行政事務繁多，其列舉範圍終究有限，難免掛一漏萬，雖大陸之稅

務訴願範圍，以多列舉一項「稅務機關作出之其他具體行政行為」概括之，以補列舉之不足，但其對象皆屬特定，非特定之相對人非其保護對象，其訴願範圍仍有擴大空間。

四、訴願案件常有以其他法律為準據之情形，如虛設行號專以販售發票為業，取得發票者有否虛報進項稅額之違章行為，以開立發票者是否為虛設行號而定，該虛設行號未經司法機關判決前，甚難判定取得發票者之違章行為，此時申請人主張其取得之發票為正常之商業交易行為所取得者，訴願機關應俟該虛設行號之判決確定後，方能進行訴願程序，惟大陸地區之訴願制度未有是類案件停止程序進行之規定，要難視為立法疏失。

五、為保護利害關係人利益，大陸地區與台灣地區皆有准許第三人參加訴願之規定，大陸地區之稅務行政復議規則第十七條第四款雖規定，與申請行政復議的具體行政行為有利害關係之其他公民、法人或其他組織，可以作為第三人參加行政復議，但訴願機關得否主動通知其參加，或第三人自行申請參加，其申請參加期限，皆未規定。至其他輔助人員參加之規定更是付之闕如。

除此，其他之正當行政程序、行政法上之比例原則、平等原則、誠信原則等之規定仍為欠缺，故近來有甚多大陸學者倡議制訂行政程序法。大陸地區雖然在二十世紀八十年代即開始了行政程序之研究，但由於其重實體輕程序之傳統，行政主體行使權力之方式、步驟及時限有相當大之主觀隨意性，在黨第十一屆三中全會以後，雖然努力加速行政立法工作，建構行政法體系，但其行政立法重點仍集中在實體法行政法律規範方面，行政程序法律規範之制定則較為滯後[1]。嚴格說來，大陸地區首見將行政程序納入人民法院之司法審查範圍，是在一九八九年頒布的「行政訴

---

[1] 趙永行，「行政權利運行與行政程序」，北京：**現代法學**1999年6月的20卷第3期，頁81。

訟法」第五十四條規定，具體行政行爲違反法律程序者可以判決撤銷，並可以判決原處分機關重新作出具體行政行爲。該一法律的出爐，有力的推動了行政程序的研究[1]，促使行政程序的研究蔚爲風潮。

除行政訴訟法外，其後頒布之行政處罰法，亦規定行政機關在做出處罰決定時需遵循一定之程序要求，如其第五章規定告知、聽取當事人陳述和申辯、執法出示身分證件，以及製作處罰決定書與送達之程序等。訴願爲行政程序中之事後補救程序，其行政程序的啓動，必須由行政程序相對人發動，只有由行政程序相對人發動，訴願機關或法院才會對其合法性或正當性進行審查，並通過否定性的裁決結果，對行政權之恣意行使給予制裁，從而實現對行政權濫用之反向控制。誠然，完備之行政程序可減少事後之行政救濟，由此，有人主張制定完備之行政程序法後，就無須再經訴願程序或至少亦應縮短一再訴願等級[2]。

另外，大陸地區亦有學者認爲，行政行爲作爲一種法律行爲，其內容與形式同時受到行政實體法與行政程序法之分別約制，國家沒有必要亦不可能對所有行政行爲之形式都加以具體嚴密的規定，但直接涉及行政實體權利規範化之重要行政程序，對行政相對人合法權益之保障與對政府行政職能之實現、效率之提高有重大影響之部分，則有上升爲法律，成爲法定行政程序之迫要性與必要性[3]。至少行政程序法之制定，對行政權力主體行使

---

[1]　郭潤生，楊建華，「行政程序法典化與依法治國」，山西：**山西大學學報**（哲學社會科學版）1996年第4期，頁1。

[2]　郭潤生、魏佩芬，「行政程序控權功能之探討」，山西：**山西大學學報**（哲學社會科學版）1999年第3期，頁3、4。

[3]　石東坡，「行政程序立法簡論」，河北：**河北大學學報**（哲學社會科學版）1998年第4期，頁113。

權力之主觀隨意性可加以適當的約制，防止其行政權力之濫用與僭越，具有推動行政民主化之功能，同時藉由運用行政程序規範行政權力傳遞中介，控制行政權力運行流程，亦能提高行政效能[①]，充分保障行政相對人之權益。正當行政程序之規定欠缺，惟有透過行政程序法之制定加以補救，就此而言，大陸地區可能還需要作相當大的努力。

　　至台灣地區行政救濟體系，經此次之巨幅修正，已大為健全，譬如引進日本之「情況判決」注重公益之維護，建立參加人制度，擴大參與，增加訴願標的，以強化保障當事人權益等等。但無可諱言的，仍有些許值得檢討之處，已如前述外，訴願法與行政程序法、行政訴訟法諸多條文重覆，稅捐稽徵法關於復查之規定過於簡陋，新訴願法規定應向原處分機關提起訴願，由原處分機關先行重新審查原處分是否合法妥當，若不依訴願人之請求撤銷或變更原行政處分者，才附具答辯書，並將必要之關係文件，送交訴願機關，類此情形復查階段有無存在之必要，若考慮到稅務案件之大量與技術特性，認有必要維持復查程序，則有否必要在訴願階段再由原處分機關重新加以審查，皆是值得深思的問題，另外，訴願審議委員迴避之條文，較行政程序法或行政訴訟法寬鬆等，皆亦尚有可議之處[②]，不過，就整體而言，終究瑕不掩瑜。

　　事實上，大陸地區近年來為配合其經濟開放政策，不斷地在

[①]　趙永行，前揭文，頁80、81。

[②]　大法官吳庚認為，訴願法中有六成條文可適用行政程序法之規定，有兩成條文係重覆行政訴訟法而來，同一事項三種法律所使用之文字又互有出入，而非完全一致，且對審議委員之迴避，行政訴訟法、行政程序法都有較嚴苛規定，唯獨訴願法僅以「有利害關係者應自行迴避」一語帶過。請參見氏著，**行政爭訟法論**，頁287、289。

進行一系列稅制改革，諸如將原國營企業所得稅、集體企業所得稅與私營企業所得稅合併爲企業所得稅；產品稅、增值稅、營業稅變爲增值稅、消費稅與營業稅等等，以及頒布行政訴訟法，先後修正行政復議法、稅務行政復議規則、稅收徵收管理法，訂定立法法等各項措施，對加強其民主法治建設，有其重大意義，值得肯定，且因改革所帶來之經濟利益，亦甚爲可觀，連素有「台灣經營之神」封號的王永慶先生從大陸地區考察歸來，都不免驚嘆，或許台灣地區有部分人士並不樂見大陸地區之繁榮進步，生恐加大對台灣地區之威脅。其實，兩岸現今經貿往來密切，據統計去年台灣地區對大陸地區之經貿出超利基已超過兩百億美元，兩岸經濟互補幾已達脣齒相依程度。因此，我們有必要瞭解其法律制度，尤其是在大陸地區投資之台商，更應隨時掌握其法令變動情形，採取有利措施，以保障自己合法權益。

參考文獻

一、台灣地區（按姓氏筆劃排序）

(一)書　籍

1. 中華民國賦稅史，台北：財政部財政人員訓練所，1992年4月。
2. 王建煊，租稅法，自行發行，1999年二十三版。
3. 吳庚，行政爭訟法論，台北：三民書局，1999年5月修訂版。
4. 吳庚，行政法之理論與實用（全一冊），台北：三民書局，1999年6月增訂五版。
5. 林紀東，行政法，台北：三民書局股份有限公司，1986年9月修訂初版。
6. 林紀東，訴願及行政訴訟，台北：正中書局，1983年10月臺三版。
7. 侯家駒，中國財金制度史論，台北：聯經出版事業公司，1990年12月第二次印行。
8. 施建生，經濟學原理，台北：大中國圖書公司，1997年8月出版。
9. 姜明安、胡錦光，行政法，台北：月旦出版社股份有限公司，1993年12月初版。
10. 涂懷瑩，行政法原理，台北：五南圖書出版公司，1992年7月五版二刷。
11. 高點法學研究室，學習式六法，台北：高點文化事業有限公司，2000年10月五版。
12. 翁岳生，法治國家之行政法與司法，台北：月旦出版社股份有限公司，1994年8月一版二刷。
13. 陳新民，行政法學總論，台北：三民書局，1997年5月修訂六版。
14. 陳志清，訴願之理論與實用，自行出版，1986年1月。
15. 陳秀夔，中國財政制度史，台北：正中書局，1984年4月臺一版。
16. 陳清秀，稅務訴訟之理論與實務─公法學叢書(二)，自行發行，1991年

6月。

17. 陳木松，**論證據法則在所得稅爭訟上之運用**，台北：中國租稅研究會，1976年12月修訂版。

18. 郭建中，**中國大陸稅收制度**，台北：五南圖書出版有限公司，台北：1996年1月初版一刷。

19. 康炎村，**租稅法原理**，台北：凱侖出版社，1987年2月初版。

20. 湯德宗，行政程序法論，台北：元照出版公司，2001年1月初版的2刷。

21. 彭明金，行政程序法，台北：風雲論壇出版社有限公司，2001年7月初版。

22. 張金男、於鼎丞、張正忠，**中國大陸稅務制度**，台北：誠宏國際開發股份有限公司，2001年9月初版。

23. 張進德，**租稅法：理論與實務**，台北：五南圖書出版有限公司，1999年二版一刷。

24. 張國勳，中共行政訴訟制度，台北：保成文化出版公司，1996年8月。

25. 張家洋，行政法概要，五南圖書出版有限公司，1997年6月三版8刷。108

26. 張家洋，行政法，台北：三民書局，1993年10月增訂初版。

27. 張國清，稅務救濟案例，台北：永然文化出版股份有限公司，1996年5月再版。

28. 張繁，稅務救濟實用，台北：自行發行，1996年4月3版。101

29. 張昌邦，稅捐稽徵法論，台北，文笙書局，民國七十四年十月四版。97

30. **訴願新制專論暨研討會實錄**，台北：台北市政府訴願審議委員會，2001年10月。

31. 葉啓政、顧忠華、黃瑞祺、蘇峰山、鄒川雄，**社會科學概論**，台灣地區國立空中大學，1998年8月出版五刷。

32. 管歐，行政法論文選輯，台北：五南圖書出版公司，1994年8月出版一刷。

33. 詹中原，**中共政府與行政制度**，台灣地區國立空中大學，1999年8月初版二刷。

34. 蔡志方，**行政救濟與行政法學**，台北：學林文化事業有限公司，1998年12月。

35. 蔡志方，**行政救濟法新論**，台北：元照出版公司，2000年1月元照初版

第一刷。

36. 蔡志方，**行政法三十六講**（普及版），台北：成功大學法律學研究所法學叢書編輯委員會編輯，1997年10月全新增訂再版。

37. 蔡震榮，**行政執行法**，桃園：中央警察大學出版社，2000年10月初版。
196

38. 鄭正忠，**兩岸司法制度之比較與評析**，台北：五南圖書出版有限公司，1999年7月出版一刷。

39. 鄭正忠，**海峽兩岸訴訟法制之理論與實務**，台北：台灣商務印書館股份有限公司，2000年2月出版第一次印刷。

40. 劉鶴田，**大陸經濟立法與改革開放**，台中：蓮燈雜誌社，1994年12月一版。

41. 顏慶章，**租稅法**，台北：月旦出版社股份有限公司，1996年修訂版二刷。

42. 魏建言，**租稅理論與實務**，台北：公益出版社，1981年9月28日。

43. 羅傳賢，**行政程序法論**，台北：五南圖書出版有限公司，2000年12月初版二刷。

(二)期刊及博碩士論文

1. 王瓊林，「大陸租稅行政救濟制度之研究」，台灣地區國立中山大學碩士論文。

2. 包國祥，「我國行政程序法適用範圍之疑義—行為行為與行政程序法之探討」，律師雜誌4月號第247期，台北：台北律師公會，2000年4月。

3. 邱文津，「多階段行政處分級闡明權之研究」，收錄於訴願案例研究彙編（第九輯），台灣省政府訴願審議委員會編印，1997年6月。

4. 李建良，「重複處分與第二次裁決」，收錄於月旦法學教室(1)公法學篇，台北：元照出版公司，2000年9月初版第二刷。

5. 李建良，「行政處分與觀念通知」，收錄於**月旦法學教室(1)公法學篇**，台北：元照出版公司，2000年9月初版第二刷。

6. 李建良，「行政執行」，收錄於翁岳生主編，**行政法**，台北：翰蘆圖書出版有限公司，1998年3月29日初版。

7. 李建良，「損失補償」，收錄於翁岳生主編，**行政**，台北：翰蘆圖書出版有限公司，1998年3月29日初版。

8. 李建良，「多階段處分與行政爭訟」，收錄於**月旦法學教室**(1)**公法學篇**，台北：元照出版公司，2000年9月初版第二刷。

9. 李建良，「翻覆的油罐車－即時強制與代履行」，收錄於**月旦法學教室**(1)**公法學篇**，台北：元照出版公司，2000年9月初版第二刷。

10. 李建良，「錯誤的稅捐核定書(下)－訴願程序中『不利益變更』之許可性」，收錄於**月旦法學教室**(1)**公法學篇**，台北：元照出版公司，2000年9月初版第二刷。

11. 林明鏘，「信賴保護與程序保護」，**台灣本土法學雜誌**11期，台北：台灣本土法學雜誌社2000年6月。

12. 林國彬，「行政法適用之一般法理信賴保護原則（農地重劃之拆遷補償問題）」，收錄於城仲模主編，**行政法裁判百選**，台北：月旦出版社股份有限公司，1996年7月初版二刷。

13. 林月娥，「簡介大陸地區行政訴訟制度」，台北：**中國大陸法制研究**，司法院司法行政廳編印，2001年10月。

14. 洪明璋，「論中央或地方機關可否提起訴願、行政訴訟之研究」，收錄於**訴願案例研究彙編**（第十一輯），台灣省政府訴願審議委員會發行，1999年6月。

15. 洪明璋，「論訴願決定確定之執行之研究」，收錄於**訴願案件研究彙編**（第十一輯），台灣省政府訴願審議委員會編印，1999年6月。

16. 洪明璋，「直轄市或省轄市區公所是否為行政機關之研究」，收錄於**訴願案例研究彙編**（第九輯），台灣省政府訴願審議委員會編印，1997年6月。

17. 洪雲霖，「論公法上之信賴保護原則之適用」，**立法院院聞月刊**第28卷第10期，2000年10月。

18. 法治斌，「略論中共行政復議法制」，收錄於**當代公法理論**，翁岳生教授祝壽論文及編輯委員會編輯，台北：月旦出版社有限公司，1993年5月。

19. 施秉均，「中共租稅改革對台商赴大陸投資之影響」，台灣地區國立東華大學碩士論文，1997年6月11日。

20. 翁岳生，「行政處分之撤銷」，收錄於氏著**法治國家之行政與司法**，台北：月旦出版社股份有限公司，1994年8月一版二刷。

21. 翁岳生，「中華民國之訴願及行政訴訟制度」，收錄於氏著**法制國家之**

行政法與司法，台北：月旦出版社股份有限公司，1994年8月一版二刷。

22. 陳清秀，「稅捐法定主義」，收錄於**當代公法理論**，翁岳生教授祝壽論文及編輯委員會編輯，台北：月旦出版社有限公司，1993年5月。

23. 陳清秀，「新訴願法之簡介與展望」，台北：**中國稅務旬刊**第一六九九期，1998年12月10日。

24. 陳清秀，「稅務訴訟之訴訟標的」，收錄於氏著**稅務訴訟之理論與實務**，台北：自行發行，1991年6月初版。

25. 陳清秀，「稅捐訴訟上之自認」，收錄於氏著**稅務訴訟之理論與實務**，台北：自行發行，1991年6月初版。

26. 陳清秀，「依法行政原則之研究」，收錄於氏著**稅法之基本原理**，台北：自行發行，1994年8月再版。

27. 陳清秀，「稅捐訴訟上之舉證責任」，收錄於氏著**稅務訴訟之理論與實務**，台北：自行發行，1991年6月初版。

28. 陳愛娥，「信賴保護原則在撤銷授益性行政處分時的適用－行政法院八十六年判字第一二三二號判決評釋」，**台灣本土法學雜誌**第八期，2000年3月。

29. 陳春生，「事實行為」，收錄於翁岳生主編，**行政法**，台北：翰蘆圖書出版有限公司，1998年3月29日初版。

30. 陳志揚，「行政法適用之一般法理－信賴保護原則（地政機關之變更登記問題）」，收錄於城仲模主編，**行政法裁判百選**，台北：月旦出版社股份有限公司，1996年7月初版二刷。

31. 郭介恒，「行政救濟主體之變動-實務判決之檢討」，收錄於：台灣地區私立輔仁大學法律學系主辦，**行政救濟制度改革研討會成果報告**，1999年8月。

32. 湯德宗，「行政程序」，收錄於翁岳生主編，**行政法**，台北：翰蘆圖書出版有限公司，1998年3月29日初版。

33. 曾華松，「行政訴訟證據法則之研究」，收錄於**中國大陸法制研究**第五輯，台北：司法院司法行政廳編輯，1995年6月。

34. 葛克昌、黃士洲，「論稅務案件之和解」，台北：**財稅研究**第33卷第6期。

35. 葉百修，「國家賠償法」，收錄於翁岳生主編，**行政法**，台北：翰蘆圖

書出版有限公司，1998年3月29日初版。

36. 鄭俊仁，「行政程序法與稅法之相關規定」，台北：**月旦法學雜誌**第72
期，2001年5月。

37. 蔡茂寅，「行政程序法之適用範圍(二)」，台北：**月旦法學雜誌**第65
期，2000年10月。

38. 蔡茂寅，「新訴願法之特色與若干商榷」，台北：**律師雜誌**5月號第236
期，1999年5月。

39. 蔡茂寅，「怠金處分之救濟」，台北：**月旦法學雜誌**第50期，1999年7
月。

40. 蔡茂寅，「訴願決定的再審可能性」，收錄於**月旦法學教室**(1)公法學
篇，台北：元照出版公司，2000年9月初版第二刷。

41. 蔡志方，「論行政訴訟法上各類訴訟之關係」，收錄於**台灣行政法學會
學術研討會論文集**－（1999）行政救濟、行政處罰、地方立法，台北：
社團法人台灣行政法學會，2000年12月出版第一刷。

42. 蔡志方，「訴願制度」，收錄於翁岳生主編，**行政法**，台北：翰蘆圖書
出版有限公司，1998年3月29日。

43. 蔡志方，「論爭訟性與非爭訟性之行政程序重開」，台北：**全國律師雜
誌**5卷3期，2001年3月。

44. 蔡震榮，「公法人概念的探討」，收錄於**當代公法理論**，翁岳生教授祝
壽論文集編輯委員會編輯，台北：月旦出版社有限公司，1993年5月。

45. 謝宗貴，「論稅務案件之執行（上）」，台北：**中國稅務旬刊**第1762期，
2000年9月10日。

46. 劉鶴田，「訴願決定機關有無法規審查權之研究」，收錄於**訴願案例研
究彙編**（第九輯），台灣省訴願審議委員會編印，1997年6月。

47. 蕭文生，「訴願法修正評析(上)」，台北，**軍法專刊**第四十五卷第十
期，1999年10月。

48. 羅能清，「中共頒布稅務部門規章制定實施辦法」，台北：**中國稅務旬
刊**第1822期，2002年五月十日。

(三)網站資料

1. 睿文，「大陸行政復議制度簡析（下）」，http://www.sef.org.tw/www
/html/economic/eco96/edispute.htm。

2. 袁台龍，「大陸新的行政復議法有關稅務行政的更正與改進」，
http://www.sef.org.tw/www/html/economic/eco96/etax..htm。

二、大陸地區（按姓氏筆劃排序）

(一)書籍

1. 王遠明，行政法與行政訴訟卷，北京：中國政法大學出版社，一九九三年五月一版一刷。
2. 方昕主編，行政復議指南，北京：法律出版社，一九九一年二月一版。
3. 方軍，行政復議法律制度實施問題解答，北京：中國物價出版社，2001年1月第1版。
4. 皮純協主編，行政復議法論，北京：中國法制出版社，1999年8月北京：第一版。
5. 皮純協，行政程序法比較研究，北京：中國人民公安大學出版社，2000年6月第1版。
6. 朱維究、任中杰、高家偉主編，行政復議法釋論，北京：中國人民公安大學出版社，1999年5月第1次印刷。
7. 宋雅芳主編，行政復議法通論，北京：法律出版社，1999年8月第1版。
8. 李培傳主編，行政復議概覽，北京：中國法制出版社，北京，一九九三年六月第一次印刷。
9. 李穩定主編，稅務法律手冊，北京：工商出版社，2001年5月第一版第一刷。
10. 吳祖謀主編，法學概論，北京：法律出版社，一九九四年八月第五版。
11. 邵華澤、靳德行主編，中國國情總覽，山西：山西教育出版社，一九九三年三月一版。
12. 祁彥斌主編，最新稅收實用手冊，北京：地震出版社，一九九四年三月一版。
13. 徐孟州主編，稅法，北京：中國人民大學出版社，2000年11月第二次印刷。
14. 馬原主編，稅收徵收管理法條文釋義及實用指南，北京：中國稅務出版社，2001年5月第1版。

15. 章劍生，**行政行為說明理由判解**，湖北：武漢大學出版社，2000年11月第1次印刷。

16. 楊炳芝、李春霖主編，**中國訴訟制度法律全書**，北京：法律出版社，一九九三年四月第一版。

17. 楊勤活主編，**財稅金融法律百科全書**，北京：中國政法大學出版社，一九九四年三月。

18. 樊崇義主編，**司法鑒定法律知識導讀**，北京：法律出版社，2001年6月1次印刷。

19. 劉長庚、左伯云主編，**新編中國經濟法學**，北京：中國物質出版社，一九九四年八月一版。

20. 劉國福主編，**最高人民法院、最高人民檢察院司法案例評解大全**，北京：中國政法大學出版社，一九九四年八月一刷。

21. 劉心一，**中國涉外稅務手冊**，北京：經濟管理出版社，2000年5月第1版。

22. 鍾海讓，**法律監督論**，北京：法律出版社，一九九三年八月第一版。

23. 嚴振生，**稅法理論與實務**，北京：中國政法大學出版社，一九九四年七月一版。

(二)期刊及博碩士論文

1. 石東坡，「行政程序立法簡論」，河北：**河北大學學報**（哲學社會科學版）1998年第4期。

2. 朱芒、鄒榮、王春明，「《行政復議法》的若干問題」，北京：**理論法學**1999年第10期。

3. 邱寶華、李金剛，「簡析《行政復議法》之缺陷」，北京：**理論法學**第1999年第10期。

4. 李溫，「論行政復議的受案範圍」，北京：**公安大學學報**2000年第1期。

5. 李春燕，「行政信賴保護原則研究」，北京：**行政法學研究**2001年第3期。

6. 余辛文，「行政復議不作為的司法監督範圍與方式」，北京：**人民司法**2000年第3期。

7. 吳德星，「論中國行政法制的程序化與行政程序的法制化」，北京：**中國人民大學學報**1997年第1期。

8. 林莉紅，「行政救濟基本理論問題研究」，北京：**中國法學**1999年第1期。

9. 周佑勇，「行政行為的效力研究」，**法學評論**（雙月刊），1998年第3期（總第89期）。

10. 郝發信，「行政復議法評析」，陝西：**陝西省經濟管理幹部學院學報**2000年5月第14卷第2期。

11. 馬懷德，「將抽象行政行為納入行政復議的範圍」，北京：**中國法學**1998年第2期。

12. 戚建剛，「行政主體對瑕疵行政行為的自行性撤銷及其限制」，浙江：**浙江省政法管理幹部學院學報**2000年第3期（總第44期）。

13. 郭潤生，楊建華，「行政程序法典化與依法治國」，山西：**山西大學學報**（哲學社會科學版）1996年第4期。

14. 郭潤生、魏佩芬，「行政程序控權功能之探討」，山西：**山西大學學報**（哲學社會科學版）1999年第3期。

15. 張坤世，「論行政復議中不利變更禁止」，北京：**行政法學研究**2000年第4期。

16. 張曉軍，「保證責任研究」，收錄於越中孚主編民商法理論研究（第一輯），北京：中國人民大學出版社，1999年9月一版一刷。

17. 童衛東，「論對抽象行政行為的行政復議權」，北京：**法學雜誌**1997年6期。

18. 張春生、童衛東，「我國行政復議制度的發展和完善」，北京：**中國法學**1999年第4期。

19. 張俊岩，「誠實信用原則與舉證責任」，北京：**電子科技大學學報社科版**2001年（第III卷）第1期。

20. 趙永行，「行政權利運行與行政程序」，北京：**現代法學**1999年6月的20卷第3期。

21. 滕明榮，「《行政復議法》對我國現行行政復議制度的新發展」，寧夏：**寧夏大學學報**（人文社會科學版）第22卷2000年第2期。

22. 劉玲，「《行政復議法》立法缺陷淺析」，遼寧：**遼寧青年管理幹部學院學報**2000年第1期。

23. 劉珮智，「將部分抽象行政行為納入行政復議申請範圍引發的問題與思考（續）」，北京：**工商行政管理**2000年第7期。

24. 劉鐵紅、張德學、劉萍，「遏制行政不作爲違法的途徑」，**行政論壇**
　　2001年9月總字第47期。

兩岸稅務訴願之理論與實務／謝宗貴著. -- 初
版. -- 臺北市：臺灣商務, 2003 [民92]
　　面：　公分

ISBN 957-05-1773-5（平裝）

1. 稅務—臺灣　2. 稅務—中國大陸　3. 行
政救濟法

567.01　　　　　　　　　　　　92002337

兩岸稅務訴願之理論與實務

定價新臺幣 380 元

著　作　者	謝　宗　貴
責 任 編 輯	李　俊　男
美 術 設 計	吳　郁　婷
校　對　者	董　倩　瑜
發　行　人	王　學　哲

出　版　者
印　刷　所　**臺灣商務印書館股份有限公司**
　　　　臺北市10036重慶南路1段37號
　　　　電話：(02)23116118・23115538
　　　　傳眞：(02)23710274・23701091
　　　　讀者服務專線：0800056196
　　　　E-mail：ctpw@ms12.hinet.net
　　　　郵政劃撥：0000165－1號
　　　　出版事業
　　　　登 記 證　局版北市業字第993號

・2003年3月初版第一次印刷

ISBN 957-05-1773-5（平裝）　　　　　　12210000

讀者回函卡

感謝您對本館的支持，為加強對您的服務，請填妥此卡，免付郵資寄回，可隨時收到本館最新出版訊息，及享受各種優惠。

姓名：＿＿＿＿＿＿＿＿＿＿＿＿＿＿＿　　性別：□男 □女

出生日期：＿＿＿年＿＿＿月＿＿＿日

職業：□學生 □公務（含軍警） □家管 □服務 □金融 □製造
　　　□資訊 □大眾傳播 □自由業 □農漁牧 □退休 □其他

學歷：□高中以下（含高中） □大專 □研究所（含以上）

地址：□□□＿＿＿＿＿＿＿＿＿＿＿＿＿＿＿＿＿＿＿

＿＿＿＿＿＿＿＿＿＿＿＿＿＿＿＿＿＿＿＿＿＿＿

電話：（H）＿＿＿＿＿＿＿＿＿＿（O）＿＿＿＿＿＿＿＿＿＿

E-mail:＿＿＿＿＿＿＿＿＿＿＿＿＿＿＿＿＿＿＿＿＿

購買書名：＿＿＿＿＿＿＿＿＿＿＿＿＿＿＿＿＿＿

您從何處得知本書？
　　　□書店 □報紙廣告 □報紙專欄 □雜誌廣告 □DM廣告
　　　□傳單 □親友介紹 □電視廣播 □其他

您對本書的意見？（A/滿意 B/尚可 C/需改進）
　　　內容＿＿＿＿ 編輯＿＿＿＿ 校對＿＿＿＿ 翻譯＿＿＿＿
　　　封面設計＿＿＿＿ 價格＿＿＿＿ 其他＿＿＿＿＿＿＿＿

您的建議：＿＿＿＿＿＿＿＿＿＿＿＿＿＿＿＿＿＿＿

＿＿＿＿＿＿＿＿＿＿＿＿＿＿＿＿＿＿＿＿＿＿＿

＿＿＿＿＿＿＿＿＿＿＿＿＿＿＿＿＿＿＿＿＿＿＿

臺灣商務印書館

台北市重慶南路一段三十七號　電話：（02）23116118・23115538
讀者服務專線：0800056196　傳真：（02）23710274
郵撥：0000165-1號　E-mail: cptw@ms12.hinet.net

100臺北市重慶南路一段37號

臺灣商務印書館　收

對摺寄回，謝謝！

傳統現代　並翼而翔

Flying with the wings of tradition and modernity.